www.ingramcontent.com/pod-product-compliance
Lightning Source LLC
LaVergne TN
LVHW010936051026
849532LV00003B/1000
9789358727951

کلیسا کے جرائم

(مضامین)

مرتبہ:

اعجاز عبید

Kalisa ke Jaraa'im *(Essays)*
by: Aijaz Ubaid
Edition: July '2024
Publisher :
Taemeer Publications LLC (Michigan, USA / Hyderabad, India)

ISBN 978-93-5872-795-1
9 789358 727951

کتاب	:	**کلیسا کے جرائم** (مضامین)
جمع وترتیب / تدوین	:	**اعجاز عبید**
صنف	:	غیر افسانوی نثر
ناشر	:	تعمیر پبلی کیشنز (حیدرآباد، انڈیا)
سالِ اشاعت	:	۲۰۲۴ء
صفحات	:	۱۸۴
سرورق ڈیزائن	:	تعمیر ویب ڈیزائن

فہرست

(۱) پیش لفظ	6
(۲) مغربی دنیا کا اخلاق	21
(۳) کلیسا کی عبادت	32
(۴) ایک خبر: ارباب کلیسا کی روش پر روشنی	34
(۵) الکحل کے نقصانات	38
(۶) گھریلو زندگیوں میں افراتفری	44
(۷) مہر و محبت کی کمی	51
(۸) دنیاوی مشکلات کا حل اسلام کے پاس	60
(۹) الکحل اور اسلام	75
(۱۰) اسلام عدالت و آزادی کا دین ہے	87
(۱۱) جہاد اسلامی کی علت	102
(۱۲) اسلام کی نظر میں معاشرہ	126
(۱۳) طلاق در اسلام	144
(۱۴) متعہ	159
(۱۵) تعدد ازواج	167

پیش لفظ

چونکہ عیسائیت کے پاس معاشرے کی تربیت و ادارات کے لئے کوئی اصول و قوانین اور نہ ہی کوئی خاص سسٹم تھا، اس لحاظ سے یہ لوگ محروم و فقیر تھے اور یہی وجہ ہے کہ مذہبی رہنما کبھی بھی سیاسی، اجتماعی اور حکومت کے مسائل میں دخل نہیں دیتے تھے۔ چھٹی صدی عیسوی تک یہی صورت برقرار تھی لیکن ۵۶۷ء میں قیصر نے جب اپنے اختیارات کا کچھ حصہ پوپ کے حوالے کر دیا تو اسی وقت سے پادریوں کی سلطنت و حکومت، رعب و جلال کا دور شروع ہوا، اور ان کی مذہبی دستگاہ بھی مالی و اقتصادی لحاظ سے قوی و مضبوط ہوئی اور پھر ارباب مذہب وسیاست میں اختلاف کا ہونا امر ناگزیر ہو گیا۔ اور بادشاہوں اور پادریوں کے درمیان ٹھن گئی۔

اب جو لوگ روحانیت مسیح کا مظہر کلیسا کو سمجھتے تھے وہ پادریوں کے ہوا خواہ ہو گئے اور ان کی پشت پناہی کرنے لگے (اور ایسے لوگ زیادہ تھے) نتیجہ یہ ہوا کہ دن بدن دستگاہ کلیسا کا اثر و نفوذ بڑھنے لگا یہاں تک کہ کلیسا بلا شرکت غیرے مردمان یورپ پر مطلق العنان حاکم بن گیا۔

نصرانیت کے مذہبی وسیع اختلاف سے پہلے ہر مسیحی شہر پر ایک اسقف (پادری حکومت کرتا تھا) اور چند شہروں کے اجتماع کا نام ولایت ہوتا تھا اور اس کا عہدے دار خلیفہ کہلاتا تھا اور ریاست نصرانیت کا سب سے بڑا حاکم پوپ ہوتا تھا، تمام مذہبی امور میں

اسی کو دخل کلی ہوتا تھا، اسقفوں اور خلفاء کا عزل و نصب بھی اس کے ہاتھ میں ہوتا تھا۔ رفتہ رفتہ قسطنطنیہ کے مسیحی خلفاء یہ سوچنے لگے کہ پوپ کے اثر و نفوذ سے اپنے کو الگ کر لیں اور اپنے لئے ایک مستقل حوزہ بنالیں۔

خلفاء قسطنطنیہ اور پوپ کے درمیان چند شدید اختلاف کا نتیجہ یہ ہوا کہ ۱۰۵۲ء میں ان کے درمیان اختلاف کلی ہو گیا اور اس طرح مسیحیت دو حصوں میں تقسیم ہو گئی۔ مشرقی یورپ قسطنطنیہ کی روحانیت کا تابع ہو گیا اور اپنے کو آرتھوڈوکس کہلانے لگا اور مغربی یورپ لہستان سے لے کر اسپین تک پوپ ہی کی اطاعت میں باقی رہا اور یہ لوگ اپنے کو کیتھولک کہلانے لگے۔ یہ دونوں مذہب جو آپس میں کلی اختلاف رکھتے تھے ایک دوسرے کے کفر کا فتویٰ دینے لگے۔ سولھویں صدی کے اوائل میں پروٹیسٹنٹ نامی ایک مزید مذہب پیدا ہوا۔ اس مذہب کے بانی لوتھر اور اس کے رفقاء کار نے جنت فروشی اور بخشش گناہ جیسے مسائل پر پوپ کی مخالفت کا پرچم بلند کر دیا۔ ان لوگوں کا مقصد یہ تھا کہ کلیسا کو تمام برائیوں سے پاک کیا جائے لوتھر کے طرف داروں کی کثرت ہو گئی اور ان تمام انقلابات کا نتیجہ یہ ہوا کہ حضرت مسیح کا سیدھا سادا مذہب تین مختلف شعبوں میں بٹ گیا۔

پوپ کی تمام تر قوت و قدرت کے باوجود بارہویں تیرہویں صدی میں پوپ کے میں بدعتوں کا دور دورہ ہو گیا اور ایسی عقائدی ترقیاں جو پوپ کی نظر میں مردود تھیں وہ پوپ اور کاتولیکیوں کے لئے باعث تشویش ہو گئیں۔ نتیجتاً ۱۲۱۵ء میں اس کی بدعتوں کو روکنے کے لئے پوپ کی طرف سے ایک فرمان جاری ہوا اور اس فرمان کے بموجب فرانس، اٹلی، اسپین، جرمنی، لہستان اور دیگر مسیحی ملکوں کے ہر شہر میں ایک ادارہ بنام "انگیزیسیون" قائم کیا گیا جس میں متہم افراد کو بلوا کر ان پر مقدمہ چلانے کے سزا دی

جاتی تھی۔

یہ ادارہ اور اس کے لعنتی افراد اپنی اہرمنی قدرت کے زعم میں ہر قسم کی آزاد خیالی پر پابندی لگاتے تھے، انھوں نے رائے عامہ میں اتنا اضطراب پیدا کر دیا تھا اگر کوئی متہم ہو جاتے کہ اس کے عقائد کلیسا کے افکار و عقائد کے خلاف ہیں تو جہنمی شکنجوں میں اس کو کس دیا جاتا تھا۔ حد یہ ہو گئی تھی کہ اگر کبھی مردہ لوگوں پر بھی کفر و الحاد کا اتہام لگا دیا جاتا تھا تو مخصوص طریقے سے ان کی ہڈیوں کے صندوق پر محاکمہ کیا جاتا "ویل ڈورانٹ" اپنی تاریخ تمدن میں محاکمہ تفتیش کے خصوصیات اس طرح بیان کرتا ہے، محکمہ تفتیش دادرسی کے مخصوص آئین و قوانین رکھتا تھا، کسی بھی شہر میں دیوان محاکمات قائم کرنے سے پہلے کلیسا منبروں سے "فرمان ایمان" لوگوں کو سنایا جاتا تھا اور ان سے کہا جاتا تھا کہ اگر کوئی شخص کسی ملحد، بے دین، بدعتی کا سراغ رکھتا ہو تو "محکمہ تفتیش" کو مطلع کر دے۔ ان لوگوں کو دوستوں، پڑوسیوں، رشتہ داروں کی چغل خوری اور اتہام پر آمادہ کیا جاتا تھا۔ ان کو تشویق اور ترغیب دی جاتی تھی۔ چغل خوری کی مکمل حمایت کے وعدے کے ساتھ ساتھ ان کی بات کو راز میں رکھنے کا وعدہ کیا جاتا تھا۔ جو شخص کسی ملحد کو پہچاننے کے بعد اس کو رسوا نہ کرے یا اپنے گھر میں چھپا لے خود وہ شخص ملعون و کافر اور قابل نفرین قرار دیا جاتا تھا۔ کبھی مردے بھی متہم بکفر و الحاد ہوتے تھے تو ان کا مخصوص طریقے سے محاکمہ کیا جاتا تھا۔ ان کی جائداد ضبط کر لی جاتی تھی، ان کے ورثاء محروم قرار دے دئے جاتے تھے، مردے کے کفر و الحاد کی خبر دینے والے کو میت کے مال کا ۳۵ سے لے کر ۵۰ فیصد تک وارث بنا دیا جاتا تھا، مختلف مقامات پر اور مختلف زمانوں میں شکنجہ کا طریقہ بھی مختلف تھا، کبھی ملزم کے ہاتھوں کو پشت پر باندھ کر لٹکا دیا جاتا تھا اور کبھی اس طرح باندھ دیا جاتا تھا کہ حرکت کرنا ممکن نہ ہو۔ اور پھر اس کے گلے میں اتنا پانی ٹپکایا جاتا تھا کہ اس کا

دم گھٹ جاتا تھا کبھی بازوؤں اور پنڈلیوں کو رسیوں سے اتنا مضبوط کس کر باندھ دیا جاتا تھا کہ رسیاں گوشت میں پیوست ہو جاتی تھیں۔

یورپ میں مسیحی مذہبی مقامات کا اثر نفوذ اتنا بڑھ گیا کہ جرمنی و فرانس کے دس سے زیادہ بادشاہ اور سیاسی لیڈروں پر پوپ کے ذریعے کفر کا فتویٰ صادر کیا گیا اور حاکموں کو معزول کیا گیا۔ کچھ کو تائب ہونا پڑا، مثلاً جرمنی کے ہنری چہارم کو ۱۰۷۵ء میں پوپ کے حکم سے بے اعتنائی برتنے پر گریگوری ہفتم کی طرف سے کافر قرار دیا گیا۔ اور اس کو حکومت سے معزول کر دیا گیا مجبوراً ہنری توبہ کرنے والوں کا لباس پہن کر پوپ کی خدمت میں معذرت کے لئے حاضر ہوا۔ پوپ نے تین دن تک اس کو ملنے کی اجازت نہیں دی تین دن کے بعد اس کی توبہ کو قبول کیا۔

اسی طرح لوئی ہفتم کو پوپ "اینوسینٹ دوم کی طرف سے ۱۱۴۰ء میں کافر قرار دیا گیا ۱۲۰۵ء میں بادشاہ انگلستان "جان" اور پوپ "اینوسیٹ دوم" کے درمیان اختلاف پیدا ہو گیا، بادشاہ نے اسقفوں پر حملہ کیا اور پوپ نے اس کے کفر کا فتویٰ دے دیا۔ کچھ مدت بھی نہ گزرنے پائی تھی کہ پادشاہ نے مجبور ہو کر ایک اعلان کیا مجھے غیبی فرشتے نے خبر دی ہے کہ انگلستان و آئرلینڈ کو "عیسی اور ان کے حوارین ہمارے ولی نعمت پوپ" اینوسینٹ "اور کاتولیک کے جانشینوں کے سپرد کر دوں۔ اس کے بعد ممالک مذکورہ پوپ کی نیابت میں ہمارے پاس رہیں گے اور ہم ان کے نائب ہوں گے اور ہم نے یہ طے کیا ہے کہ روحانیت روم کو ہر سال دو قسطوں میں ایک ہزار انگریزی چاندی کا پاؤنڈ دیا کریں گے اگر میں یا میری اولاد میں سے کوئی اس اقرار نامے کی مخالفت کرے تو وہ حق سلطنت سے محروم ہو جائے گا۔

مارسل لکھتا ہے کہ آزاد خیال اور پوپ کی حکم عدولی کے جرم میں پانچ ملیون اشخاص

کو سولی پر چڑھا دیا گیا۔ ان کو سرحد مرگ تک پہونچنے سے پہلے مرطوب و تاریک گڑھوں میں بند کر دیا جاتا تھا۔ ۱۴۸۱ء سے پہلے ۱۴۹۹ء تک یعنی ۱۸ سال کے اندر اندر محکمہ تفتیش کے حکم پر ۱۰۲۰ آدمیوں کو زندہ جلا دیا گیا۔ ۶۸۶۰ آدمیوں کو دو ٹکڑے کر دیا گیا۔ ۹۷۰۲۳ آدمیوں کو شکنجوں میں اتنا کسا گیا کہ آخر کار ان کی روح قفس عنصری سے پرواز کر گئی۔

قرون وسطی میں "محکمہ تفتیش عقائد" کے حکم پر تین لاکھ پچاس ہزار دانشمندوں و مفکرین کو زندہ جلا دیا گیا۔

وکٹر ھیوگو فرانس کا مشہور شاعر و رائٹر ارباب کلیسا و محکم تفتیش عقائد پر اس طرح نقد و تبصرہ کرتا ہے۔ تاریخ ترقی بشر میں حیات کلیسا کو نہیں شمار کرنا چاہئے بلکہ اس کو صفحات تاریخ کے پس پشت قرار دینا چاہئے، کلیسا وہی تو ہے جس نے محض اس بات کہ ستارے اپنی جگہ سے نہیں گرتے، پارنیلی کو تازیانے مار مار کر زخمی کر دیا تھا اور کامپلاند کو صرف اس کے اس عقیدے کی بناء پر کہ اس دنیا کے علاوہ بے شمار اور دنیا میں بھی ہیں، ستائیس مرتبہ جیل بھیجا اور شکنجوں میں کسا، اور ہاروے کو محض اس بات پر شکنجے میں کسا کہ وہ بے چارہ یہ کہتا تھا کہ انسان کی رگوں میں خون حرکت کرتا ہے جامد خون زندہ رگوں میں نہیں رہ سکتا اور گیلیلیوں کو توریت و انجیل کے برخلاف حرکت زمین کے عقیدے پر جیل بھیج دیا تھا۔ یہ کلیسا وہی تو ہے جس نے کرسفر کولمبس کو ایک ایسے مسئلے پر جس کی پیش بینی "سینٹ پال" نے توریت و انجیل میں نہیں کی تھی جیل کی کال کوٹھری میں بند کر دیا تھا، کیونکہ قانون آسمان کا کشف اور حرکت زمین کا عقیدہ لا مذہبیت کی علامت تھی۔ ایسی بات کہنا جو خلاف مشہور ہو کلیسا دشمنی سمجھا جاتا تھا، یہ کلیسا وہی تو ہے جس نے پاسکال کو مذہب کے نام پر (مونٹی) کو اخلاق کے نام پر (مولر) کو مذہب اور اخلاق کے

نام پر کافر قرار دے دیا تھا۔

کلیسا نے اپنے اثرات کا استعمال مسلمانوں کے خلاف بھی خوب خوب کیا۔ نجات بیت المقدس کے بہانے کشتوں کے پشتے لگا دئے۔ ۱۰۹۵ء سے ۱۲۷۰ء تک مسلمانوں کے خلاف صلیبی جنگ لڑی گئی ان صلیبی جنگوں کی بنیاد پوپ اور راہبوں کی کینہ توزی اور تعصب تھی ان لوگوں نے دھوکا دہی کے ذریعے پوپ کے لوگوں کو مسلمانوں کے خلاف ابھارا تھا صلیبی جنگوں کے شروع ہونے سے پہلے (اربن دوم) پوپ نے راہبوں اور مذہبی پیشواؤں کی ایک انجمن بنائی تھی اسی انجمن میں مسلمانوں سے جنگ کا حتمی فیصلہ کیا گیا تھا پوپ نے تمام اسقفوں وراہبوں کو یہ حکم دیا تھا کہ لوگوں کو مسلمانوں سے جنگ کرنے پر ورغلائیں اور خود بھی فرانس میں اپنے ماننے والوں کو جنگ پر آمادہ کرتا رہا۔ بیت المقدس پر قبضہ کرنے کے لئے پہلا عظیم لشکر ایک ملیون آدمیوں پر مشتمل تھا، یہ آدمیوں کا سیلاب جب چلا ہے تو معلوم ہوتا تھا کہ پورا یورپ ایشیا کی طرف متحرک ہے پہلی منزل سے لوگوں کو غارت کرنا، دریا برد کرنا، آگ میں جلانا، مثلہ کرنا شروع کر دیا تھا۔ فوجی و غیر فوجی کا کیا سوال بچوں اور عورتوں کو تہہ تیغ کر دیتے تھے تین سال کے بعد ۱۰۹۹ء میں بیت المقدس پر قبضہ کر لیا۔ حالانکہ اس کامیابی میں ان کو بہت نقصان بھی اٹھانا پڑا، کیونکہ ایک ملیون لشکر میں سے صرف بیس ہزار افراد بچے تھے اور لاکھوں آدمی طاعون، بیماری، اور غیر مسلموں کے ہاتھ سے تباہ و برباد ہو گئے تھے، اس مذہبی لشکر کے وحشیانہ پن سے اطلاع کی خاطر میں اپنے محترم قارئین کے سامنے فرانس کے مشہور مورخ "گوستاوی لوبون" کی عین عبارت کا ترجمہ پیش کرتا ہوں، صلیبی مجاہدین کی بد اعمالی و بد کرداری نے جو ان تمام حملوں میں ظاہر ہوئی ان کو روئے زمین کے وحشی ترین، بے شعور ترین، اور درندہ ترین صفت کے لوگوں کی صفت میں لا کھڑا کر دیا یہ نام نہاد مجاہدین اپنے ہم

سوگندوں، دشمنوں، بیگناہ رعایا، لشکریوں، عورتوں بچوں، جوانوں کے ساتھ یکساں ظلم کرتے تھے اور بلا کسی تفریق کے سب کو قتل و غارت کرتے تھے، (رابرٹ) پادری جس نے چشم دید حالات بیان کئے ہیں وہ کہتا ہے۔!

ہمارا لشکر گزر گاہوں، میدانوں، کوٹھوں پر مسلسل گشت و حرکت کرتا تھا اور قتل عام سے اس کو ایسی لذت ملتی تھی جیسے اس شیرنی کو قتل کرنے میں ملتی ہے جس کے بچے کو کوئی اٹھالے گیا ہو، ہمارا لشکر جوان و بوڑھے کے قتل میں کوئی فرق نہیں کرتا تھا، اپنی سہولت کی خاطر کئی کئی آدمیوں کو ایک رسی میں باندھ کر سولی پر لٹکا دیتا تھا، ہمارے لشکری ہر اس شخص کو قتل کر دیتے تھے جو ان کے سامنے پڑ جاتا، مردہ لوگوں کا پیٹ چاک کر دیتے تھے، زر و جواہر کا پتہ جہاں بھی چل جاتا تھا اس کو ڈھونڈ نکالتے تھے یہاں تک کہ "بوہمانڈ" جو سردار تھا اس نے قصر میں جمع شدہ لوگوں کو حاضر کرنے کا حکم دیا، پھر عورت، مرد، بڈھے، ناتواں، بیکار قسم کے لوگوں کو قتل کر دیا اور جوانوں کو بیچنے کے لئے انطاکیہ روانہ کر دیا، اس خون آشام فوج کا افسر "گودفرے ہارڈوین ولے" پوپ کو لکھتا ہے اگر آپ یہ جاننا چاہیں کہ بیت المقدس میں ہمارے ہاتھوں کیا بلا نازل ہوئی تو بس اتنا سمجھ لیجئے کہ رواق سلیمان اور معبد میں سے ہم میں سے کسی کا گزر ہوتا تھا تو گھوڑے زانو تک خون میں ڈوب جاتے تھے۔

یہ ان روح فرسا واقعات کا معمولی سا نمونہ ہے جسے عیسائیوں نے قرون وسطی میں مفکرین و دانش مندان یورپ اور مسلمانوں کے ساتھ صلیبی جنگوں میں روا رکھا تھا۔

یوروپی ممالک میں انقیوزیشن کے شکنجوں اور سختیوں نے مفکرین اور دانش مندوں کو لرزہ بر اندام کر دیا اور وہ لوگ کلیسا کے اس ظالمانہ و وحشیانہ برتاؤ سے لوگوں کو نجات دلانے پر آمادہ ہو گئے۔ ارباب کلیسا اور دانش مندوں کا جھگڑا رفتہ رفتہ سخت سے سخت تر

ہو گیا۔ ارباب کلیسا کی طرف سے مفکرین کے لئے جو اختناق فکری اور انتقاد عقائد و افکار پیدا ہو گیا تھا اس کے باوجود علوم طبیعی روز بروز ترقی کر رہے تھے جس کا نتیجہ یہ ہوا کہ ارباب کلیسا کو پیچھے ہٹنا پڑا اور دانش مندوں، آزاد خیالوں، اور طرفداران علم کے لئے میدان خالی ہو گیا۔

کلیسا کی یہی بیہودہ سختیاں اور شرم اور مظالم کے سبب دانشمندوں کا ایک گروہ فطری طور پر دین سے بیزار ہو گیا اور ان کو یہ غلط فہمی ہو گئی کہ دین جہالت و اوہام کا طرفدار ہے اور علم و دانش کا دشمن۔

خلاصہ یہ کہ محکمہ تفتیش کے وحشیانہ رفتار، شرم اور مظالم نے آسمانی مذاہب کو شدید دھچکا پہنچایا، اور جاہلوں کے دل میں عام طریقے سے تمام ادیان سے نفرت بیٹھ گئی۔

اسی طرح دولت و ثروت کی خاطر محروم و رنجیدہ افراد کے ساتھ کلیسا کی روش نے روس میں ایک شدید رد عمل پیدا کر دیا اور لاشعوری طور پر کمیونسٹوں کی پشت پناہی کا سبب بنا اور کمیونسٹ لیڈر وسیع پیمانے پر دین کے خلاف زہر پھیلانے لگے اور مزدور پیشہ افراد کو یہ باور کرانے میں کامیاب ہو گئے کہ مذہب تو سرمایہ داروں کی دستاویز ہے، جمہوریت سے پہلے روس میں کلیسا کے پاس جائداد منقولہ و غیر منقولہ اتنی تھی کہ اس کا حساب مشکل ہے کلیسا کی ذاتی ملکیت ملیونوں ہکتار اور بینکوں میں اس کا ذخیرہ سیکڑوں ملیون روبل طلائی تھا کلیسا اور معابد کو جنگلوں اور چراگاہوں سے وسیع فائدے حاصل ہوتے تھے۔ ماہی گیری تجارت، صنعت وغیرہ سے بڑی بڑی آمدنیاں ہوتی تھیں۔

فردوف اس سلسلے میں لکھتا ہے کہ یہ کلیسا جو روس کا سب سے بڑا سرمایہ دار، سب سے بڑا زمیندار، سب سے بڑا بینک دار تھا۔ دیہاتیوں سے بہت ہی بے رحمانہ طریقے سے نفع اندوزی کرتا تھا۔ اور تمام مزدوروں کو انجام سے بے خبر ہو کر بری طرح اپنے فلاح و

بہبود کے لئے استعمال کرتا تھا، اس کا نتیجہ یہ ہوا کہ مزدوروں اور کلیسا کے دیہاتی خادموں کے دلوں میں ان کی طرف سے کینہ پیدا ہو گیا اور اس کو رہبری کے لباس میں غلامی کے طرفدار کہتے تھے یہ عیسائیت جو ایک دن آداب و رسوم کہنہ کی حافظ تھی اپنی تمام تر سابق درخشانیوں کے باوجود آج اپنے اصول و مبانی کو مضبوط بنانے کے لئے علم و تمدن کے ہر ممکن ذریعے سے استفادہ کر رہی ہے۔

کیا آپ جانتے ہیں کہ تنہا کیتھولک کلیسا چار ہزار تبلیغی انجمن رکھتا ہے جو دنیا کے مختلف گوشوں میں پھیلے ہوئے ہیں اور یہ انجمنیں مبلغ خطیر نشر و اشاعت مسیحیت کے لئے خرچ کرتی ہیں۔ اور ان کا تبلیغی سلسلہ تمام دنیا میں پھیلا ہوا ہے، حد یہ ہے کہ کانگو، تبت، افریقہ کے وحشی ترین خطوں میں ان کی تبلیغ ہو رہی ہے صرف انگلستان کا کلیسا تبلیغ پر سالانہ نو سو ملیون تومان خرچ کرتا ہے۔ ہماری ساری تبلیغات پر جو رقم خرچ ہوتی ہے اس کے مقابلے میں تنہا اس کلیسا کا خرچ کہیں زیادہ ہے۔

اب تک صرف انجیل کا ایک ہزار سے زیادہ زبانوں میں ترجمہ ہو چکا ہے۔ صرف ۱۹۳۷ء میں یعنی ایک سال میں تین اداروں نے انجیل کے ۲۴ ملیون نسخے امریکہ میں تقسیم کئے۔

وٹیکن کا ایک اخبار جس کا نام "اور سر واٹورے رومانو" ہے روزانہ تین لاکھ کی تعداد میں چھپتا ہے یہ علاوہ ان ماہناموں کے ہے جو ماہانہ کئی ملیون کی تعداد میں شائع ہوتے ہیں، اب تک مذہبی اداروں کی طرف سے ۳۲ ہزار پرائمری اسکول، یونیورسٹی، اسپتال کھولے جا چکے ہیں۔ دنیا میں چار قومی مذہبی ادارے ہیں جو صرف تبلیغات دین مسیح کی نشر و اشاعت کرتے رہتے ہیں۔ ایک وٹیکن میں ہے اور چوتھا عدیس ابابا میں کھولا گیا ہے۔

اصولی طور پر عیسائی تبلیغ کے تین طریقے ہیں (۱) عہد جدید کے کتابوں ترجمے (۲)

کلیسا و گرجا گھروں کی تعمیر (۳) "جمعیتہائے تبشیریہ" کے نام سے دنیا بھر میں تبلیغی جماعتوں کو بھیجنا۔

پروٹسٹینٹوں نے بھی ضرورت سے زیادہ اقدامات کئے ہیں چنانچہ ریڈرڈائجسٹ لکھتا ہے کہ ! کلیسا کی قدیمی رسم وصولی زکوٰۃ کی از سر نو تجدید کرنے کے لئے امریکہ میں پروٹسٹینٹوں نے کلیسا کو حیات نو بخشنے اور عظیم انقلاب لانے میں روحانی اور مادی دونوں لحاظ سے قابل ذکر ہے۔ اہم رول ادا کیا ہے۔

۱۹۵۰ء کے بعد سے کم از کم دن اداروں میں یہ رسم شروع ہو گئی ہے اور اس کے عجیب و غریب فائدے ظاہر ہو چکے ہیں۔ اس کی وجہ سے بہت تبلیغی انجمنوں کا کام دگنا اور تگنا ہو گیا ہے۔ کلیسا کے لئے سیکڑوں عمارتیں بنوادی گئی ہیں۔ مبلغین کی جماعتیں داخلی اور خارجی طور پر بہت مضبوط ہو گئی ہیں اور سب سے اہم بات یہ ہوئی ہے کہ انجمنوں کی طرح افراد کو بھی یہ احساس ہو گیا ہے کہ اس قدیم طریقے کی پیروی سے کتنے نجات بخش نتائج پیدا ہوں گے۔

عیسائی مبلغین نہ تو یہودیوں سے خوف زدہ ہیں نہ ہندوؤں سے، اور نہ بودھ مذہب سے ڈرتے ہیں۔ کیونکہ یہ سب دین ایک ایسی محدود قوم سے متعلق رکھتے ہیں جو اپنے دائرہ عمل سے آگے نہیں بڑھ سکے۔ عیسائی مبلغین صرف اسلام سے خطرہ محسوس کرتے ہیں جس کی طرز فکر اور مخصوص خیالات سے دوست، دشمن سب ہی واقف ہیں، ویٹکن میں اسقفوں کے اجتماع کو خطاب کرتے ہوئے پوپ اعظم نے اپنی افتتاحی تقریر میں کہا: افریقہ میں عیسائیت اور مغربی اقوام کو اسلام سے جو خطرہ درپیش ہے وہ افریقہ میں کمیونسٹوں سے مغربی اقوام کو درپیش خطرے سے کہیں زیادہ ہے۔

بیرونی ملکوں میں اگرچہ اسلام تبلیغ صفر ہیں لیکن اسلام اپنی امتیازی صفت وسیع

معارف و قدرت تحرک کی بناء پر دنیا کے بعض حصوں میں خصوصاً افریقہ میں بہت ترقی کر رہا ہے۔ مظلوم سیاہ پوستوں کے لئے اسلام بہترین پناہ گاہ ہے اور کلیسا اس خطرے سے چشم پوشی نہیں کر سکتا۔

بلجیم کے دو تحقیقی اداروں نے لکھا ہے کہ : بیسویں صدی عیسوی کے ابتداء میں صرف کانگو میں چار ہزار مسلمان تھے جبکہ آج "مانیہ ما" اور "کیوو" اور "اسٹانلی ویل" میں مسلمانوں کی تعداد دو لاکھ ۳۶ ہزار ہو گئی ہے۔ مارسل کارڈر جو یورپی عالم ہے اور اسلام کے مطالعے میں منفرد ہے اس کے قول کو رسالہ (پرو) چاپ راہر پیرس نے نقل کیا ہے کہ "پہلے اسلام امیروں اور شاہزادوں کا مذہب تھا، لیکن آج مزدوروں کا مذہب ہو گیا ہے۔ ایسے لوگوں کا مذہب جو بہتر اور آرام دہ زندگی کے لئے سیلاب کی طرح رواں دواں ہیں۔ اب یہ بات ناقابل انکار حقیقت ہے کہ شمالی افریقہ سے جنوبی افریقہ کی طرف بڑی سرعت کے ساتھ اسلام بڑھ رہا ہے اور صحیح مردم شماری سے اس کی تائید بھی ہوتی ہے۔

رسالہ "ریووڈی پیرس" مسلمانوں، بت پرستوں، عیسائیوں کی افریقہ میں مردم شماری کا ذکر کرتے ہوئے اور یہ بتاتے ہوئے کہ مسلمانوں کی تعداد زیادہ ہے۔ لکھتا ہے: بطور کلی افریقہ کے آدھے کالے آدمیوں کو مسلمان ہی شمار کرنا چاہیئے۔ اسلام عجیب و غریب سرعت کے ساتھ پھیل رہا ہے۔ ہر سال تقریباً پانچ ہزار آدمی اسلام قبول کرتے ہیں اور یہ تیزی پہلے سے نہیں تھی بلکہ تقریباً اسی صدی کے اندر اندر یہ بات پیدا ہوئی ہے۔ ۱۹۵۰ء میں جامعہ ازہر کے چار فارغ التحصیل عالموں نے شہر (مباکو) میں ایک دینی مدرسہ کھولا جو اسلام کو بجلی کی طرح پھیلا رہا تھا مگر حکومت فرانس نے اس کو بند کرا دیا۔

نیلپس یونیورسٹی کے استاد وڈاکٹر "واکیا واگلیری" لکھتے ہیں پتہ نہیں کیا بات ہے کہ اسلام ممالک میں غیر مسلموں کو ضرورت سے زیادہ آزادی، اور مسلمانوں کے پاس

وسائل تبلیغ کی قلت کے باوجود آخری سالوں میں اسلام ایشیا اور افریقہ میں بڑی تیزی کے ساتھ پھیل رہا ہے۔ نہ معلوم اس دین میں کونسی اعجازی قوت پوشیدہ ہے یا کونسی طاقت اس کے ساتھ مخلوط کر دی گئی ہے۔ اور نہ معلوم کیا قصہ ہے کہ لوگ روح کی گہرائیوں کے ساتھ اسلام قبول کرتے چلے جارہے ہیں اور اسلامی دعوت پر لبیک کہہ رہے ہیں۔

عیسائیوں نے مسلمانوں کو تباہ کرنے کے اپنے سارے وسائل استعمال کر ڈالے چنانچہ استاد محمد قطب لکھتے ہیں: جنوبی افریقہ میں انگریزوں کی ایک منظم کشتی رانی کی کمپنی ہے۔ اس کمپنی میں بہت سے مسلمان بھی کام کرتے تھے مگر چونکہ یہ کمپنی عیسائی ہے لہذا مسلمانوں کو کیونکر برداشت کرتی کمپنی نے مسلمانوں کو ایذا پہنچانے کا نیا ڈھنگ اختیار کیا کہ مسلمانوں کو مزدوری کی جگہ شراب کی بوتلیں دینے لگی اور چونکہ مسلمانوں کے یہاں نہ صرف یہ کہ شراب نوشی حرام ہے بلکہ اس کی خرید و فروخت بھی حرام ہے۔ اس کا نتیجہ یہ ہوا کہ مسلمان شراب کی بوتلیں لے کر توڑ دیتے تھے، اس طرح بیچاروں کا کافی نقصان ہوتا تھا۔ آخر کار ایک مسلمان قانون داں نے ان لوگوں کو مشورہ دیا کہ ایسی مزدوری پر پہلے آپ لوگ اعتراض کریں اگر اس کا کوئی اثر نہ ہو تو عدالت کا دروازہ کھٹکھٹائیں۔ آپ جانتے ہیں اس مشورہ پر عمل کا نتیجہ کیا ہوا؟ جیسے ہی کمپنی کو اس کی اطلاع ہوئی اس نے تمام مسلمانوں کو نکال باہر کیا۔ کیا بشر دوستی کا مفہوم یہ ہے۔!

اسدور میں مبلغین اسلام کے لئے افریقہ میں بہت وسیع میدان موجود ہے۔ اگر اسلامی مبلغین محنت و خلوص سے کام شروع کر دیں تو افریقہ میں بہت زیادہ لوگ دل و جان سے اسلام قبول کرلیں گے۔ افریقہ اس وقت ایک ایسے مذہب کی تلاش میں ہے جو جنبہ ہائے مادی و معنوی میں ہم آہنگی پیدا کر سکے۔ اور معاشرے میں مساوات و برابری قائم کر سکے اور لوگوں کو صلح کی طرف دعوت دے سکے۔ اور یہ بھی معلوم ہے کہ

عیسائیت ان مسائل کو حل کرنے پر قادر نہیں ہے۔ کیونکہ خود کلیسا نابرابری کا قائل ہے۔ ابھی تک افریقہ میں کلیسا کی طرف سے اس بات کی اجازت نہیں ہے کہ ایک جگہ گورے اور کالے سب مل کر عبادت کر سکیں عمومی طور پر انگریزوں کا برتاؤ کالوں کے ساتھ غیر انسانی ہے، کانگو کے مرحوم لیڈر (لومومبا) پیرس کے ایک اخبار میں لکھتے ہیں: میری سمجھ میں یہ بات نہیں آتی کہ اسکولوں میں ہم کو یہ تعلیم دی جاتی ہے کہ عیسائیت کے اصول کا احترام کیا جائے۔ اور اسکولوں کے باہر ان اصولوں کی خلاف ورزی کی جاتی ہے اور تمام انسانی تمدنی اصول کو پیروں تلے روندا جاتا ہے اور اس کی تعلیم اور ہم سیاہ پوستوں سے یورپی لوگوں کے برتاؤ میں زمین و آسمان کا فرق ہے۔

افریقہ اسلام کی سرعت انتشار سے نہ صرف عیسائی خوف زدہ ہیں بلکہ امریکہ کی تمام مذہبی انجمنیں خود امریکہ میں کالوں کے مشرف بہ اسلام ہونے سے پریشان ہیں اور اپنے تمام تر ذرائع کو ان کے درہم برہم کرنے میں استعمال کرتی ہیں۔ آج کل شاید ہی امریکہ کا کوئی اخبار ہو جو کالوں کے خلاف تبلیغ میں مشغول نہ ہو۔ حد یہ ہے کہ کچھ ممبران پارلیمنٹ نے مسلمانوں پر (رکیک) حملہ کرنے کے بعد امریکہ کے رئیس جمہوریہ سے خواہش کی کہ سیاہ پوست مسلمانوں کی ساری انجمنیں توڑ دی جائیں اور ان کے تمام اقدامات کو غیر قانونی قرار دے دیا جائے۔

لیکن (بفضل الہی) سیاہ پوست مسلمانوں کی کوششوں کو جتنا جتنا روکا جا رہا ہے ان کی تعداد میں اسی قدر اضافہ بھی ہوتا جا رہا ہے اور ان کے اقدامات اور ان کی کوششیں مضبوط سے مضبوط تر ہوتی جا رہی ہیں۔ اس وقت سیاہ پوستوں نے امریکہ کے ۲۷ صوبوں میں ۷۰ شعبے کھول رکھے ہیں۔ اسی طرح شکاگو اور ڈیٹ رائٹ میں دو اہم اسلامی مرکز موجود ہیں۔ ان لوگوں نے اپنے بہت سے مراکز کھول رکھے ہیں۔ متعدد مسجدیں بنا ڈالی ہیں۔ کلمات محمد کے نام سے ایک روز آنہ اخبار بھی نکالتے ہیں اور امریکہ کے بعض

شہروں میں تو یہ عالم ہے کہ جب یہ لوگ کوئی جلوس سڑک پر نکالتے ہیں تو مذہبی نشان اٹھا کے چلتے ہیں اور آگے آگے ایک منبر ہوتا ہے جس پر "لا الہ الا اللہ محمد رسول اللہ" لکھا ہوتا ہے۔

تمام سیاہ پوست مسلمان اپنے دینی فرائض کو کمال عقیدت سے ادا کرتے ہیں ان کی عورتیں اسلامی پردے میں رہتی ہیں، یہ لوگ عمومی طور پر گوشت یا دوسری چیزوں کو کوشش کر کے ایسے قصاب و ایسی دوکانوں سے خریدتے ہیں جن کے یہاں چاند، ستارے کی تصویر بنی ہوتی ہے کیونکہ مسلمان ہونے کی یہ پہچان ہے کہ یہ لوگ بہت کوشش سے عربی زبان سیکھتے ہیں، اسکولوں اور کالجوں میں اپنے جوانوں کو تاکید کرتے ہیں کہ وہ قرآن کی زبان ضرور سیکھیں۔ ان کے اندر چوری، قتل وغیرہ قسم کے عیوب بالکل نہیں ہیں۔ یہاں تک کہ دشمن یہ اعتراف کرنے پر مجبور ہو گئے کہ کالوں کے اسلام نے ان کی ہر قسم کی برائیوں اور عادتوں کو چھڑا دیا۔

مسیحی مبشرین جو افریقہ میں سرگرم تبلیغ ہیں وہ کسی قیمت پر یہ نہیں چاہتے کہ سیاہ پوست ترقی کریں اور ان کی طرح کے ہو جائیں، بلکہ وہ لوگ صرف یہ چاہتے ہیں کہ ایسے افراد تیار ہوں جو صرف کلیسا ہی کے تابع رہیں۔ یہ ایک حقیقت ہے جس کو استاد "وسٹر مین" نے بیان کیا ہے وہ لکھتے ہیں: جب کوئی کالا مسلمان ہوتا ہے تو معاشرے کے افراد میں اس کا شمار ہونے لگتا ہے اور خود اس کے اندر بہت جلد خود اعتمادی پیدا ہو جاتی ہے اور وہ خود اپنی حیثیت کو پہچاننے لگتا ہے اور جلد ہی اس بات کا احساس کر لیتا ہے کہ اس عالم رنگ و بو کی ایک فرد وہ بھی ہے اور یورپین سے محدود حد تک ارتباط رکھنے لگتا ہے۔ وہ سیاہ پوست جو پہلے مہتروں جیسی زندگی بسر کرتا تھا اسلام لانے کے بعد ایسی عظمت کا حامل ہو جاتا ہے کہ خود یورپین اس کی تعظیم کرتے ہیں اور اس کے برخلاف جب کوئی سیاہ پوست عیسائی ہو جاتا ہے تو اپنی حیثیت سیاہ پوست مسلمان سے بالکل جدا

دیکھتا ہے۔ کیونکہ ہم لوگوں کی (عیسائیوں) بنیاد ہی سیاہ پوستوں سے علیحدگی پر رکھی گئی ہے جب وہ ہمارے تمدن سے دوچار ہوتے ہیں تو اس کا تحمل نہیں کر پاتے ہم نے نہ ابھی تک کالوں کو تعلیم دی ہے اور نہ خود ان کو اس کا احساس ہے کہ ان کے اندر ممتاز خصوصیات موجود ہیں۔ کیونکہ ہم نے کبھی اپنا فریضہ ہی یہ نہیں سمجھا کہ کالوں کے تمدن کی طرف توجہ دیں یا ان کو ترقی دیں یا ان کی حالت کو اپنی حالت کے مطابق کریں۔ ہم ہمیشہ سیاہ پوستوں کا یورپین سے نہایت ناپسندی کے ساتھ تعارف کراتے ہیں اور ان کو ایک نہایت ہی بد صورت یورپی سمجھتے ہیں۔ مگر اسلام ایک سیاہ افریقی کا تعارف اس طریقے سے کراتا ہے کہ وہ خود اپنی جگہ پر بھی محترم رہے اور دوسروں کی نظروں میں بھی محترم ہو۔ وہ اجتماعی برابری جو اسلام نے ذاتا سیاہ پوست مسلمانوں کی دی ہے اس کا (عشر عشیر) بھی ہم سیاہ پوست عیسائی کے یہاں نہیں پاتے۔

ایسے بھی یورپی ہیں جن کی نظر میں کالوں کی کوئی وقعت نہیں ہے ان کی نظر میں خس و خاشاک میں زندگی بسر کرنے والا بے دین سیاہ پوست اور عیسائی سیاہ پوست میں کوئی فرق نہیں ہے۔ یہی وہ لوگ ہیں جو کسی ایسی فرصت کے منتظر ہیں کہ جس میں کالے مسلمان کالے عیسائی پر برتری کو آشکار کر دیں۔ یہی وجہ ہے کہ جن افریقیوں نے آخری زمانے میں عیسائی تعلیمات کو دیکھا ہے وہ آج نہ صرف مسلمان بلکہ مبلغ اسلام ہو گئے ہیں اور چونکہ افریقیوں کو اپنے یورپی بھائیوں سے مساوات کی کوئی امید نہیں ہے اس لئے وہ اسلام سے قریب تر ہوتے جا رہے ہیں اور اس بات کو بھی اچھی طرح سمجھ چکے ہیں کہ افریقہ میں اگر کوئی دین اختیار کرنے کے قابل ہے تو وہ صرف اسلام ہے۔

☆☆☆

مغربی دنیا کا اخلاق

یورپین کی زندگی ایک مشینی زندگی ہو کر رہ گئی ہے اور ایک ایسے جسم کی حرکت بن گئی ہے جس میں روح حیات نہ رہی ہو۔ مادی زندگی کے مختلف شعبوں میں ترقی کرنے کی وجہ سے متمدن انسان بہت سی مصیبتوں اور جھمیلوں سے چھٹکارا پا چکا ہے اور رفاہ و آسائش کی طرف بہت آگے بڑھ چکا ہے لیکن اس کے باوجود روح مادیت نے تمام مظاہر حیات میں لوگوں کی توجہ کو بہت سے حقائق کی معرفت سے روک رکھا ہے۔ اور اسی وجہ سے اخلاقی و معنوی جہالت طاق نسیاں کے سپرد ہو گئے۔

آج کا تمدن اپنے ہمراہ جو مصیبتیں اور ناگواریاں لے کر آیا ہے ان کو آنکھ بند کر کے قبول نہیں کیا جا سکتا۔ اب تک جتنے بھی ایجادات، اکتشافات زندگی کو سہل بنانے اور تمدن کو آگے بڑھانے کے لئے کئے گئے ہیں وہ انسانی تشویش و فکری ناراحتی کو نہ تو دور کر سکے ہیں اور نہ ہی اجتماعی خطرناک قسم کے بحران و مشکلات کو دور کر کے معاشرے کی خوش بختی و راحت کو واپس لا سکے ہیں۔

انسان مختلف جسمانی ضرورتوں کے علاوہ ایک عطش معنوی اور طلب روحی بھی رکھتا ہے۔ انسان جس طرح جسمانی لذتوں کا شیفتہ و شیدائی ہے اسی طرح فکری پناہ گاہ اور معنوی ضرورتوں کا بھی خواہش مند ہے تاکہ مادے کے علاوہ دوسری ضرورتوں کو پورا کر سکے افکار انسانی کو دائرہ مادیت کے اندر محدود کرنا ایک ناقابل معافی گناہ ہے اور فطرت انسانی سے کسی طرح ہم آہنگ نہیں ہے۔

بشریت کی بزرگ ترین تمنا یعنی سعادت بخش زندگی کا پہلا مرحلہ اس وقت شروع ہوتا ہے جب فکر اپنی سیرت کامل میں تمدن مادی کے مرحلے سے گزر جائے اور صنعتی و علمی تعجب خیز صلاحیتوں کی ترقی ہو جائے اور روحانی قوتیں بروئے کار آ جائیں۔ اور کمالات انسانی کے اس منبع سے صحیح فائدہ حاصل کیا جانے لگے۔ کیونکہ ان دونوں قوتوں کے توازن کے بغیر صد در صد انسانی سعادت حاصل نہیں کی جاسکتی۔

اخلاقی اور اجتماعی عیوب کو دیکھنے کے بعد ہمیں یقین ہو جاتا ہے کہ بشری تکامل کے اسباب شائستہ طریقے سے پورے نہیں ہیں اور آج کے انسان نے خوش بختی کے اسباب معلوم کرنے میں اشتباہ کیا ہے۔

لیکن اسی کے ساتھ یہ بات بھی مسلم ہے کہ) صفحات تاریخ میں کوئی بھی قوم ایسی نہیں گزری کہ جس کے زندگی کے تمام گوشوں میں فساد ہی فساد ہو اور کوئی خوبی ان کے اندر موجود ہی نہ ہو، اسی طرح مغربی دنیا میں تمام تر اخلاقی مفاسد کے باوجود ابھی کچھ خوبیاں باقی ہیں، مثلاً زیادہ تر لوگ امانتدار ہیں سچے ہیں، اگرچہ ان خوبیوں سے ان برائیوں کا جبران نہیں ہو سکتا، یہ چیزیں اخلاقی فضائل میں یقیناً شمار ہوتی ہیں مگر یہ بھی تو ممکن ہے کہ یہ چیزیں مختلف مصالح کی بناء پر کی جاتی ہوں اور کچھ خاص عوامل و اسباب کے ماتحت بجالائی جاتی ہوں۔ مغربی دنیا میں ان اخلاقی سرمایہ کو دین کا جزو نہیں سمجھا جاتا اور نہ ان کی بجاآوری آسمانی قانون ہونے کی وجہ سے ہوتی ہے اس لئے نہ تو ان کی کوئی قیمت ہے اور نہ کوئی معنویت ہے یہ تو صرف حصول منفعت کی خاطر ان چیزوں کو کرتے ہیں۔ وہاں کے لوگ ان اخلاقیات کو مادی منفعت کے دریچے سے دیکھتے ہیں اور معاملات میں ترقی کا ذریعہ سمجھتے ہیں۔ اگر ان اخلاقیات اور مکارم اخلاق میں کوئی مادی منفعت نہ ہو تو پھر نہ ان کا کوئی اعتبار ہو گا نہ ان کی کوئی قیمت ہو گی اس لئے تمام مغربی دنیا میں اخلاق کو

حصول منفعت کا وسیلہ سمجھ کر برتا جاتا ہے۔

اور عصمت و عفت کے معاملے میں تو مغرب نے حریم اخلاق سے بہت زیادہ تجاوز کر لیا ہے اور اس مسئلے میں تباہی اپنے درجہ کمال کو پہنچ چکی ہے۔ ابتداء میں ہر شخص اس بات پر یقین رکھتا تھا کہ عصمت ایک انمول موتی ہے اس کا برباد ہو جانا اخلاقی تباہی ہے۔ لیکن رفتہ رفتہ یا تو یہ حقیقت فراموش کر دی گئی اور یا پھر گمراہ کرنے والوں نے اس کو ختم کر دیا۔

***

اس دور میں پاک دامنی اپنی قدر و قیمت کھو بیٹھی ہے گویا کہ صحت معاشرہ سے دامن کش ہو چکی ہے۔ ایک دوست نقل کر رہا تھا: جرمنی کے ریڈیو سے ایک دن ایک نوجوان عورت اپنی مشکل کو پیش کر کے اس کا حل چاہتی تھی اس نے کہا میں ایک ایسی لڑکی ہوں جس نے ایک جوان سے سالہا سال محبت کی ہے لیکن امتداد زمانہ اور ہر وقت کی صحبت، پے در پے محبت کرنے سے میری محبت میں کافی کمی آ چکی ہے۔ اب میں نے طے کر لیا ہے کہ کسی دوسرے نوجوان سے رابطہ مہر و الفت قائم کروں گی۔ کیا میں اس نوجوان کو نہ کھوتے ہوئے دوسرے سے محبت کے پینگ بڑھاؤں یا اسی نوجوان پر اکتفا کروں اور دوسرے کا خیال اپنے دل و دماغ سے نکال دوں؟ رہبر نے جواب دیا کہ ۲۸ سال سے پہلے پہلے تم ایک یا کئی سے تعلقات رکھ سکتی ہو، اس کی وجہ سے تم کو پریشان ہونے کی ضرورت نہیں ہے۔

سوچنے کی بات یہ ہے کہ جن مقامات سے نفوس بشری کی تہذیب و اصلاح ہونی چاہئے، عفت، تقوی، فضیلت کی ترویج کرنی چاہئے، انھیں مقامات سے ترویج فحشاء و منکر

ہو رہی ہے اور خود راہنما انحراف و ناپاکی و گمراہی کا مرتکب ہونے کے ساتھ ساتھ اس قسم کے لوگوں کی پشت پناہی بھی کرتا ہے اور اخلاقی قید و بند کو توڑ دینے کا حکم عام کرتا ہے، اور روابط خصوصی کے ضمن میں شادی سے پہلے فحشاء کے مفہوم واقعی کو بدلنا چاہتا ہے اور آزادی مطلق کے نام پر شادی سے پہلے کی بے راہ روی کو بے عفتی کے دائرے سے خارج کرنا چاہتا ہے اور لوگوں کو شرف و تقوی کے بر خلاف ابھارتا ہے۔

ویل ڈورانٹ مشہور جامعہ شناس تحریر کرتے ہیں: شہری زندگی کچھ ایسی ہو گئی ہے جو آدمی کو شادی بیاہ سے روکتی ہے، یہاں کی زندگی لوگوں کی جنسی شہوت کو ہمہ وقت رابطہ جنسی کی بناء پر ابھارتی رہتی ہے جس کا نتیجہ یہ ہوتا ہے کہ نامشروع طریقے سے اس جذبے کو سکون پہنچانا بہت آسان ہو گیا ہے۔

جس تمدن کے اندر شادی بیاہ میں تاخیر کی جاتی ہو اور اتنی کہ کبھی کبھی تیس تیس سال کے نوجوان غیر شادی شدہ ہوتے ہیں وہاں اس کے سوا ہو بھی کیا سکتا ہے کہ انسان وقف ہیجانات جنسی ہو کر رہ جائے اور غلط باتوں سے اپنے کو بچانے کے قوت کمزور پڑ جائے اور یہی وجہ ہے کہ پاکدامنی جو کبھی فضیلت میں شمار ہوتی تھی، اب اس کا تمسخر اڑایا جاتا ہے۔

شرم و حیا جو کبھی انسان کی زیبائش میں چار چاند لگاتی تھی اب وہی شرم و حیا ناپسندیدہ عنصر بن چکی ہے، نوجوان اپنے گناہوں پر فخر کرتا ہے، عورتیں مردوں سے مساوات کے چکر میں گرفتار عشق و ہوس نامحدود ہو جاتی ہیں اور اس کے نتیجے میں عورت و مرد شادی بیاہ سے پہلے ہی اپنے ارمان پورے کر لیتے ہیں۔

سڑکیں رنڈیوں سے خالی دکھائی دیتی ہیں مگر اس کے وجہ پولیس کا خوف نہیں ہے بلکہ آزاد خیال، بے پردہ گھومنے والی لڑکیوں نے رنڈیوں کے بازار کو ٹھنڈا کر دیا ہے۔

آدمی کی فطرت کا تقاضہ ہے کہ اپنی قوتوں کو کنٹرول کر کے معتدل طریقے سے خرچ کرے۔ خلاف فطرت اقدام ناگوار نتائج پیدا کرنے کا سبب ہوتا ہے۔ آزادی فکر کے ضمن میں انسان جس راحت و خوش بختی کا متلاشی ہوتا ہے وہ قانون فطرت کو پامال کرنے کے بعد کبھی حاصل نہیں کر پاتا۔

مغرب نے اپنے یہاں شہوت رانی کو عام کر دیا ہے۔ لیکن کیا شہوت پرست اس آزادی سے سیر ہو گئے ان کی پیاس بجھ گئی؟ کیا بچوں کی دیوانگی، اعصابی کمزوری، جرم و انتحار، اضطرابات اسی آزادی اور جنسی بے راہ روی کے نتائج نہیں ہیں؟

سویڈن میں تقریباً ربع صدی کی کامل جنسی آزادی نے جوانوں کے اندر کتنے وحشت ناک قسم کے درد انگیز حالات پیدا کر دئے کہ جس سے ذمہ داروں کا ناطقہ بند ہو گیا اور مجبوراً ایسے خطرناک و وحشت ناک قسم کے حالات پر پارلیمنٹ میں غور و خوض کرنا پڑا اور وزیر اعظم نے کھلم کھلا کہا: بیس سال کے اندر ہم نے جو غلطی کی ہے اس کے تدارک کے لئے چالیس سال کی مدت درکار ہے۔

فریڈ کے گمراہ کنندہ اصول کے ماتحت لوگ جنسی شہوت میں مبتلا ہو کر بالکل حیوانوں کی سی زندگی بسر کرنے لگے ہیں اور اس نے لوگوں کو تمایلات جنسی کے کیچڑ میں غوطہ دے دیا ہے اور اس کا نتیجہ یہ ہوا کہ جنسیات اخلاق سے الگ ایک چیز ہو گئے۔ اور جس دن سے عفت و عصمت تباہی و بربادی کے غار میں گری ہے پھر اس کے روکنے کے لئے کسی بند کا تصور ہی نہیں ہو سکا، اسی قسم کی تعلیمات کا نتیجہ مندرجہ ذیل دئے جانے والے اعداد و شمار ہیں۔

فاتح حکومتوں کے نوجوان جنھوں نے جرمنی عورتوں کے ساتھ معاشرت کی ہے ان کے بارے میں مغربی جرمنی نے چند سال کے اندر اندر جو نتائج بتائے ہیں وہ یہ ہیں کہ

اس معاشرے کے نتیجے میں دو لاکھ ناجائز بچے ہوئے جو اب تک جرمنی حکومت کی زیر سرپرستی پرورش پا رہے ہیں۔ اس میں سے پانچ ہزار بچے سیاہ پوست ہیں اور بقول جرمنی حکومت کے ناجائز پیدا ہونے والے بچوں میں بچ جانے والوں کی یہ تعداد دسواں حصہ ہے ورنہ زیادہ تر اسقاط، موت یا ماؤں کے گلا گھونٹ دینے کی وجہ سے اس دنیا میں نہ رہ سکے۔

یہ بات ملحوظ رکھنی چاہئے کہ یہ صرف مغربی جرمنی کے اعداد و شمار ہیں مشرقی جرمنی کی صحیح تعداد کی اطلاع ہمارے پاس نہیں ہے یقیناً گمان غالب کے ساتھ یہ بات کہی جا سکتی ہے کہ مشرقی جرمنی کے حالات اگر اس سے بدتر نہیں ہیں تو اس سے بہتر بھی نہیں ہیں۔ (خواندینہا سال ۱۵ شمارہ ۱۱۰)

دوسرے مغربی ممالک بھی جرمنی سے پیچھے نہیں ہیں۔ سب سے زیادہ تکلیف دہ بات وہ ہے جو مجلس امور اخلاقی میں تسلیم شدہ ہے۔ اس میں یہ بات کہی گئی ہے کہ انگلستان کے مرکز میں واقع ہونے والے نارتھمپٹن میں ناجائز بچوں کی اوسطاً تعداد پچاس فیصد ہے اور اس میں اس بات کی بھی تشریح کی گئی ہے کہ ناجائز بچوں کی افزائش نسل کا سلسلہ اس وقت سے شروع ہوا ہے جب سے یہ حصہ زراعت پیشہ کسانوں سے خالی ہو کر صنعتی بنا۔ (طلاق اور تجدد صفحہ ۳۴)

ڈال کرینجی لکھتے ہیں کہ: امریکہ کی ایک علمی انجمن نے شوہروں کی اپنی بیویوں کے ساتھ خیانت کا ایک اعداد و شمار جمع کیا تھا جس میں اس بات کا لحاظ رکھا گیا تھا کہ ایسے شوہروں کو پیش نظر رکھا جائے جو مختلف طبقے سن و سال کے ہوں، اس اعداد و شمار سے پتہ چلتا ہے کہ تقریباً آدھے شوہر اپنی بیویوں سے خیانت کرتے ہیں اور کچھ لوگ پابندی سے اس عمل کو کرتے ہیں اور دوسرے آدھے شوہر جو اپنی بیویوں کا پاس و لحاظ کرتے ہیں وہ یا

تو بر بنائے مجبوری اور خوف رسوائی کی وجہ سے ہے یا پھر عدم الفرصتی کے وجہ سے ہے۔ چند سال پہلے نیویارک میں ایک تھوڑی سے مدت کے لئے مکالمہ ٹیلیفونی کے ذریعے ریسرچ کی گئی تو پتہ چلا کہ بہت سی عورتیں بھی اپنے شوہر سے خیانت کرتی ہیں۔ (آئین کامیابی)

حکومت ہائے متحدہ امریکہ کے تمام اسپتالوں میں ۶۵۰ اسپتال صرف جنسی بے راہ روی سے پیدا ہونے والے امراض کے لئے مخصوص ہیں، ان میں ڈیڑھ فی صد لوگ اپنے معالج خصوصی یا خاندانی حکیم کی طرف رجوع کرتے ہیں۔ (دائرۃ المعارف برطانیہ جلد ۲۳ صفحہ ۴۵)

ہر سال امریکہ میں تیس سے چالیس ہزار بچے فرائض زوجیت کے ادائیگی کے سلسلے میں ہونے والی بیماریوں سے مرتے ہیں۔ امریکہ میں ان بیماریوں سے مرنے والوں کی تعداد دیگر امراض سے مرنے والوں کی تعداد سے کہیں زیادہ ہوتی ہے۔ (کتاب قوانین جنسی صفحہ ۳۰۴)

سکسولوجی رسالہ " سیکس لوجی " دسمبر ۱۹۶۰ء کے سر مقالہ میں لکھتا ہے: سالہائے ماسبق کے بہ نسبت ناجائز بچوں کی کثرت پیدائش امریکہ لئے عظیم دردسری کا باعث بن گئی ہے۔ منتشر ہونے والے اعداد و شمار کے مطابق امریکہ میں ۱۹۵۷ء میں دو لاکھ سے زیادہ ناجائز بچے پیدا ہوئے تھے اور گذشتہ بیس سال کے اندر ان میں پانچ فی صد کا اضافہ ہو چکا ہے۔ (اطلاعات شمارہ ۱۰۴۱۴)

ریاستھائے متحدہ امریکہ کے رسالہ "سیاہ و سفید" کی ایک سالانہ رپورٹ ایک ملیون فقرے پر مشتمل ہے جس میں ۶۵ فی صد ناجائز، آزادی وغیرہ سے متعلق ہے اور پچاس فیصد ناکتخدا لڑکیوں سے متعلق ہے۔ (سیاہ سفید شمارہ ۳۷۰)

ڈاکٹر مولینز جو لندن کے مغربی حصے میں مشغول طبابت ہیں وہ تحریر کرتے ہیں:
انگریزوں کی کلیسا میں جانے والی ہر پانچ لڑکیوں میں سے ایک حاملہ ہوتی ہے۔ لندن میں ہر سال پچاس ہزار بچے پیٹ سے گرائے جاتے ہیں۔ ہر بیس پیدا ہونے والے بچوں میں ایک ناجائز ہوتا ہے اوضاع زندگی کے بہتر ہونے کے باوجود ہر سال ناجائز بچوں کی تعداد میں اضافہ ہی ہو رہا ہے۔ ڈاکٹر مولینز کا خیال ہے کہ زیادہ تر ناجائز بچے مرفہ حال گھروں میں پیدا ہوتے ہیں اور ان دوشیزاؤں کے یہاں ہوتے ہیں جو دولت مند گھرانے کی فرد ہوتی ہیں۔ (کیہان شمارہ ۵۳۵۶)

یہ اعداد و شمار بتاتے ہیں کہ متمدن انسان غریزہ جنسی میں گرفتار ہو چکا ہے۔ اس کی ہوس رانی اس منزل پر پہنچ چکی ہے کہ خاندانوں میں جو نظم و ضبط ہونا چاہئے اور انسانی و اخلاقی قدر و قیمت جو ممکن طور پر ہونا چاہئے وہ سب فراموش ہو چکی ہیں اور اس بے راہ روی کی اب کوئی حد ان کے لئے متعین نہیں رہی۔

تہران کے اخباروں میں چند سال پیشتر یہ خبر چھپی تھی کہ امریکہ کے صوبہ اڈاہو میں کچھ لوگوں نے اپنی اپنی عورتوں کو تین ہفتے کے لئے ادلا بدلی کر لی تھی اور ہر ایک نے اپنے دوسرے دوست کو بطور ہدیہ اپنی بیوی دی، اس واقعے پر امریکہ میں بڑا واویلا مچایا گیا، مجبوراً حکومت نے عفت عمومی کو مجروح کرنے اور اشاعت فحشاء کے جرم میں ان لوگوں کو عدالت میں کھینچ بلایا۔ یہ سارے خرافات لوگوں کی زندگی کے ایک شعبے میں یعنی جنسی مسائل میں ظاہر ہوتی ہیں۔

ہر مذہب و ملت میں بزرگان قوم کی روش اور مربیوں کے افکار و عقائد سے شخصی طرز فکر متاثر ہوا کرتا ہے۔ اب وہ طبقہ جو خود معاشرے کے رہبری کا ضامن ہوتا ہے اس کی طرف سے اس قسم کے مفاسد کی نشر و اشاعت ہر چیز سے زیادہ اخلاق عمومی کو

برباد کرتا ہے اور چونکہ ہر فرد تقاضائے فطرت کے ماتحت نفسانی شہوات کی طرف مائل ہوتا ہے۔ اس لئے مربیوں کی بری تعلیم ہر قسم کے اخلاقی دستور سے زیادہ اثر انداز ہوتی ہے اور اس معاشرے کے افراد کے ذہن و فکر پر زیادہ اثر ڈالتی ہے جو بھی اس قسم کے مکتب بے راہ وروی میں تعلیم پائے گا اور ایسے معاشرے میں پرورش پائے گا وہ قہری طور پر اپنے اندر بے حساب آزادی کا احساس کرے گا۔ عفت و عصمت اس کی نظر میں ایک بے معنی چیز ہو گی، اور اس کے افکار کی جولانی دائرہ شہوات نفسانی سے آگے نہیں بڑھ سکے گی۔

رذائل اخلاقی کی جانب داری کرنے والے در حقیقت ایک ایسی نسل گنہگار کی پرورش کرنے کے ذمہ دار ہیں جو نسل آستانہ خواہش نفسانی پر کمزور و نحیف ثابت ہو اور عقل ووجدان ان کے کندھے پر جو بوجھ ڈالے اس کو آسانی سے اٹھا نہ سکے۔

کنیڈی نے ۱۹۶۲ء میں اعلان کیا: امریکہ کا مستقبل تکلیف دہ ہے۔ کیوں کہ بے راہ روی اور شہوتوں میں ڈوبے جوان اپنے فرائض کو بخوبی انجام دے سکنے پر قادر نہ ہوں گے مثلاً فوج میں لئے جانے والے سات افراد میں چھ نالائق ہوں گے کیونکہ شہوات نفسانی میں غرق ہونے کی وجہ سے ان کی بدنی اور روحی قوت ختم ہو چکی ہو گی۔

خروشچوف نے بھی کنیڈی کی طرح ۱۹۶۲ء میں اعلان کیا: روس کا مستقبل خطرے میں ہے اور مستقبل کے نوجوانوں سے کوئی امید وابستہ کرنا دانش مندی نہیں ہے کیونکہ یہ لوگ زنجیر بے راہ روی میں گرفتار ہیں۔

کتنے تعجب کی بات ہے کہ علم و صنعت کے اس دور ترقی میں نسل جوان کی مشکلات کے سامنے متمدن دنیا نے گھٹنے ٹیک دئے۔ اور صنعتی تمدن کے پیٹ سے روزانہ ایک نہ ایک ایسی چیز پیدا ہوتی رہی ہے جو خستگی روح کا باعث ہے۔

کبھی فوجیوں کا دستہ غیر موزوں و نا منظم حرکات کرتا ہوا ظاہر ہوتا ہے اور جوانوں کے گروہ در گروہ ان کے پیچھے لگ لیتے ہیں تو کبھی ہپی متمدن مرکزوں میں گھاس کی طرح اگنے لگتے ہیں اور خشک مادی متمدن کے خلاف انقلاب برپا کرتے ہیں اخلاقی و معنوی قدر و قیمت کو موہوم و بے اساس سمجھتے ہوئے معقول زندگی کا مذاق اڑاتے ہیں۔ اور پھر زمانے کے تمدن سے رو گرداں ہو کر قید و بند کی زنجیروں کو توڑ کر اس طرح حیران و سرگرداں ہو جاتے ہیں کہ اپنے لئے کوئی روحی پناہ نہیں پاتے۔

اسی قسم کی اجتماعی خرابیاں اور عوامل انحراف سے تاثر اور مظاہر فساد و آلودگی کے مقابلے میں ان کا احساس اس حقیقت کی نشان دہی کرتا ہے کہ موجودہ تمدن نے معاشرے کے افراد کو ایک مشین کے پرزے بنا دئے ہیں۔ ان میں اتنی صلاحیت نہیں ہے کہ انسان کے فطری و روحی تقاضوں کو قانع کر سکیں اور عواطف انسانی کا صحیح جواب دے سکیں۔

خودکشی کی کثرت بھی انھیں اسباب سے ہوتی ہے۔ لوگ اگرچہ مادی زندگی کے لحاظ سے آسودہ حال ہیں لیکن خودکشی کی تعداد روز بروز بڑھتی ہی جا رہی ہے۔

پولیس کے بیان کے مطابق ۱۹۷۶ء میں مغربی جرمنی کے دس ہزار سے زیادہ افراد نے خودکشی کی اور اسی سال چھ ہزار سے زیادہ مردوں نے اور سات ہزار سے زیادہ عورتوں نے جرمنی میں خودکشی کرنی چاہی جن کو بچا لیا گیا۔ (مجلہ تندرست)

معاشرہ فرانس جو جدید تمدن میں ہر جگہ سے آگے ہے وہاں ہر سال ۳۵ ہزار افراد خودکشی کرتے ہیں۔

امریکی جوانوں میں نشہ اور چیزوں کا استعمال اس کثرت سے ہو گیا ہے کہ آخری ایام میں نیویارک کی پولیس نے ایسے ۳۸ جوانوں کی لاش تلاش کی جن کی عمر ۱۶ سے ۳۵

سال کے اندر تھی اور جن کی موت کا سبب نشہ اور چیزوں کا استعمال تھا ان میں بعض مرنے والے جوان تو ایسے تھے کہ مرنے سے پہلے اپنے بازوؤں سے سرنج بھی نہ نکال پائے تھے۔ نشہ اور چیزوں میں ان لوگوں کے نزدیک ہیروئن کو پہلا درجہ حاصل ہے، اس وقت صرف نیویارک میں ایک لاکھ آدمی ہیروئن کا عادی ہے بایں معنی کہ ہر اسی افراد میں ایک شخص افیون کا عادی ہے۔

مالداروں میں ہنر پیشہ لوگ سب سے زیادہ ان چیزوں کے عادی ہیں نیویارک کے ایک حکیم نے کہا کہ امریکہ کے مشہور ترین ہنر پیشہ افراد میں ایک شخص ۲۴ گھنٹے میں دس مرتبہ نشہ اور دوا کے استعمال کا عادی ہے اور ایک مرتبہ استعمال ہونے والی نشہ اور دوا کی قیمت ساٹھ ڈالر ہے۔ وہ حکیم مزید کہتا ہے کہ بہت سے مشہور لوگ جو سکتہ قلبی کے شکار ہو کر مر جاتے ہیں ان میں سے اکثر اس نشہ اور دوا کے عادی ہوتے ہیں۔(اطلاعات شمارہ ۱۳۰۱۵)

امریکہ جیسے متمدن ملک میں ہر پچیس منٹ پر ایک عظیم جرم کا ارتکاب کیا جاتا ہے اور ہر ۲۴ گھنٹے میں ۳ قتل ۵ زنا بالجبر ۳۰ بڑی چوریاں اور ۳۰۰۰ ہزار چھوٹی چوریاں ہوتی ہیں۔ عجیب و غریب بات یہ ہے کہ اسی امریکہ میں تباہ کاروں کے مبارزہ اور قانون اختصاص کے اجراء کے لئے چار میلیون ڈالر تک دئے گئے ہیں۔ نیویارک میں تباہ کاری کرنے سے پہلے پہلے سو میلیون ڈالر تک بطور پیشگی دئے جاتے ہیں۔(روح بشر صفحہ ۳۲)

یہ وہ روش ہے جس کی طرف خود باختہ لوگ لوگوں کو دعوت دیتے ہیں اور اس قسم کی لیڈری پر فخر کرتے ہیں۔

کلیسا کی عبادت

اگرچہ کلیسا اپنی پوری تبلیغی قوت اور عظیم قدرت کے ساتھ مغربی معاشرے میں دخیل ہے لیکن اس کے باوجود پاکیزگی اخلاق، صفائی قلب لوگوں کے دلوں میں جس طرح ہونا چاہئے وہ نہیں ہے۔ کلیسا لوگوں کی شکستگی روح کا علاج نہیں کر سکا۔ مغرب کے بے لگام خواہشات نفس کو محدود نہیں کر سکا۔ جو مذہب اپنے ماننے والوں کو ناپسندیدہ اعمال کی ضروریات سے زیادہ اجازت دیتا ہو وہ ان کو گناہ و پلیدگی کے چنگل سے کیونکر بچا سکتا ہے اور اخلاقی فساد کو بیخ و بن سے اکھاڑ کر انحطاط کو کیوں کر دور کر سکتا ہے؟ جس عبادت، تزکیہ نفس کے ذریعہ انسانیت کے مدارج عالیہ تک پہنچنا تقرب خدا اور خلوص نیت سے ہونا چاہئے۔ وہ اپنے واقعی مرکز سے منحرف ہو کر آلودگیوں کے نذر ہو چکا ہے۔

عیسائیت صرف عقائد ہی میں خرافات سے دوچار نہیں ہوئی ہے بلکہ اس میں مفہوم عبادت تک بدل چکا ہے۔ اگر آپ تعجب نہ کریں تو میں یہ عرض کروں کہ کلیسا میں ایک ڈانس ہال بھی بنوایا جاتا ہے تاکہ شہوت پرست جوانوں کو اس ذریعے سے عبادت کی طرف مائل کیا جائے اور اس راہ سے نسل جوان کو کلیسا کے جال میں پھانسا جائے۔

جس عبادت گاہ کو حریم عفت و تقوی، پسندیدہ صفات کی پرورش کا گھوارہ ہونا چاہئے وہ اس افسوسناک وضع سے دوچار ہے۔

دینی رہنما، جن کو اس فساد اخلاق کے سیلاب کے سامنے سد سکندری بن جانا چاہئے تھا وہ خود ہی اس معاشرے کی اخلاقی پستی کے باقاعدہ شکار ہیں یہیں سے اندازہ لگایا جا سکتا

ہے کہ عیسائیت مغربی دنیا میں اخلاقی انقلاب لانے سے مجبور ہے، اور نہ ایسی دست گاہ انسان کو خدا کے پاک و پاکیزہ خیالات سے بہرہ مند کر سکتی ہے اور نہ دنیا کو اخلاقی بحران سے نجات دلا سکتی ہے۔

ایک خبر : ارباب کلیسا کی روش پر روشنی

روحانی باپ (یعنی پوپ) کلیسا کے اندر رقص و موسیقی کے ذریعے گمراہوں کی ہدایت کرتے ہیں۔ کناڈا کے ماونٹریل ریاست کے گرجا فرانسس میوکس کے ۳۵ سالہ پوپ زبردست ماہر موسیقی ہیں۔ ان کو شعر گوئی اور گانے میں کافی مہارت ہے۔ اب تک انھوں نے ڈیڑھ ہزار نظمیں کہیں ہیں یہ پوپ صاحب مذہبی پیشوا ہونے کے ساتھ اس فن کے ماہر بھی ہیں۔ (اطلاعات ہفتگی شمارہ ۱۰۸۹۰)

کیا عبادت گاہوں میں اس قسم کے اعمال کا بجالانا دین و مذہب کے ساتھ مسخرہ بازی نہیں ہے ؟ عبادت انبیاء کرام کے عالی ترین دستور کا نام ہے۔ پر آشوب مادی دنیا کے مفاسد اور ضرورت سے زیادہ مادیات سے دل چسپی سے علیحدگی بغیر خدا سے توجہ کئے ہوئے کسی کے لئے ممکن ہی نہیں ہے کیونکہ آدمی کی پوری زندگی کا اصلی محور ذات پروردگار عالم کی معرفت ہے اس لئے کہ بغیر معرفت الٰہی زندگی کی کوئی تعمیر صحیح نہیں ہو سکتی۔

یہ عبادت ہی ہے جو انسان کو آزاد شہوتوں کی قید و بند سے رہائی دلاتی ہے اور قرب الٰہی کی منزل تک پہنچاتی ہے۔ ملاحظہ فرمایئے کہ ایسی پر ارزش حقیقت کس طرح ایک گروہ کے خواہشات نفس کے ہاتھوں برباد ہو گئی ہے۔

غفلت و بے خبری کے پردوں کو چاک کرنا، اور عظیم روحی و معنوی انقلاب لانا عبادت اسلامی کے اہم ترین فلسفوں میں سے ایک فلسفہ ہے یہاں پر مسلمانوں اور

عیسائیوں کے عبادت کا ایک معتدل فیصلہ خود ایک عیسائی دانشمند "اسٹاووڈ کو" سے سنئے۔

اسی طرح ایک مرتبہ مجھے موقع ملا کہ مسجد ایا صوفیہ میں مذہبی مراسم و نماز کے طریقے کو دیکھوں۔ اس عبادت کا اہم ترین حصہ رکوع و سجود تھا، نماز پڑھتے وقت نمازیوں کو کئی مرتبہ رکوع کے لئے جھکنا پڑتا ہے۔ اس کے بعد سجدہ کرنا ہوتا ہے اور اس منظم عمل کو انجام دینے کی حالت میں کچھ مقدس کلمات کا۔۔۔ جو خدا کی تعریف پر مشتمل ہوں۔۔۔ زبان پر جاری کرنا بھی ضروری ہے۔

نمازیوں کی اس پر شکوہ خضوع و خشوع کی عظمت سے میں بہت متاثر ہوا سچی بات یہ ہے کہ میں نے کسی بھی مسیحی کلیسا کے اندر کبھی بھی ایسی بے ریا تعریف، سپردگی کی گہرائی، ذات خدا کی نسبت عبادت میں اتنا خلوص نہیں دیکھا! اس کے بعد چند لوگوں کے ساتھ میں نے چاہا کہ بالکنی سے احیاء شب قدر کا منظر بھی دیکھوں جس کے بارے میں کہا جاتا ہے کہ اسی رات کو آسمان سے قرآن نبی اسلام (ص) پر اترا تھا۔ چنانچہ میں نے دیکھا کہ ایا صوفیہ کی مسجد پانچ ہزار نمازیوں سے چھلک رہی تھی اور ان کا رکوع سجود ایک طرح اور ایک انداز سے منظم طور سے ادا ہو رہا تھا۔ ان کا رکوع میں جھکنا، سجدے میں جاتے وقت ہتھیلیوں کا زمین پر رکھنا اور پھر منظم طریقے سے اٹھنا اور باہم تکبیر کہنا اور خفیف سی بہت عمیق حرکت سے معلوم ہوتا تھا کہ جیسے کوئی پرندہ اپنے پروں کو کھول رہا ہو اور سمیٹ رہا ہو۔

یہ منظر بے نظیر و پر شکوہ ہونے کے ساتھ دلوں میں ایک خوف بھی پیدا کر رہا تھا مسلمانوں کی عبادت میں یہ چیزیں گہری تعریف خدا، خضوع و خشوع کے علاوہ تھیں، اسی طرح اس میں آزاد منشی کی روح، ڈیموکراسی، مساوات، نسلی و قومی امتیازات کا نہ ہونا بھی بہت ہی واضح تھا۔

میں نے خود دیکھا دن بھر سڑکوں پر مارا مارا پھرنے والا مزدور اپنی خستہ حالی کے باوجود بیش قیمت اور صاف و شفاف قالینوں پر، قیمتی لباس بادشاہ کے شانہ بشانہ کھڑا تھا اور کامل اطمینان اور بلا خوف وہراس کے اس کے ساتھ رکوع و سجود ادا کر رہا تھا۔

میں نے موٹے تازے بد ہیئت کالوں کو دیکھا کہ بہترین قیمتی لباس پہنے ہوئے ترکوں کے ساتھ مذہبی مراسم ادا کرنے میں مشغول تھے۔

اسلام اپنے آغاز ہی سے ایک پر اثر برادری کا قائل تھا اور اس کی یہ خصوصیت آج بھی موجود ہے۔ (خداوند دو کعبہ صفحہ ۲۲۷)

مغربی دنیا میں دین و مذہب کے سلسلے میں سب سے بڑا اشتباہ یہ ہوا ہے کہ وہ لوگ مذہب کو ایک باطنی و شخصی چیز خیال کرتے ہیں کہ جس کا زندگی کی واقعیت سے کوئی رابطہ نہیں ہوتا۔ عقیدے کے اسی انحراف نے ان کی تمام زندگی پر اپنا منحوس سایہ ڈال رکھا ہے اور ان کے کردار اور رفتار کو آلودہ بنا رکھا ہے۔ جس سرزمین پر ایسا عقیدتی بحران ہو گا اس کی زندگی میں بھی انحرافات کا ہونا ضروری ہے اور حقیقت کا خواہشات نفسانی کے خرافات میں گم ہونا حتمی ہے اسی کا نتیجہ ہے کہ فساد وتباہی کا دور دورہ ہے۔

اس کے علاوہ ایسا طرز فکر انسان کے ذہن میں معنوی ارزشوں سے دست و گریباں ہوتا ہے یعنی انسان کو چاہئے کہ دین کی منطق اور روحانی پروگرام کے پیش نظر ایسے موضوع سے قطع نظر کرلے اور اسی کو اپنی عملی زندگی کا لازمی جزو بنالے۔

عقیدے کے شعاع ہر کردار و پندار پر اپنا اثر ڈالتی ہے اور اصولی طور پر زندگی عقیدے کے علاوہ اور کوئی چیز نہیں ہے۔ دین یا عقیدے کو خارجی دنیا سے الگ کرنا ایک ایسی غلطی ہے جو قابل معافی نہیں ہے۔ ڈیمپیری اپنی کتاب "نزع بین دین و دانش" میں لکھتا ہے اور اس اشتباہ کو حل کرتا ہے قسطنطین ہی ایسا شخص ہے جس نے دین کو اپنے دور

حکومت میں حتمی و لازمی قرار دیا تھا اور بت پرستوں کو عیسائی مذہب میں داخل کرنے کی غرض سے بہت سی بت پرستوں کی رسموں کو مذہب کا جزو قرار دے دیا تھا۔

تنہا وہ چیز جس کی یاد دہانی یہاں پر ضروری ہے وہ یہ ہے کہ یوروپ میں ہر مسیحی کے ذہن میں ۔۔۔ خواہ وہ قرون وسطی کا ہو یا اس جدید دور کا جو منکر خدا ہے ۔۔۔ یہ بات تھی کہ دین صرف خدا اور شخص کے درمیان کا مسئلہ ہے اس کے علاوہ زندگی میں دین کا کوئی واسطہ نہیں ہے دوسری لفظوں میں یوں واضح کیا جائے کہ عقیدہ جو بھی ہے اس کا تعلق آدمی کے دل کی گہرائیوں سے ہوتا ہے لیکن زندگی پوری کی پوری عقیدے سے علیحدہ چیز ہے۔

الکحل کے نقصانات

شراب و نشہ اور چیزوں کا روز افزوں بکثرت استعمال روح معاشرے کو تباہ اور برباد کر رہا ہے اور اسی لئے منحوس و ناہنجار قسم کی مسلسل خرابیاں جو از روئے اخلاق دین، روح، مذہب، افراد اور معاشرے کو نقصان پہنچا رہی ہیں ان کا انکار نہیں کیا جا سکتا۔ کوئی بھی عقلمند ان برائیوں کی طرف سے چشم پوشی نہیں کر سکتا۔ کوئی ایسا سال نہیں گزرتا جس میں الکحل کے رسیا ہزاروں کی تعداد میں اسپتال نہ پہنچتے ہوں اور ہزاروں افراد قتل، خود کشی، خیانت، چوری، رسوائی جیسے عظیم جرم کا ارتکاب نہ کرتے ہوں۔

بہت سے افراد کا نظریہ ہے کہ شراب پینے سے رنج و غم سے چھٹکارا حاصل ہو جاتا ہے۔ لیکن در حقیقت یہ لوگ اس طرح زندگی کی مشقتوں اور سختیوں کے مقابلے میں اعتراف شکست و ناتوانی کرتے ہیں اور زندگی کی نامناسب سختیوں کے سامنے گھٹنے ٹیک دیتے ہیں۔ جب بھی نامناسب و مشکلات زندگی کی وحشت انگیز صدا ان کے کانوں سے ٹکراتی ہے یہ بادہ نوشی کی پناہ لینے لگتے ہیں تاکہ زندگی کے ان غموں سے عالم خیال میں ہی سہی کچھ دیر کے لئے سکون تو مل جائے۔

یہ بہانے جن کی بنا پر انسان میگساری کی طرف مائل ہوتا ہے ان سے شراب خواری کا جواز نہیں ثابت ہو سکتا۔ جام و شراب کا وجود ہی معاشرے کی بیمار ہونے کی دلیل ہے اور یہ ایسی ہستی سوز بیماری ہے جس کا علاج ترتیب روحی و فکری کے بغیر ممکن نہیں ہے عقل مند انسان کی کوشش ہوتی ہے کہ وہ بادہ علم و دانش سے سرمست ہو، نہ یہ کہ جام و

مینا سے ٹکرائے۔ جس کا نتیجہ دیوانگی اور انسان کو درجۂ بہائم میں پہنچانا ہوتا ہے۔

ایک مرتبہ مجھے ہمبرگ میں یہودیوں کی ایک بہت خوبصورت عبادت گاہ دیکھنے کا اتفاق ہوا۔ ہلکی پھلکی پر شکوہ عمارت ہر دیکھنے والے کی توجہ اپنی طرف مبذول کر لیتی تھی سرپرست عبادت گاہ کے ذریعہ اس کے مختلف حصوں کو دیکھنے کا موقع ملا۔ جس چیز نے مجھے متحیر کر دیا وہ یہ تھی کہ شراب نوشی کے لئے مخصوص ہال بنایا گیا تھا میں نے بہت ہی تاثر کے ساتھ پوچھا کیا عبادت خانوں میں بھی شراب نوشی کی جاتی ہے ؟ اس نے جواب میں کہا ! ہاں لیکن یہ عام لوگوں کے لئے نہیں ہے بلکہ مخصوص افراد جب یہاں آتے ہیں تو ان کے لئے سہولت مہیا کی جاتی ہے۔

شراب نوشی کی کثرت نے معاشرے کے رہبروں اور دانش مندوں کو وحشت زدہ کر دیا ہے اس کا مقابلہ کرنے کے لئے بہت سی انجمنیں بنائی گئی ہیں مثلاً " سازمان مبارزہ با الکل " لیکن ایسی موذی بیماریوں کا علاج اس قسم کے انجمنوں کے بس کی بات نہیں ہے۔ کیونکہ اس بات کا خطرہ لاحق ہو گیا ہے کہ کہیں متحرک طبقہ اور نسل جوان، طبقہ شراب خواراں میں نہ بدل جائے۔ ذیل کے اعداد و شمار بدبختی کی روشن مثالوں میں سے ایک ہیں۔ بین المللل چوبیسویں کانفرنس کے اطباء کے تحقیقات کے مطابق فرانس میں شراب نے مندرجہ ذیل افراد کے عقل و روح کو متاثر کیا۔

اسپتالوں میں داخل ہونے والی عورتوں میں ۲۰ فیصد، اور مردوں میں ۶۰ فیصد الکحل کے عادی تھے۔ ۷۰ فیصد دیوانوں اور ۴۰ فیصد بیماروں میں الکحل کی آمیزش تھی۔

انگلستان کی تحقیقاتی کمیٹی کے نزدیک یہ بات پایہ ثبوت کو پہنچ چکی ہے کہ ۹۵ فی صد دیوانے الکحل کے عادی ہوتے ہیں فرانس کے وزیر صحت نے وہاں کے الکحل سے مرنے والوں کی تعداد جب نشر کی ہے تو اخباروں نے کہا کہ یہ تعداد جھنجھوڑ دینے والی ہے۔ اس

نشریہ میں بتایا گیا ہے کہ الکحل کے کثرت استعمال سے ۱۹۵۶ء میں مرنے والوں کی تعداد بیس ہزار تھی۔ شراب کے سلسلے میں بین المللی کمیٹی کے چیرمین نے بتایا: فرانس میں ۲۵ فیصد کار سے ہونے والے حادثات اور ۵۷ فیصد موٹروں کے حادثات الکحل کی کثرت استعمال کا نتیجہ ہوتے ہیں۔ (مجلہ تندرست شمارہ ۱۲ سال ۵)

"پائن کارے" فرانس کے رئیس جمہوریہ نے جو الکحل کے تحقیقاتی کمیٹی کے صدر بھی ہیں بین المللی جنگ کے موقع پر ایک اعلان اس طرح کیا: اے فرانس کے بیٹو! تمہارا سب سے بڑا دشمن الکحل کا استعمال ہے۔ جرمنی سے جنگ کرنے سے پہلے تم کو ان نشہ اور چیزوں سے جنگ کرنی چاہئے۔ ۱۸۷۰ء میں شراب خواری کے نتیجے میں جو جانی و مالی نقصان ہوا تھا وہ اس جنگ سے ہونے والے نقصانات سے کہیں زیادہ تھا۔ تمھارے نزدیک جو شراب لذیذ ہے وہی تمہارے لئے زہر قاتل ہے۔ یہ تم کو وقت سے پہلے بوڑھا کر دے گی۔ تمہاری آدھی عمر کو برباد کر دے گی۔ تمہارے بدن پر کمزوریوں اور بیماریوں کے مسلسل حملے ہونے لگیں گے۔

فرانس کے اسپتالوں میں ۴۰ فیصد بیماریوں کو الکحل کا نتیجہ بتایا جاتا ہے۔ نرسنگ ہوموں کے ۵۰ فیصد دیوانے نشہ اور چیزوں کے استعمال سے دیوانے ہوئے ہیں۔ فرانس کے بچوں کے اسپتالوں میں بھی ۵۰ فیصد بچوں کی بیماری ان کے ماں باپ کے الکحل کے عادی ہونے کی وجہ سے ہے۔

فرانس کی عدالتوں کا ۶۰ فیصد خرچ الکحل سے متعلق ہوتا ہے۔ حکومت فرانس کے خزانوں پر ہر سال اسپتالوں، نرسنگ ہوموں، بینکوں کی وجہ سے ۳۲۵ میلیارد کا بار الکحل کے استعمال کی وجہ سے پڑتا ہے۔

الکحل انسانی اموات کی کثرت کا سبب بنتا ہے۔ مردوں میں ۵۵ فیصد عورتوں میں

۳۰ فیصد موتیں الکحل کی وجہ سے ہوتی ہیں۔ ۹۵ فیصد بچوں کے قاتل الکحل کے عادی ہوتے ہیں۔ ۶۰ فیصد ناکارہ و بدکار جوان الکحل کے عادی والدین سے پیدا ہوتے ہیں۔(خواندینہا شمارہ ۷ سال ۲۶)

جرمنی کی عدالت میں ایک سال کے اندر ایک لاکھ پچاس ہزار مجرم محض نشہ اور چیزوں کے استعمال کے بدولت پہنچے۔ اسی طرح ۱۸۷۸ء میں گناہ گار عورتوں کے بارے میں ۔۔۔ جن کے گناہ کی وجہ الکحل کا استعمال تھا۔۔۔ جرمنی کی عدالت سے ۵۴۳۴۸ قطعی حکم لگایا جبکہ یہی تعداد ۱۹۱۴ء میں ساٹھ ہزار اکتیس تک پہنچ گئی۔

اتازونی کے ایک وزیر نے اپنی تقریر میں کہا: امریکہ نے دن سال کی مدت میں ۱۸ ہزار ملیون مشروبات پر خرچ کیا۔ جس کے نتیجے میں تین ہزار جوانوں کو دارالمساکین، ڈیڑھ لاکھ کو قید خانہ، ڈیڑھ ہزار کو قتل، دو ہزار کو خودکشی، دو لاکھ عورتوں کو بیوہ، اور ایک ملیون بچوں کو یتیم ہونا پڑا۔

مختلف ملکوں کے مخصوص نمائندگان کی تحقیقاتی کمیٹی نے اعلان کیا، اقتصادی لحاظ سے بھی الکحل کے نتائج خطرناک ہیں تحقیق سے یہ بات ثابت ہو چکی ہے کہ (شخصی نقصانات کے علاوہ)۱۲۸ ملیارد کا خرچ حکومت پر پڑتا ہے۔ اس طرح اسپتالوں پر دس ملیارد، تعاون پر ۴۰ ملیارد، عدالتوں و قید خانوں پر ۶۰ ملیارد، پولیس پر ۱۷ ملیارد، اس کے علاوہ بھی حکومت کے خزانے پر ۱۱ ملیارد کا خرچ آتا ہے جو خام انگور کے مصرف سے کم ہو جاتا ہے اور الکحل کے فروخت سے صرف ۵۳ ملیون فرانک کی آمدنی فرانس کو ہوتی ہے آپ خود سوچئے، حکومت کو اقتصادی لحاظ سے کتنا نقصان ہوتا ہے۔(مجلہ تندرست سال ۵ شمارہ ۱۲)

چند روز قبل روس میں شراب خواری کی روک تھام کے لئے شدید اقدامات کرنے کا

اعلان کیا گیا۔ یہ اقدام روس میں بڑھتی ہوئی شراب خواری کے اثرات کو دور کرنے کے لئے کیا گیا ہے۔

دو ہفتے قبل روس کے نائب وزیر اعظم نے اعلان کیا، روس میں شراب خواری کو روکنے کے لئے بہت جلد اقدام کیا جائے گا۔

روس کا اخبار " پراودا " لکھتا ہے : الکحل کے کثرت استعمال نے روس میں جرائم ڈیوٹی پر نہ پہنچنے، کارخانوں کے نظم و ضبط کی خرابیوں کی تعداد میں اضافہ کر دیا ہے۔ امید کی جاتی ہے کہ شراب خواری کے خلاف آئندہ اس سے زیادہ سخت اقدامات کئے جائیں گے۔ (اطلاعات شمارہ ۱۳۱۰۸)

حسب تحقیق فضائی حادثے زیادہ تر خلا بازوں، پائیلٹوں کی مستی کی وجہ سے ہوتے ہیں، ڈاکٹر کلیمنٹ کارن گولڈ نے تحقیق کر کے ایک اعداد و شمار جمع کیا ہے جو ہوائی حادثوں کے بارے میں نشاندہی کرتا ہے ڈاکٹر گولڈ کہتے ہیں : امریکہ میں ہونے والے فضائی حادثے خصوصی ہوائی جہازوں، ہیلی کاپٹروں میں بکثرت ہوتے ہیں۔ ڈاکٹر گولڈ تحقیقی مطالعہ، فنی ماہرین کی رائیں، تجارتی و مسافر بردار جہازوں کے گرنے کے اسباب و علل کی بناء پر اس نتیجے پر پہنچتے ہیں کہ : ہوائی حادثے زیادہ تر ناگہانی فنی نقص، یا پائلٹوں کی مستی کی وجہ سے ہوتے ہیں۔ یہ نظریہ امریکی پائلٹوں پر ساری دنیا کے پائلٹوں کے بہ نسبت زیادہ صادق آتا ہے کیونکہ اب تک جتنے بھی جہاز گرے ہیں ان کے پائلٹ زیادہ تر امریکی تھے، گرنے والے جہازوں کے پائلٹوں کے باقی ماندہ جسم کے تجزیئے سے پتہ چلا ہے کہ اکثر الکحل کے عادی تھے۔

جب سے ہوائی حادثوں میں اضافے ہونے شروع ہوئے ہیں ذمہ داروں نے اس کی اصل وجہ معلوم کرنے کی کوشش بھی شروع کر دی۔ آخر کار اس راز سے پردہ اٹھا کہ

آخری سالوں میں جو جہاز گرے ہیں ان کی اصلی وجہ پائلٹ کی مستی یا عشق بازی تھی۔اس لحاظ سے آخری سالوں میں ہوائی حادثے الکحل کے استعمال اور عورتوں کی فریب کاری کی وجہ سے زیادہ ہوئے ہیں۔ الکحل کے نقصانات زمین ہی پر کیا کم تھے کہ اب اس کا نتیجہ یہ ہوا ہے کہ وہ بیچارے بھی جنھوں نے زندگی میں کبھی بھی الکحل کا استعمال نہیں کیا، شکار ہو رہے ہیں۔(خواندینہا شمارہ ۳۷ سال ۲۶)

گھریلو زندگیوں میں افراتفری

گھریلو زندگی بھی ایک مختصر اجتماعی زندگی کا نام ہے اور اسی سے بڑے بڑے معاشروں کی بنیاد پڑتی ہے۔اس ماحول میں سب سے زیادہ مہر و محبت کی ضرورت ہے۔انسانی زندگی کے مختلف دور یہیں سے شروع ہو کر یہیں پر ختم ہو جاتے ہیں۔ جب گھر کا ماحول خوش بختی اور آسائش و آرام والا ہوتا ہے تو گھر والوں کی زندگی پر قلبی لگاؤ، خلوص سکون و اطمینان کا سایہ رہتا ہے۔یعنی خاندانی افراد کے روحانی و اخلاقی اقدار جتنے محکم ہوں گے سعادت و خوش بختی بھی اتنی ہی ہو گی، کیونکہ انسان فطرتاً پر شور زندگی کے میدان میں آسودگی خیال اور فکر آرام کا خواہش مند ہوتا ہے۔

مغربی اقوام ---صنعتی انقلاب سے پہلے ---بہت ہی سادہ زندگی بسر کرتی تھیں۔اس لئے ان کا خاندانی ماحول بھی مخصوص لطف و آرام کا حامل تھا۔ مرد زندگی کی گاڑی کھینچنے کے لئے گھر سے باہر چلے جاتے تھے اور عورتیں بچوں کی پرورش و تربیت میں مشغول ہو جاتی تھیں اور گھر سے باہر کے امور کا ان سے کسی قسم کا تعلق نہیں تھا۔

صنعتی ترقی---جو قہری طور پر بہت سے افراد کی محتاج ہے---کا پہلا ثمرہ یہ تھا کہ اس نے عورت مرد، چھوٹے بڑے، سبھوں کو صنعتی مراکز، حکومتی اداروں، تجارت خانوں کی طرف کھینچ لیا، اور کلی طور سے شہری زندگی کا رخ بدل دیا، اور بہتر سے بہتر زندگی کی تلاش کی طرف سب کو رواں دواں کر دیا۔

اس تفسیر و تبدیل کا نتیجہ یہ ہوا کہ افراد خاندان میں آپسی محبت کم ہونے لگی، زنا

کاری رواج پانے لگی، آپسی میل و محبت کا خاتمہ ہو گیا، عورت کی توجہ جو صرف خاندان کے ماحول تک محدود تھی اور جس کا عشق بچوں کی پرورش و تربیت تک اپنے کو محدود کئے ہوئے تھیں اس محدودیت کو اپنے لئے باعث زحمت سمجھنے لگیں اور اب خانہ داری اور تربیت اولاد کی توقع ان سے فضول و لغو ہو گئی۔

اب چونکہ زیادہ تر عورتیں خود کسب معاش کرنے لگیں اس لئے اپنی کوششوں کو صرف گھر تک محدود کرنے پر قادر نہیں ہیں۔ اب عورتوں کے دو کام ہو گئے ہیں (۱) صنعتی مراکز و اداروں میں بطور کاریگر کام کرنا، (۲) بعنوان ماں اور عورت امور خانہ داری کی دیکھ بھال کرنا۔ اس لئے عورت کے پاس کافی وقت امور خانہ داری کے کی دیکھ بھال کے لئے نہیں بچتا ظاہر ہے کہ جس عورت کی فکر منتشر ہو جس کو ٹھیک وقت پر کارخانہ پہنچنا ہو وہ امور خانہ داری میں سہل انگاری، سستی، تھکن کی وجہ سے دل چسپی لے ہی نہیں سکتی۔

دوسری طرف آزادی مطلق نے بھی اپنا منحوس سایہ معاشرے کے اوپر ڈالا عفت و پاکدامنی کا تصور بہت سے خاندانوں سے اس طرح ختم ہو گیا جیسے گدھے کے سر سے سینگ، اب سوائے بد بختی و پریشانی کے یہ آزادی کوئی نتیجہ نہیں دے سکتی۔ اسی طرح دینی بنیاد پر بنائے گئے اخلاقی اصول، خاندانی و معاشرتی نظام کا بھی رفتہ رفتہ خاتمہ ہو گیا۔

آج متمدن ملکوں میں کثرت طلاق معاشرے کا ایک مشکل ترین مسئلہ بن چکا ہے اور اس نے ان لوگوں کو ایک ایسی گلی میں بند کر دیا ہے جہاں سے نکلنے کا راستہ ہی نہیں ہے۔ اب یہ مسئلہ ان کے لئے عقدہ لاینحل بن چکا ہے۔ مرد و عورت کے سلیقے میں معمولی سا اختلاف جنگ و جدال کا سبب بن جاتا ہے اور دونوں کے درمیان کشمکش و اختلاف کی وسیع دیوار حائل ہو جاتی ہے اور پھر تو ایک غیر متناہی اختلافی سلسلہ شروع ہو جاتا ہے اور

یہ تو ظاہر سی بات ہے کہ ہوا و ہوس کے بادل جب ازدواجی زندگی کے افق پر نمودار ہو جاتے ہیں تو رفتہ رفتہ یگانگی و اتحاد بھی ختم ہو جاتا ہے اور مقدس ترین مسائل مضحک ترین مسائل بن جاتے ہیں۔

بہت سے طلاق کی بنیادی وجہ وہ معمولی مسائل ہوتے ہیں جن کا حل بہت آسانی سے ممکن ہوتا ہے کچھ دنوں اگر یہ طلاق نہ ہوتی تو خداکاری کی دیوار میں پڑا ہوا شگاف بہت جلد ختم ہو جاتا اور آتش اختلاف بجھ جاتی۔ چشم پوشی۔۔۔بشرطیکہ دونوں طرف سے ہو۔۔۔پھر ازدواجی زندگی کو مضبوط و مستحکم بنا دیتی۔

میرے ایک ایرانی دوست نے بتایا: جرمنی میں جتنے دن میں رہا۔۔۔حالانکہ یہ مدت بہت مختصر تھی۔۔۔اتنے دنوں میں میں نے دیکھا کہ میرا کوئی پڑوسی ایسا باقی نہیں رہا جس نے اپنی بیوی کو طلاق نہ دے دی ہو۔

ایک مدت سے طلاق کے انسداد کے لئے بہت سے ایسے مراکز مشرقی جرمنی میں کھولے جا چکے ہیں جن کا کام صرف ازدواجی زندگی کی اصلاح ہے۔ بہت سے طبیب اور حقوق داں بھی اس بات کی طرف متوجہ ہو چکے ہیں۔ کتابوں کے علاوہ مخصوص رضاکار دستے اس کام کے لئے کوشش کر رہے ہیں اب بہت سے لوگ اس بات پر متفق ہو چکے ہیں کہ طلاق کی بنیادی وجہ عورتوں کا گھر سے باہر کام کرنا ہے۔

گھریلو آمدنی کی قلت کی وجہ سے ۷۰ فیصد شوہر دار عورتیں گھر سے باہر کام کرنے پر مجبور ہیں۔ ان میں ۶۰ فیصد تو صاحب اولاد ہیں۔ گھر سے باہر ملازمت کرنا اور گھر کے اندر امور خانہ داری اور بچوں کی پرورش کرنا عورتوں کے اعصاب کو اتنا متاثر کر دیتا ہے کہ شوہر و زوجہ کے درمیان مستقل اختلاف پیدا ہو جاتا ہے اور اس کا نتیجہ طلاق کی صورت میں ظاہر ہوتا ہے۔ (کیہان شمارہ ۶۹۲۶)

مشہور روسی ڈاکٹر ٹالسٹائی کہتا ہے : کثرت طلاق کی علت عورتوں کو طلاق میں ضرورت سے زیادہ اختیار دینا اور ان کی متلون مزاجی و زود رنجی ہے۔ دوسرے اور بھی اسباب ہیں مثلاً عورتوں اور مردوں کا مشین کی طرح کام کر کے خستہ ہو جانا اسی طرح عورتوں اور مردوں کا ضرورت سے زیادہ خلط ملط ہونا جو نامشروع روابط کا سبب بنتا ہے اور اسی وجہ سے طلاق کی نوبت آتی ہے اور خاندانوں کے درمیان کدورت کا بھی سبب بنتا ہے اسی طرح عورتوں کا گھر سے باہر جا کر ملازمت کرنا بھی ایک اہم سبب ہے۔

چند سال پہلے نیویارک کا ایک کلب جو نیویارک اور واشنگٹن کے نکاح اور طلاق کی اعداد شماری کیا کرتا تھا اس کے اعداد و شمار کو دیکھ کر ذمہ داروں کو اس بات کا احساس ہوا کہ ان دونوں شہروں کے ہنر مند پیشہ ور جن کی تعداد بہت زیادہ ہے۔ ان میں پچاس سال کے اندر جتنا طلاق ہوا ہے کسی اور طبقے میں نہیں ہوا۔ نیویارک اور واشنگٹن کے اعداد و شمار کو دیکھ کر کلب کے ذمہ داروں کو خیال پیدا ہوا کہ ہالی وڈ کی بھی نکاح و طلاق کی اعداد و شماری کی جائے لیکن اس شہر کی تعداد اتنی زیادہ تھی کہ وہ لوگ اس کے نشر نہ کرنے پر مجبور ہو گئے۔ (طلاق و تجدد صفحہ ۹۴،۹۵)

انگلستان میں آخری دور میں جو تعداد شائع کی گئی اس میں یہ خبر بھی تھی کہ گذشتہ سال انگلستان میں طلاق کی کثرت نے عالمی ریکارڈ توڑ دیا۔ کچھ طلاقیں خیانت کی وجہ سے تھیں اور کچھ دیگر اسباب کی بناء پر۔ (کیہان ۲۸ فروری ۳۹)

ایک رائٹر امریکہ میں ہونے والی طلاق کی کثرت کا ذکر کرتے ہوئے لکھتا ہے :

امریکہ میں ۱۸۸۱ء سے ۱۸۹۰ء یعنی دس سال کے اندر جو طلاقیں ہوئیں ان کے مقابل میں ۱۹۴۰ء سے ۱۹۴۹ء میں دس گنا طلاقیں زیادہ ہوئیں۔ اندازے سے یہ بات کہی جاسکتی ہے کہ ہر چار شادی میں ایک کا انجام طلاق پر ختم ہوا۔

کیلیفورنیا میں ۱۹۵۶ء کے اندر ۸۷۴۵۲ نکاح ہوئے اور ۴۲۴۷۱ طلاق ہوئی یعنی ہر دو نکاح پر ایک طلاق ہوئی۔ (روزنامہ کیہان)

رسالہ واک مطبوعہ امریکہ لکھتا ہے: سوئیڈن میں اخیری دس سالوں کے اندر دس فیصد اور اخیری پچاس سال کے اندر یہ تناسب بہت بڑھ گیا ہے۔ (جامعہ شناسی صفحہ ۲۹۵)

فرانس کی عدالتوں نے ۱۸۹۰ء میں ۹۷۸۵ طلاق کا حکم دیا جس میں ۷۰۰ طلاقوں کا مطالبہ عورتوں کی طرف سے تھا اور اب یہ نسبت کہیں زیادہ ہو چکی ہے۔

عالمی جنگ اول اور خصوصاً دوسری عالمگیر جنگ کے بعد تعداد ازواج میں جو کمی ہوئی ہے اس کی وجہ وہ اخلاقی فساد ہے جو جوان طبقے میں عام ہو چکا ہے، یہی اخلاقی فساد لوگوں کو لا ابالی اور آزادروی کی طرف آمادہ کرنے کے ساتھ کثرت طلاق کا بھی سبب بنا ہے۔

جی ڈی، پی، آئی، ایس مختلف سالوں میں مطلقہ عورتوں کی تعداد کا تقابل کرتے ہوئے لکھتا ہے کہ مطلقہ عورتوں کی تعداد ازدواج میں کافی اضافہ ہوا ہے۔ اس کے بعد کہتا ہے مطلقہ عورتوں کی شادیاں پہلی شادی کرنے والوں کی تعداد سے زیادہ ہونے کی علت ۱۹۱۴ء سے ۱۹۱۸ء کی جنگ کے بعد کثرت طلاق سے مربوط ہے۔ (طلاق و تجدد صفحہ ۹۲)

گذشتہ سال فرانس میں تیس ہزار طلاق ہوئی اور چونکہ ہر سال اس تعداد میں اضافہ ہی ہو رہا ہے اس لئے فرانس کے خاندانوں کے فیڈریشن نے متحد ہو کر حکومت سے درخواست کی ہے کہ ۱۹۴۱ء کا مخصوص قانون جو ۱۹۴۵ء میں ختم کر دیا گیا تھا اس کو پھر سے نافذ کیا جائے۔ اس مخصوص قانون کے مطابق شادی سے تین سال تک کسی بھی

طرح سے طلاق دینا ممنوع ہے۔

دو استثناء کے ساتھ یہی مقررات انگلستان میں بھی معمولی ہیں (۱) مرد کی طرف خلاف عادت سختی اور وحشی پن کا اظہار (۲) خیانت و بے انتہا فساد کا اظہار عورت کی طرف سے ہونا۔ (خواندنیہا سال ۲۵ شمارہ ۱۰۳)

امریکی عورتیں دو ماہ یا آٹھ ماہ یا (زیادہ سے زیادہ مترجم) ۲۶ ماہ میں شوہروں سے الگ ہو جاتی ہیں اور ہر سال ڈیڑھ لاکھ بچے طلاق کا فدیہ بنتے ہیں۔ ایک دوسرے حساب کے مطابق آج بھی امریکہ میں تین ملیون بچے ایسے موجود ہیں جن کے ماں باپ مختلف اسباب کی بناء پر ایک دوسرے سے جدا ہو چکے ہیں۔ (اطلاعات ہفتگی شمارہ ۱۲۰۶)

امریکہ کا مشہور مضمون نگار لیوسون امریکہ میں کثرت طلاق کے اعداد و شمار بیان کرتے ہوئے لکھتا ہے: جس میں بھی ذرہ برابر انسانی دوستی ہو گی وہ اس وحشت ناک تعداد سے پریشان ہو گا اور اس کے علاج کی فکر میں ہو گا، سب سے زیادہ جو چیز قابل توجہ ہے وہ یہ ہے کہ ۸۰ فیصد طلاق کی مانگ عورتوں کی طرف سے ہوتی ہے، افزائش طلاق کی علت بھی اسی جگہ تلاش کرنی چاہئے اور آخر کار اس سلسلے کو ختم کرنا چاہئے۔

ہمارے لئے افسوس ناک بات یہ ہے کہ ہمارے یہاں بھی جو لوگ بے قید و بند زندگی گزارنے کے عادی ہو چکے ہیں انکے یہاں بھی کثرت طلاق کا وجود ہو گیا ہے۔ دس سال پہلے صرف تہران میں محض اسباب زیبائش کے مصارف کے بارے میں اختلاف کی وجہ سے ایک ہزار سے زیادہ طلاق ہوئی ہے ظاہر ہے کہ یہ تعداد علاوہ ان تعداد کے ہے جو کسی اور سبب سے ہوئی ہیں اخباروں میں شائع شدہ خبروں کے مطابق اعداد و شمار درج ذیل ہیں۔

حکومتی اعداد و شمار کے مطابق ۱۳۳۹ عیسوی تہران کے اندر پندرہ ہزار تین سو

پینتیس شادیاں اور چار ہزار آٹھ سو انتالیس طلاقیں ہوئیں یعنی تقریباً ہر تین شادی پر طلاق ہوئی۔

طلاق و شادی کے دفتر سے حاصل ہونے والی اطلاع کو جو اخباروں نے شائع کیا ہے وہ یہ ہے کہ ۷۶ فیصد طلاق کی مانگ ان عورتوں کی طرف سے ہوئی ہے جو مغربی تمدن کی دل دادہ ہیں۔ طلاق کی یہ کثرت بہت بڑے خطرے کی گھنٹی ہے جس سے چشم پوشی نہیں کی جاسکتی، اور یقینی طور سے یہ بات کہی جاسکتی ہے کہ ان بدکاریوں کے اثرات اور خانماں سوز تمدن کی پیروی سے تمام ایران میں تعداد طلاق بڑھ جائے گی اور بہت سے خاندان تباہ و برباد ہو جائیں گے۔ البتہ اگر معاشرہ پھر سے اسلامی دستور کا پابند ہو جائے تو یہ خرابیاں ختم ہو سکتی ہیں۔

مہر و محبت کی کمی

عورت اپنے بدن کے لحاظ سے اور بیالوجی وظائف کے ماتحت خاص وضع کی حامل ہوتی ہے۔ صناع ازل نے اس کو مخصوص مصالح سے آراستہ پیراستہ کیا ہے اور اس میں یہ قوت ودیعت کی گئی ہے کہ اپنے فرائض باقاعدگی کے ساتھ انجام دے سکے، عورت کی جسمانی قابلیت اور مادی خصوصیت نے اس میں ایک خاص قسم کی فکری و عاطفی کیفیت پیدا کر دی ہے جس کی بناء پر اس میں اپنا اہم فریضہ بچے کی پرورش و نگہداشت بجالانے کی خوبی موجود ہے۔ بچوں کی خواہشات، فطری تقاضے عورت کے دامن میں آکر محفوظ ہو جاتے ہیں، کوئی دوسری چیز عورت کی جگہ پر نہیں کر سکتی، نرسنگ ہوم اور بورڈنگ ہاؤس چاہے کتنے ہی فطری لحاظ سے بنائے گئے ہوں بچوں کے احساس و عواطف کی تکمیل نہیں کر سکتے۔ جو بچے ماں کے سایہ عاطفت و محبت سے محروم رہتے ہیں اور ماں کی مخصوص شفقتوں سے دور رہتے ہیں۔ وہ بہت سے روحی و ذہنی الجھنوں کے شکار ہو جاتے ہیں۔ لیکن مغرب کی عورت گھر سے باہر کام کرنے کی وجہ سے اپنے فطری حدود سے باہر قدم رکھتی ہے اور اپنی فطری اور عظیم طاقت سے محروم ہو کر فطرت و طبیعت کے اصول کو توڑ دیتی ہے۔

یہ بالکل درست ہے کہ نہ کمیونزم اور نہ ہی مادی مغربی تمدن فطرت بشری کو بدل سکتے ہیں ان لوگوں نے تو عورت کو اس کے اصلی مقام سے علیحدہ کر دیا ہے۔ اور یہی چیز غیر متناہی اخلاقی و اجتماعی و روحی مفاسد کا سبب بنی ہے۔ مہر مادری سے محروم بچوں میں جو

ذہنی گرہیں پڑ جاتی ہیں ان کی اصلاح کی کوئی صورت ممکن نہیں ہے۔

ماہرین کا کہنا ہے: جن لوگوں نے بچوں کی پرورش کو ذریعہ معاش بنایا ہے اور ان کو تربیت اطفال کا کوئی ذوق و شوق نہیں ہے وہ بچوں کو دشمن کی نظر سے دیکھتے ہیں اور ان کے بس سے باہر کی بات ہے کہ وہ بچوں کے عواطف و ہیجانات کی صحیح رہنمائی کر سکیں۔ (رواں شناسی کودک صفحہ ۲۹۷)

ڈاکٹر اے الیکسس کارل مشہور دانشمند یورپی خاندان کی غلطی و اشتباہ کو ظاہر کرتے ہوئے کہتا ہے آج کے معاشرے کی سب سے بڑی غلطی یہ ہے کہ بچپنے ہی سے نرسنگ ہوم اور بورڈنگ ہاؤس کو ماں کی گود کا قائم مقام کر دیا ہے یہ چیز در حقیقت عورتوں سے خیانت کے مترادف ہے جو مائیں اپنے بچوں کو بورڈنگ ہاؤس کے سپرد اس لئے کرتی ہیں تا کہ ملازمت، ادبی، ہنری مشغولیت باقی رکھ سکیں یا برج و سینما بینی پر اپنا وقت صرف کر سکیں، ان کا یہ اقدام بچوں کو گھریلو ماحول سے بہت کچھ سیکھنے سے محروم کر دیتا ہے اور گھر کی چہل پہل ختم ہو جاتی ہے گھریلو ماحول میں پلنے والے بچوں کا رشد و فکر شب و روز مدارس کے بچوں میں رہنے والے بچوں سے زیادہ ہوتا ہے۔ بچے بنیادی طور پر اپنے آس پاس کے ماحول سے متاثر ہوتے ہیں۔ جسمانی عاطفی روحانی خصائص بھی اپنے ماحول ہی سے حاصل کرتے ہیں۔ اسیلئے اپنے سے کمسن بچوں کے مقابلے میں کم یاد کرتے ہیں اور جب فیل ہو جاتے ہیں تو اس کا صحیح احساس نہیں کر پاتے، ہر فرد کی صحیح پرورش گھریلو ماحول کی توجہ پر موقوف ہوا کرتی ہے مستقبل کی بنیاد یہی ماحول ہوا کرتا ہے۔ (انسان موجود نا شناختہ صفحہ ۲۶۰)

متمدن معاشرے کے عورتوں کی رنجیدگی اور خاندانی بے سروسامانی کا ایک سبب یہ بھی ہے کہ وہ اپنے اصلی فرائض کو چھوڑ کر، خارجی کاموں میں مشغول ہو جاتی ہیں۔

امریکہ کے اندر عدالتی طلاق لینے والی عورتوں میں ۲۵ فیصد ایسی عورتیں ہیں جو روحی بیماریوں میں مبتلا ہیں۔ ہر سال ڈیڑھ لاکھ بچے والدین کے آپسی اختلاف کے بھینٹ چڑھ جاتے ہیں۔

آج امریکی عورت خستہ ہو کر گھر پلٹتی ہے۔ یہ بات تجربہ شدہ ہے کہ شہری معاشرے میں اس کی تلاش و جستجو سوائے روحانی بیماری کے کوئی نتیجہ نہیں دے سکتی۔ لیکن واقعی چیز یہ ہے کہ امریکہ کی عورت گھر کے اندر بھی رنجیدہ ہے۔ ملیونوں آدمی گھر بیٹھے کھاتے ہیں اور پھر روحانی ماہرین کی تلاش میں رہتے ہیں۔ مختصر یہ کہ وہ سب خستہ ہیں اور یہ خستگی معاشرے کی شدید فعالیت کی پیداوار ہے۔ یعنی ایسے معاشرے کی جو صرف مشینی بن گیا ہے اور چوبیس گھنٹے ہیاہو شور وغل میں گرفتار ہے۔

ڈاکٹر جارج مالی کہتا ہے: جوانوں کی بہت سی بیماریاں بچپنے کی پیداوار ہیں اور اس کی ذمہ داری ان کی ماؤں پر آتی ہے۔ جھوٹ بولنا، بے گناہ جانوروں کو مار ڈالنا، معاشرے کے اصول کی خلاف ورزی کرنا، یہ ساری باتیں صرف اس لئے پیدا ہوتی ہیں کہ بچپنے میں ماؤں نے ان باتوں سے روکا نہیں ! امریکی عورتوں کا یہ مختصر سا تجزیہ ہے۔ (اطلاعات ہفتگی شمارہ ۱۲۰۶ نقل از منابع فارجی)

والدین اور بچوں کے آپسی روابط بہت کمزور ہو گئے ہیں۔ بچے والدین کی ناکافی محبت ملنے کی وجہ سے اپنے والدین کے لئے کسی قسم کا احساس نہیں رکھتے۔ اکثر اتفاق ہوتا ہے کہ افراد خاندان سالہا سال ایک دوسرے سے ملاقات نہیں کر پاتے، والدین کا طور طریقہ بڑے بچوں کے ساتھ خصوصاً جو اٹھارہ سال کے ہو گئے ہیں نہایت نامعقول ہے۔ اکثر و بیشتر یہ دیکھا گیا ہے کہ بچے جہاں بلوغ کی منزل میں پہنچے والدین ان کو اپنے گھر سے نکال دیتے ہیں اور اگر کسی کے ماں باپ بچوں کو ساتھ رکھنے پر تیار بھی ہوئے تو ان سے

روز آنہ کا خرچ وصول کر لیتے ہیں حد یہ ہے کہ اگر کبھی کسی بچے سے کوئی برتن ٹوٹ جائے تو والدین اس کو مجبور کرتے ہیں کہ بازار سے دوسرا خرید کر لائے اور اس کی جگہ پر رکھے۔ اس قسم کا برتاؤ بالخصوص لڑکیوں پر بہت برا اثر ڈالتا ہے اور وہ لڑکیاں عموماً تنہائی میں رہنے کو ماں باپ کے گھر رہنے پر ترجیح دیتی ہیں اور اسی تنہائی اور خاندان سے دوری اور مربی کے نہ ہونے کی وجہ سے نوجوانوں سے غلط قسم کے تعلقات پر مجبور ہو جاتے ہیں۔

لوگوں کے دوستانہ روابط بہت ہی سرد اور گہرے و بنیادی عواطف سے خالی ہیں قلبی محبت ۔۔۔ جو ایک رابط عاطفی اور روشنی بخش ہے ۔۔۔ وہ مشینوں کے پہیوں میں گم ہو چکی ہے ایثار، در گزر، ہمدردی نام کی کوئی چیز باقی نہیں ہے اور شاید دوستوں کی تعداد انگلیوں پر شمار کرنے کے قابل ہے۔

متمدن دنیا سے اپنی نئی تشکیلات اور منظم معاشرے کی خاطر انسانیت کے سوتوں کو لوگوں کے دلوں سے خشک کر دیا ہے اور یہ سوتے خشک و بے جان قالبوں میں پہونچ گئے ہیں۔ لوگوں کا تعاون قانونی ہے قلبی لگاؤ کی بنا پر نہیں ہے اگر کوئی کسی مشکل میں گرفتار ہو جائے تو دوسرے اس کی گرہ کشائی کی کوشش نہیں کریں گے۔ اس کے لئے معمولی سا مادی نقصان بھی برداشت کرنے کے لئے تیار نہیں ہیں اور نہ اپنے کو کسی کی خاطر کسی مشکل میں ڈالنا پسند کرتے ہیں۔ ہاں اگر قانون سے مجبور ہوں مثلاً پولیس کا خطرہ ہو تب تو تعاون کریں گے۔ لیکن کسی کی مدد اخلاقی فریضہ کے عنوان پر کرنے کے لئے تیار نہیں ہیں۔

ایک مرتبہ میں (مصنف کتاب) اسپتال میں بطور مریض تھا۔ حالانکہ میرے ملاقاتی بہت کم تھے لیکن اس کے باوجود ان تمام جرمنی بیماروں سے کہیں زیادہ تھے جو

میرے وارڈ میں تھے اور اس بات سے اسپتال والوں کو بہت تعجب تھا کیونکہ جرمنی میں تو لوگ اپنے خاندان والوں کی عیادت کو بھی اسپتال نہیں جاتے یہاں میں ایک دلچسپ واقعہ زندہ شاہد کے عنوان پر آپ کے لئے نقل کرنا چاہتا ہوں تا کہ آپ کو اندازہ ہو سکے کہ متمدن لوگوں میں کتنی محبت ہوتی ہے چند سال پہلے جرمن یونیورسٹی کا ایک استاد ہمبرگ کے جمعیت اسلامی کے سرپرست کے سامنے مشرف باسلام ہوا۔ کچھ مدت کے بعد وہ نو مسلم کسی بیماری کی بناء پر ایک اسپتال میں داخل ہوا جمعیت اسلامی کے سرپرست نے اس کی عیادت اسپتال جا کر کی۔ لیکن بالکل ہی خلاف توقع نو مسلم کا چہرہ بہت افسردہ و غمگین تھا۔ سرپرست جمعیت نے پوچھا کہ آپ اتنے پژمردہ کیوں ہیں؟ اور اب تک وہ نو مسلم پروفیسر بالکل خاموش تھا۔ سرپرست کے سوال پر اس نے اپنی زبان کھولی اور اپنا افسوس ناک واقعہ سنانا شروع کیا۔ اس نے کہا آج میرے بیوی بچے میری عیادت کو آئے تھے ان کو اسپتال میں اطلاع مل چکی تھی کہ میں سرطان کی بیماری میں مبتلا ہو گیا ہوں۔ جب وہ مجھ سے رخصت ہو کر جانے لگے تو کہنے لگے آپ سرطان کی بیماری میں مبتلا ہو کر موت کے دروازے پر پہنچ چکے ہیں اب آپ چند دن سے زیادہ کے مہمان نہیں ہیں۔ ہم آخری بار آپ سے رخصت ہو رہے ہیں۔ اب اس کے بعد آپ کی عیادت کو نہیں آسکتے! آپ سے معذرت خواہ ہیں۔ پروفیسر نے اپنی گفتگو جاری رکھتے ہوئے کہا: میری پژمردگی اور رنجیدگی اس لئے نہیں ہے کہ امید کے دروازے میرے لئے بند ہو چکے ہیں اور میں اپنی زندگی سے مایوس ہو چکا ہوں، بلکہ زن و فرزند کے اس غیر انسانی رویہ سے مجھے شدید ذہنی تکلیف پہنچی ہے۔ سرپرست۔۔۔ جو اس واقعہ سے خود بھی بہت متاثر ہو چکے تھے۔۔۔ نے کہا چونکہ اسلام میں بیمار کی عیادت کرنے کی بہت تاکید کی گئی ہے اس لئے مجھے جب بھی فرصت ملے گی آپ کی عیادت کے لئے حاضر ہوں گا اور اپنے دینی

فریضہ کو پورا کروں گا۔

بیچارے مریض کی حالت رفتہ رفتہ خراب ہوتی گئی اور چند دن کے بعد اس نے اپنی جان، جان آفریں کے سپرد کر دی۔ اس کے دفن و کفن کی خاطر کچھ مسلمان اسپتال گئے اور اس کی میت قبرستان لے آئے۔ مگر قصہ یہاں پر ختم نہیں ہوتا (ذرا آگے پڑھئے) وہ لوگ میت کو دفن کرنے جا ہی رہے تھے کہ ناگہاں ایک نوجوان غصے میں بھرا ہوا جلدی جلدی قدم بڑھاتا ہوا قبرستان آیا اور آتے ہی پوچھنے لگا! پروفیسر کا جنازہ کہاں ہے ؟لوگوں نے پوچھا آپ کی مرنے والے سے کوئی رشتہ داری ہے ؟جوان نے کہا ارے رشتہ داری! بھائی میں مرحوم کا بیٹا ہوں، پروفیسر کے مرنے سے چند دن قبل میں نے ان کی باڈی ٦٠ روپئے میں اسپتال والوں کے ہاتھ بیچ دی تھی تا کہ اسپتال میں ان کا بدن چیر اپھاڑا جاسکے۔ نوجوان نے بہت زور لگایا مگر مسلمانوں نے میت اس کے حوالے نہیں کی مجبوراًوہ خاموش ہو گیا باتوں باتوں میں اس سے پوچھا گیا تم کیا کام کرتے ہو۔ اس نے کہا صبح تو ایک کارخانے میں کام کرتا ہوں اور سہ پہر کو کتوں کی سجاوٹ کا کام انجام دیتا ہوں!!! یہ ایک تلخ حقیقت ہے اسی سے آپ اندازہ لگا سکتے ہیں کہ متمدن دنیا میں مہر و محبت کی کتنی کمی ہے۔!

اس زمانے میں اخلاقی فضائل کی کمی او معاشرتی مفاسد کو دیکھتے ہوئے اس بات کا انکار نہیں کیا جا سکتا کہ بشریت پیچھے پاؤں پھر حجری دور کی طرف پلٹ رہی ہے۔ بڑے بڑے مفکرین اس تلخ حقیقت کے معترف ہیں اور اس کی چارہ جوئی کی فکر میں ہیں اور ان حالات سے بہت رنجیدہ ہیں۔ انھوں نے درد کو پہچان لیا ہے اور وہ یہ چاہنے لگے ہیں کہ اس خود سری، بے راہ روی کا خاتمہ کیا جائے اور ایمان و فضیلت کی بنیاد پر ایک نئی دنیا ایجاد کی جائے۔

جو لوگ اس قسم کی زندگی میں ڈوب گئے ہیں اب ان کو بھی احساس ہونے لگا ہے کہ یہ تو ایک بالکل خالی خولی اور کھوکھلی زندگی ہے۔ یہ کبھی بشریت کو شاہراہ سعادت تک پہنچا ہی نہیں سکتی، اب ذرا اس حقیقت کا اعتراف موجودہ امریکہ کے رئیس جمہوریہ کی زبانی سنئے جو قسم کھا کے کہتے ہیں: ہم اپنے کو مادی لحاظ سے بہت مال دار پاتے ہیں لیکن روحانیت کے لحاظ سے صفر ہیں ہم چاند پر پہنچ گئے لیکن زمین میں پراگندگی کے شکار ہیں ہم جنگ میں گرفتار ہیں اب صلح چاہتے ہیں نفاق ختم کر کے اتفاق چاہتے ہیں اپنے گردوپیش کھوکھلی زندگی دیکھ رہے ہیں اب بھرپور زندگی کے خواہش مند ہیں۔ معنوی بحران۔۔۔ جس میں ہم آج اسیر ہو چکے ہیں۔۔۔ کا معنوی جواب چاہتے ہیں اور اس کا جواب پانے کے لئے ہم کو خود اپنے کو دیکھنا ہو گا اگر ہم اپنے وجدان کی آواز کو کان دھر کے سنیں گے تو معلوم ہو گا کہ اب سادہ اور اساسی چیزوں کی ضرورت ہے اب عفت عشق و مہربانی کی اہمیت کا اعتراف کرنا ہو گا۔

فرانس کے مشہور دانش مند ڈاکٹر "الکسس کیرل" لکھتے ہیں ہم ایسی دنیا چاہتے ہیں جس میں ہر شخص اپنی ضروریات کو پورا کر سکے۔ اقدار مادی و معنوی آپس میں جدا نہ ہوں اب ہم کو سمجھنا پڑے گا کہ کس قسم کی زندگی کی ضرورت ہے کیونکہ ہم اس بات کو بخوبی سمجھ چکے ہیں کہ زندگی کا راستہ قطب نما اور ہادی کے بغیر بہت خطرناک ہے۔ تعجب تو اس بات پر ہے کہ اس خطرے نے بھی ہم کو عقلائی زندگی کی تشکیل کے اسباب و وسائل کے جستجو پر آمادہ نہیں کیا۔ یہ واقعہ ہے کہ اس خطرے کی اہمیت کو سمجھنے والے ابھی بہت کم ہیں۔

آج لوگوں کی زیادہ تر تعداد اپنی خواہشات کی پیروی کرتی ہے اور ٹیکنالوجی نے جو مادی آسانیاں پیدا کر دی ہیں انھیں میں مگن ہے۔ جدید تمدن نے جو سہولتیں فراہم کر دی

ہیں ان سے آج کی دنیا نہ تو چشم پوشی کرنے پر تیار ہے اور نہ ان آسانیوں سے ہاتھ اٹھانے پر تیار ہے۔ جس طرح پانی دریاؤں، سمندروں میں رواں دواں ہے۔ اسی طرح ہماری زندگی بھی خواہشات کے نشیب میں بہتی جا رہی ہے اور ہر قسم کے فساد و پستی کی طرف بہہ نکلتی ہے جیسا کہ تکمیل خواہشات و تفریحات اور نفع اندوزی کی طرف مائل ہے۔

ہم اپنی تشکیلات کو بلند کرنے کے بجائے اس کو نئے نئے آئیڈیوں کو پورا کرنے پر قادر نہیں ہے۔ آج کا متمدن انسان مادے کی اولیت کا قائل ہو چکا ہے اور معنوی اولیت کو اقتصادیات پر بھینٹ چڑھا چکا ہے۔

ہم آج کی دنیا میں جسم و جان کی اصلی ضرورتوں کی طرف توجہ کئے بغیر ٹیکنالوجی ترقیوں کی طرف پیش رفتہ کر رہے ہیں ہم تو مادی دنیا میں غوطہ لگانے والے ہیں لیکن ہم نے اپنے کو مستقل سمجھ لیا ہے ہم یہ سوچنے کی کوشش ہی نہیں کرتے کہ زندگی کی بقاء کے لئے ہوا اور ہوس کی پیروی کرنے کے بجائے ہم کو چیزوں اور اپنی فطرت کے مطابق عمل کرنا چاہئے۔ مدت ہو گئی کہ متمدن بشریت اس گرداب میں پھسلتی جا رہی ہے اور ڈوبتی ہی چلی جا رہی ہے۔

انسان مارک سیزم اور لبرالیزم (آزاد منشی) کا مشینی مخلوق ہو گیا ہے انسان کو صرف ایجادات و اختراعات کے لئے نہیں پیدا کیا گیا بلکہ آغاز آفرینش سے جمال مذہبی کے عشق اور وقت فکر، فداکاری کے لئے پیدا کیا گیا ہے۔ اگر انسان کو صرف اقتصادیات کی تکمیل کے لئے منحصر کیا جائے تو اس کا مطلب یہ ہو گا کہ اس کے بزرگ حصے کو اس سے کاٹ دیا گیا ہے اس لئے ماننا پڑے گا کہ مارکسیزم اور لبرالیزم یہ دونوں چیزیں فطری میلانات کو تباہ و برباد کرنے والی ہیں۔ (راہ و رسم زندگی صفحہ ۱۵ و ۳۴)

اگر آج کی دنیا اس انحطاط و مفاسد کی جڑوں کو کھودنا چاہتی ہے تو پھر اس کے

علاوہ کوئی چارہ نہیں ہے کہ انبیاء، خدا کے آسمانی تعلیمات پر عمل کرنے لگے۔ جی ہاں جب تک فضائے عقل بشر کو شہوتوں کا طوفان تاریک بنائے رہے گا اور اس کی گندگیاں انسانی پیروں کی بیڑیاں بنی رہیں گی اس وقت تک بشریت کے نجات کی کوئی امید نہیں ہے۔ اب تو صرف یہی طریقہ ہے کہ خفتگان وادی ضلالت کے افکار میں ایک انقلاب پیدا کیا جائے۔ مختصر یہ ہے کہ جب تک معنوی ارزش، واقعی انسانیت کی طرف باقاعدہ توجہ مبذول نہ کی جائے گی۔ بشر کی افق زندگی پر واقعی سعادت کا قیافہ نمودار نہیں ہو سکے گا۔

دنیاوی مشکلات کا حل اسلام کے پاس ہے، آیئے ذرا اسلام کو تلاش کریں

گذشتہ مباحث میں مغربی تمدن کا تجزیہ کیا جا چکا ہے، اب اس بات کی ضرورت ہے کہ اسلامی تمدن کے تجزیہ و تحلیل کی طرف توجہ دی جائے اور اس کی ضرورت اس لئے ہے تا کہ دونوں کا مقابلہ کر کے یہ معلوم کیا جاس کے کہ بشریت کے تمام تقاضوں کو اسلام نے کس طرح حل کیا ہے خداوند کریم سے مدد چاہتے ہوئے اس بات کی امید کرتا ہوں کہ یہ بحث متلاشیان حقیقت اسلام کے لئے مفید و سبق آموز ہو۔

اگر چہ منتخب شدہ عناوین کی ہر بحث بہت وسیع اور شرح و بسط کی محتاج ہے۔ لیکن محض اس لئے کہ قاری اس مباحث سے خستگی نہ محسوس کرنے لگے اس کا نچوڑ پیش کیا گیا ہے تا کہ کسی حد تک متلاشی حق کے لئے سبب سکون ہو سکے۔

زندگی کے تمام شعبوں اور روحانیت کے مکمل جنبوں کی بے نظیر گہرائی اور جامعیت کے لحاظ سے اسلام نے جو نظام بشریت کے ہاتھوں میں دیا ہے وہ کسی اور نظام نے نہیں دیا کیونکہ اسلام کے اندر تمام خیر و سعادت کے راستے موجود ہیں۔ اسلام اپنے حکیمانہ نظام سے تمام بشریت کے دردوں کا درماں کرنے والا ہے، عقل انسانی کی رسائی جن حدوں تک ممکن ہو سکتی ہے معاشرے کے ان تمام شعبہ ہائے حیات میں احکام اسلام کی متانت واضح و روشن ہے۔ چونکہ قوانین اسلام کا بنیادی مقصد انسان کے تمام شعبہ ہائے

زندگی کی تربیت کرنا ہے اور عالم تربیت میں کسی بھی واقعیت کو آنکھ بند کر کے قبول نہیں کیا جاسکتا، اس لئے اسلام تمام ان واقعیتوں کی طرف متوجہ ہے جو وجود انسانی سے متعلق ہیں۔

ماہیت انسان کے سمجھنے میں اسلام نے نہ تو آج کے انسان کی طرح اشتباہ کیا ہے اور نہ آج کے فاسد نظام سے آلودہ ہوا ہے۔ آج کے نظام نے انسان کے سمجھنے میں غلطی کی ہے کیونکہ کبھی تو انسان کو مقام الوہیت سے بھی اوپر اٹھا دیا جس کے نتیجے میں انسان بیجا غرور اور خود پسندی میں مبتلا ہو گیا۔ اور کبھی انسان کو پست ترین منزل یعنی غلامی میں پہنچا دیا۔ اس سے اس کا ہر قسم کا ارادہ و اختیار چھین لیا اور مادی و طبیعی زیادتیوں کے مقابلے میں اس کو مجبور و بیکس بنا دیا۔ بلکہ اسلام نے انسان کو اس کا صحیح مقام دیا ہے اور بہترین و مناسب ترین صورت سے اس کی معرفت کی ہے اور اس کی اہمیت و عظمت کو تمام موجودات کے مقابلے میں متعین کیا ہے۔

اسلام کے آئینے میں انسان ایک ایسی مخلوق ہے جو عظیم ترین مقام کی حامل ہے اور تمام مخلوقات میں اس کو ایک خاص منزلت حاصل ہے اسلام نے بتایا کہ انسانی زندگی کا خاتمہ موت سے نہیں ہو جاتا بلکہ اس کی زندگی ایک زندگی جاوید ہے اس میں دنیاوی اور اخروی پہلو ایک دوسرے سے جدا نہیں کئے جاسکتے روح و بدن میں اتنا مکمل اتصال و اتحاد قرار دیا ہے کہ عنصر روح و عنصر بدن میں کبھی شگاف نہیں پڑ سکتا اور اسی لئے اسلام نے دونوں جہان کے روشن ترین پروگرام کو پیش کیا ہے اور اسلام انسان کی ابدی تربیت کرنا چاہتا ہے۔

اگرچہ نوامیس عمومی اور دنیاوی تغیر کے باوجود اسلام کے عقائد، اخلاق، احکام تمام چیزوں پر ابدیت کا سایہ ہے مگر پھر بھی مسائل امروزہ، معاشرے کے ضروری

موضوعات پر آزادی فکر و خیال و اجتہاد کے دروازے کلی طور پر کھول رکھے ہیں تاکہ متغیر زندگی کے حالات کو نامتغیر قانون شریعت کے سانچے میں ڈھالا جاسکے۔

اسلامی نقطہ نظر سے انسان ایسی خواہشوں کا مالک ہے جو سراسر مادیت سے مربوط ہیں اور اسی کے ساتھ اس میں ایسی تمنائیں و جذبات بھی موجود ہیں جو مادیت کی قید و بند کو توڑ دینا چاہتے ہیں اور ارتقاء کی طرف مائل ہونا چاہتے ہیں چونکہ انسانی جسم و روح و عقل ہر ایک کے الگ الگ تقاضے ہیں۔ لہذا نہایت توجہ اور غور و فکر کے ساتھ ایک مصلحت کو دوسری مصلحت پر مقدم کئے بغیر ان کی طرف ملتفت رہنا چاہیئے۔

اسلام انسان کی ہمہ جانب سعادت اور تمام مادی و معنوی تقاضوں کا لحاظ رکھتا ہے انسان کے فطری تقاضوں کی سرکوبی کئے بغیر اور مادی رشتوں کو قطع کئے بغیر امکانی حد تک آدمی کی طہارت و پاکیزگی طبیعت کا خیال رکھتا ہے۔ مختصراً یوں سمجھ لیجئے کہ دو متضاد قطب کے درمیان ایک معتدل راستہ ہے۔ نہ تو ان عقائد و نظاموں کا قائل ہے جن کا مطلب رہبانیت اور فطری تقاضوں کی سرکوبی ہے اور نہ حیوانیت کی حد تک آزادی و بے راہ روی جسکا ایک گروہ فرائیڈین وغیرہ قائل ہیں۔۔۔ کی اجازت دیتا ہے۔

عالم تصورات میں ایک خیالی تھیوری کا نام اسلام نہیں ہے۔ اسلام انسانی روش زندگی کی تصحیح کرنے کے لئے نہیں بلکہ خود ایک پر معنی زندگی کا موجد بن کر آیا ہے یہ ایسا نظام ہے جو جامع ہونے کے ساتھ متحرک و ساز زندگی لئے ہوئے ہے۔ اسلام تنہا وہ زندہ سسٹم ہے جو زندگی کے بارے میں جامع طرز فکر رکھتا ہے۔ اسلام تمام مسلک و مکتب ہائے فکر کے درمیان جامع ترین اور قوی تر آئیڈیالوجی پیدا کر سکتا ہے جو اپنے افق کی گہرائیوں کے لحاظ سے ان سب تفوق و برتری رکھتا ہو۔

اسلام نے خالص مادی طرز فکر کو رد کر دیا ہے اور مادے و اقتصادیات کی اولیت، اور

اصل لذت کو خوش بختی و سعادت کی بنیاد نہیں مانتا۔ اصولی طور پر آج کی موجودہ دنیا میں ان موجودہ نظام کا۔۔۔ جن کے پاس زندگی کا کوئی ہدف نہیں ہے اور جن کے پاس مادیات کے ماوراء کچھ بھی نہیں ہے۔ بنیادی اور کلی طور سے مخالف ہے۔

اسلام انسان کو مادیت کی چہار دیواری میں قید نہیں کرتا، کیونکہ ان کی دعوت کی بنیاد اس سے کہیں زیادہ بلند اور وسیع ہے بلکہ مختلف لحاظ سے زندگی کے ہدف عالی سے غافل نہیں ہے اسلام کی بنیاد ایسے معنوی، روحی، اخلاقی اصول پر رکھی گئی ہے جو عام و خاص ہر انسان کے مقتضیات کے مطابق ہے اور اسلام نے اجتماعی تعاون و ہمکاری کے ساتھ ساتھ معیار زندگی کو بہت اونچا کیا ہے۔ فرد و اجتماع کو محدود دائرے سے نکال کر زندگی کے اعلی اقدار کی تلاش و جستجو پر آمادہ کرتا ہے اور انسانی قوتوں کو تکامل و ترقی کی طرف کھینچتا ہے۔

اسلام تربیت کی بنیاد اس طرح رکھی گئی ہے کہ انسانی عواطف کا تصفیہ و تہذیب کر کے ان کو صحیح راستے پر ڈال دے اور اس مقصد کے حصول کے لئے مکمل بصیرت کے ساتھ قدم آگے بڑھاتا ہے۔

آدمی کے مزاج و طبیعت کے اندر جو محرک عوامل موجود ہیں انکو فطری تقاضوں اور اصلی ضرورتوں کے مطابق ایک مخصوص و منظم طریقے پر لاتا ہے اور ہر ایک عامل کا اس کے لحاظ سے اہتمام کرتا ہے۔ تند و تیز میلانات پر مختلف وسائل کے ذریعے کنٹرول کرتا ہے۔ تاکہ یہ خواہشات عقل کو اسیر و محبوس کر کے آدمی کے سرنوشت وجود کو اپنے تابع کر لیں اور اس طرح سے انسان کو ہولناک ہلاکت میں گرانے سے بچاتا ہے اور اسی کے ساتھ ہر فرد کی معقول کامیابی کو جائز سمجھتا ہے۔

اس طرح انسان بنائے زندگی اور پیش رفت حیاتی میں مسلسل اپنی کچھ قوت کو

زندگی کی برقراری کے لئے صرف کر سکتا ہے اور کچھ قوت کو روحی میلانات اور معنوی تقاضوں میں استعمال کر سکتا ہے۔

جب افراد کی طبیعت و فطرت کے اندر یہ ہم آہنگی پیدا ہو جائے گی تو فرد و اجتماع دونوں منظم ہو جائیں گے اور دونوں کی رفتار معتدل ہو جائے گی اور انسان کی پوری زندگی معیاری ہو جائے گی۔

اور چونکہ اس تربیت کی بنیاد عقلی بنیادوں پر ہے اس لئے عقائد کے پاک اور اوہام سے خالی سلسلے کی طرف دینی تبلیغ ہوتی ہے اور ایسے عملی قوانین و اخلاقی فضائل کی طرف دینی تبلیغ ہوتی ہے جس کی صحت کا ہر انسان خداداد عقلی قوت سے ادراک کر سکتا ہے۔

اسلام کی ساری تعلیم اور ساری تکلیف ہر فرد کی طاقت و قوت کے اندر ہی اندر ہے۔ احکام کے نافذ کرتے وقت بشری طاقت و قوت کا خاص لحاظ رکھا جاتا ہے۔ اسلام کسی بھی شخص کو اس کی طاقت سے زیادہ تکلیف نہیں دیتا۔ قیامت کے دن ہر شخص سے اس کے ارادے و توانائی کے لحاظ سے دئے گئے فرائض کے بارے میں پوچھا جائے گا۔

آج کے دور میں حقوق کا دارومدار عامہ کے اوپر ہے۔ ڈیموکراسی نظام قانون کی بنیاد رائے عامہ (یعنی ۵۱ فیصد) پر ہے۔ معاشرے کی قیمت کا فیصلہ رائے عامہ کے علاوہ کسی اور چیز سے نہیں کیا جاتا۔ اس دور میں اقلیت (۴۹ فیصد) کی رائے ناقابل اعتناء سمجھی جاتی ہے چاہے اقلیت کی نظر کتنی ہی وقیع اور واقعیت رکھتی ہو۔ مختصراً یہ ہے کہ آج کی متمدن دنیا رائے عامہ ہی کو معاشرے کا مقدس ترین ذریعہ سمجھتی ہے

بقول علامہ اقبال:

جمہوریت وہ طرز حکومت ہے کہ جس میں

بندوں کو گنا کرتے ہیں تولا نہیں کرتے

تمام ارزش ہائے مادی و معنوی کی برگشت آخر کار پبلک کی رائے ہوا کرتی ہے لیکن تشریع اور وضع قانون کا حق اسلامی نقطہ نظر سے خدا اور صرف خداوند قدوس کو حاصل ہے۔ یہاں بے بند و بار جمہوریت کے خواہشات پر کوئی قانون وضع نہیں کیا جاتا۔

اسلامی نظریہ میں قانون گزاری مقام الوہیت سے الگ کی ہی نہیں جاسکتی۔ الوہیت کے سلسلے میں اسلامی تصور کی شعاعیں ساری دنیا میں آدمی کے تمام شعبہ جات حیات پر منعکس ہوتی ہیں۔ جس طرح پرستش وعبادت صرف خدا کے لئے ہے اسی طرح حکومت مطلقہ وضع قوانین، قہر و بندگان میں امر و نہی کا انفاذ بھی صرف خدا کی ذات سے مخصوص ہے کسی بھی فرد کو۔۔۔ خواہ وہ کتنا ہی اہم ہو۔۔۔ وضع قانون یا انفاذ اوامر کا حق نہیں دیا گیا اور یہ بات کتنی غیر دانش مندانہ ہے کہ لائق عبادت تو خدا کو سمجھا جائے اور نظام زندگی کا دستور از خود بنایا جائے اور ہر جگہ خدا کے دستور کی اتباع کی جائے؟

اس سے معلوم ہو گیا کہ حاکمیت کے موضوع میں (بھی) خدا کا کوئی شریک نہیں ہے اور کسی کو یہ حق بھی نہیں ہے کہ خدا کے مقابلے میں خود قوانین وضع کر لے۔ اسلامی نظریہ یہ ہے کہ انسانی معاشرے کے تمام شعبوں میں حق کا بول بالا رہے، حق کی حکومت رہے، کیونکہ حق کسی بھی اجتماعی، سیاسی، اقتصادی حالت کا پابند نہیں ہے۔ بلکہ یہ قیمتی لباس صرف قامت انسانی کے لئے سلا گیا ہے۔

یہ یاد رکھئے کہ قامت انسانی جتنی پیچیدہ و پر اسرار ہے اتنی ہی آدمی کے زندگی سے مربوط قوانین بھی پیچیدہ و پر اسرار ہیں۔ دنیا کا کوئی شخص بھی یہ دعوی نہیں کر سکتا کہ وہ وجود انسانی کے تمام پر پیچ اسرار و معاشرے کے روحی و جسمانی روابط سے پیدا ہونے والے

پیچ در پیچ کیفیات سے پورا پورا واقف و مطلع ہے اسی طرح کوئی بھی شخص یہ دعوی نہیں کر سکتا کہ وہ لغزش گناہ سے محفوظ ہے اور انسان کی تمام سعادت و نیک بختی سے کماحقہ آگاہی رکھتا ہے۔

چونکہ انسانی علم و دانش محدود ہے اس لئے انسانی وجود کا معمہ جوں کا توں ہی باقی ہے۔ حالانکہ دانشمندوں کی طرف سے وجود انسان کے راز کو منکشف کرنے کے لئے ضرورت سے زیادہ تلاش و جستجو کی گئی۔

مشہور و معروف ڈاکٹر الکسس کیرل لکھتا ہے کہ انسان نے اپنے پہچاننے میں ضرورت سے زیادہ توجہ دی اور کوشش کی، لیکن اس سلسلے میں دانش مندوں، فلاسفہ، بزرگوں، شعراء کی طرف سے جو معلومات مہیا کی ہیں ان سے ہم اپنے اندرونی عالم کے بعض معین جہات کو تو پہچان سکے ہیں لیکن اپنے سراپا کو اب تک نہیں پہچان پائے۔ ہماری نظر میں انسان ایک ایسا مرکب موجود ہے جو ہمارے ہی بنائے ہوئے وسائل و آلات کے ذریعے سے مشخص تو ہو گیا ہے لیکن اس مرکب اجزاء کے گرد و پیش اتنے ہالے پڑے ہوئے ہیں کہ ان کے درمیان سے ہم حقائق کو نہیں درک کر پائے اور یہی مجہولیت ہمیں اپنی طرف متوجہ کرتی ہے کہ مزید تلاش جاری رکھیں۔

اور سچی بات تو یہ ہے کہ ہماری بے بسی اپنے عروج کو پہنچ چکی ہے کیونکہ بہت سے سوالات کو تو خود اہل فن ـــ یعنی جو لوگ نوع بشر کے مطالعے میں مشغول ہیں ـــ ابھی تک نہیں حل کر پائے اور اس کی وجہ صرف یہ ہے کہ ہمارے باطنی دنیا کے بہت سے میدان ابھی ایسے باقی ہیں جو تسخیر نہیں کئے جا سکے۔

اور یہ بات بھی بدیہی ہے کہ دانش مندوں نے انسان کا مطالعہ کر کے جو کچھ بھی سمجھا ہے وہ کچھ نہ ہونے کے برابر ہے۔ گویا ہم ابھی "خود شناسی" کے بالکل ابتدائی

مراحل میں ہیں۔(اسلام موجود ناشناختہ)

جب ہم انسان کے کامل اسرار کو اب تک نہیں پہچان پائے تو پھر ہمارے لئے یہ بھی ممکن نہیں ہے کہ ہم ایسے قوانین بنا سکیں جو صد در صد نوع انسانی کے مفاد میں ہوں اور جو مشکلات بشری کے انبوہ کو عادلانہ طریقے سے حل کر سکیں۔ سب سے زیادہ واضح دلیل دانش مندوں کی وہ حیرت و پریشانی ہے جو ان کے لئے نت نئے دن نوبہ نو مشکلات کی صورت میں نمودار ہوتی ہے اور مرتب شدہ قوانین کو تغیر و تبدل پر مجبور کر دیتی ہیں۔ اس کے علاوہ بھی کچھ ایسی ناگزیر باتیں درمیان میں ہیں جن کی وجہ سے ہم قانون ایجاد کرنے کی صلاحیت نہیں رکھتے مثلاً انسان میلانات طبیعی و خواہشات نفسانی، مالی منفعت حب جاہ، معاشرے میں رہنے سہنے کی وجہ سے مخصوص افکار سے مبرا نہیں ہو سکتا، اس لئے قوانین وضع کرتے وقت اپنے نظریات، خواہشات نفس کو دخل دے کر رہے گا اور دانستہ یا نادانستہ وہ ایسے قوانین بنائے گا جس میں ان کے مفادات کی جھلک ہو گی۔

دنیا میں کوئی ایسا قانون بنانے والا نہیں ہے جس کے نظریات کی چھاپ قانون پر نہ پڑی ہو اور نہ ایسا کوئی قانون اب تک بنایا جا سکا ہے جس میں قانون بنانے والے کے نظریات و جذبات محبت و نفرت کی چھوٹ نہ پڑی ہو۔ ہر قانون بنانے والا ۔۔۔ چونکہ مخصوص عواطف و نظریات کا حامل ہوتا ہے اس لئے ۔۔۔ قانون بناتے وقت اپنے نظریات کو ٹھونسنا چاہتا ہے۔ ارسطو نے قانون بناتے وقت کبھی تو اپنے نفرت و کینہ کا اظہار "جو اس کو افلاطون سے تھا" کیا ہے اور کبھی سکندر سے اپنی محبت و رجحان کا اظہار کرنے پر مجبور ہوا ہے۔ افلاطون چونکہ آتھنیز قوم کے استبداد سے متنفر تھا اس لئے اس کے قوانین میں اس نفرت کا احساس بھی موجود ہے۔ میرے کہنے کا مقصد صرف یہ ہے

کہ قانون میں قانون بنانے والے کے نظریات داخل ہو جاتے ہیں اور کبھی تو صرف پورے کا پورا قانون قانون بنانے والوں کے نظریات کا تابع ہو جایا کرتا ہے۔ (روح القوانین صفحہ ۵۹۳)

آج کی دنیا میں آزادی، برابری جیسے خالی نعرے تو ضرور لگائے جاتے ہیں لیکن حقیقت کو کسی قیمت پر نہیں چھپایا جاسکتا۔ چنانچہ عصر جدید میں وضع قوانین کے سلسلے میں رائے عامہ ہی ظاہری وخیالی سیاست کا چہرہ ہے۔ لیکن اگر گہری نظر سے دیکھا جائے تو یہ حقیقت رائے عامہ نہیں ہے بلکہ حکمران طبقے کی رائے ہے جس نے عوامی رنگ اختیار کیا ہے۔

ہنری فورڈ اپنے ملک کے لئے ۔۔۔ درحقیقت دنیا میں ڈیموکریسی کی ابتداء یہیں سے سمجھی جاتی ہے ۔۔۔ کہتا ہے کہ مارچ ۱۹۲۶ء میں انگلستان کے اندر جب رائے عامہ شدت اختیار کرگئی اور حکومت نے اپنی پوری کوشش اس کے ختم کرنے میں صرف کر دی اور ناکام رہی، تو ایک مرتبہ اس قانون کا سہارا لیا گیا جس کو دولت مندوں نے بنایا تھا اور اعلان کیا گیا کہ یہ بات اصول مملکت کے خلاف ہے بس پھر کیا تھا پولیس اور فوج بندوق لے کر میدان میں آگئی اور لوگوں کو بھوننا شروع کر دیا اور اسی کے ساتھ ریڈیو، اخبار سب ہی نے آواز پر آواز ملانا شروع کر دیا اور کہنے لگے، یہ وہ حکومت ہے جو مزدوروں کی خدمت گزار رہے اور اس کے بعد مزدور لیڈروں کو قید، اور ضبطی مال کی دھمکی دی گئی۔

روسی کمیونسٹوں کی مرکزی پارٹی کی بائیسویں کانفرنس میں خروشچیف نے مزدوروں کے نظام حکومت کا اظہار کرتے ہوئے کہا: ماضی میں جب شخصیت پرستی تھی (اس سے اسٹالین کا دور مراد ہے) تو حزب دولتی کی لیڈر شپ اور اقتصادی شعبوں میں

بہت سے مفاسد پیدا ہو گئے تھے، کیونکہ اس وقت آمرانہ حکم نافذ کیا جاتا تھا حقیقت کو پامال کیا جاتا تھا کام بہت احتیاط سے کیا جاتا تھا۔ مستقبل کا خطرہ لگا ہو تھا اور اسی لئے اس وقت چاپلوسوں، خاکساروں غلط گو، جھوٹ بولنے والوں کی کثرت ہو گئی تھی۔

مشرق و مغرب میں اس حکومتوں کا یہی عام طریقہ ہے لیکن اس حقیقت پر رائے عامہ، پارلیمنٹ، قومی کمیٹی کا غلاف چڑھا دیا جاتا ہے تاکہ لوگوں کو دھوکا دیا جا سکے۔

ان نظاموں کے سارے کے سارے قوانین۔۔۔ چاہے وہ کمیونسٹوں کی حکومت ہو یا سرمایہ داروں کی۔۔۔ چونکہ آسمانی دستور کے مطابق نہیں بنائے گئے ہیں اس لئے خواہ مخواہ اور ناگزیر طور پر اس میں حکمراں طبقے کے مفاد کو پیش نظر رکھا گیا ہے۔

جین جیکس روسیو لکھتا ہے۔ ایسے قوانین جو تمام ملتوں کے لئے مفید ہوں ان کے بنانے والے کو عقل کل ہونا ضروری ہے۔ جو انسانی شہوتوں کو دیکھتا تو ہو لیکن خود اس سے متاثر نہ ہو۔ فطرت سے کسی قسم کا رابطہ نہ رکھتا ہو مگر نباض فطرت انسانی ہونا چاہیے۔ انسانی سعادت و نیک بختی میں وہ ہمارا محتاج نہ ہو۔ ہم اس کے محتاج ہوں۔ (قرارداد اجتماعی صفحہ ۳۳۶)

مندرجہ باتوں کے پیش نظر بہترین قانون کا وضع کرنے والا، صرف ذات پروردگار عالم ہے جس نے انسان کو پیدا کیا ہے کیونکہ وہی انسان کے اسرار وجود سے بخوبی واقف ہے۔ اس کو معاشرہ انسانی سے کوئی فائدہ نہیں پہنچ سکتا وہ تمام انسانوں سے بے نیاز ہے اور تمام انسان اس کے محتاج ہیں۔ اس لئے یہ ماننا پڑے گا کہ معاشرے کے صحیح قوانین کو صرف ایسے شخص سے حاصل کیا جا سکتا ہے جس پر خدائی الہام ہو اور جس کی ساری تعلیم سرچشمہ وحی کے تابع ہو اور جس کا تکیہ خدائے قدوس کے غیر محدود علم پر ہو۔

خدائی قانون اور بشری قانون میں ایک بہت بڑا فرق یہ بھی ہے کہ بشری قوانین

کی بنیاد معاشرہ ہے۔ انسانی قوانین معاشرے کی حد سے باہر نہیں ہوسکتے کیونکہ اس سے ماوراء کا تصور نہیں کر سکتا۔ لہٰذا ایسے تمام مسائل جن کا تعلق معاشرے سے نہ ہو انسان ان کے لئے کیونکر قوانین وضع کر سکتا ہے؟ اور باطنی اصلاح کیونکر قانون کے ذریعے کر سکتا ہے کیونکہ انسان کو باطن کا علم ہی نہیں ہے۔ باطن کی خرابیاں جب عمل کے منزل میں آئیں اور اس سے معاشرہ متاثر ہونے لگے تب قانون بن سکتا ہے مگر اس سے پہلے ممکن نہیں ہے۔ اب اگر ایک فرد تمام روحی و اخلاقی مفاسد میں گرفتار ہے اور اس کا باطن مختلف قسم کے نقائص کا مرکز ہے تو قانون کی زبان وہاں پر خاموش رہے گی۔ مغربی دنیا کی حکومت کے جتنے بھی قوانین ہیں ان سب کا دارومدار انسانوں کے اعمال ہیں۔ لوگوں کی طہارت قلب، پاکیزگی نفس سے ان کو کوئی سروکار نہیں ہے۔ برخلاف اس کے اسلامی دستور کی شعاعیں اتنی وسیع ہیں کہ جن کے حدود سے کوئی چیز باہر نہیں جاسکتی۔

اسلام معاشرے کے اصلاح کے ساتھ کل آنے والی زندگی کی تربیت و اصلاح کی طرف متوجہ ہے اور کل کی معنوی شخصیت کو اصل مان کر اس کے لئے بھرپور توجہ کرتا ہے۔

اسلام کا مطمع نظر یہ ہے کہ معاشرہ منظم ہو، اخلاق پاک ہوں غ فکر و عمل صحیح ہو، روح کامل ہو، اسی لئے ہر چیز کے لئے اسی نے حکم دیا، اور اپنے وسیع تر معنی کے لحاظ سے ہر جگہ حکومت بھی کرتا ہے۔ اسلام جس طرح دست گاہ آفرینش کے چھوٹے بڑے پیدا ہونے والے حالات میں نظم و سکون برقرار رکھنا چاہتا ہے اور یہ چاہتا ہے کہ انسان ان اصولوں سے۔۔۔ جو نظام آفرینش پر منطبق ہیں۔۔۔ رتی برابر علیحدگی نہ اختیار کرے کیونکہ ان اصولوں کی مخالفت تمام شعبہ ہائے انسانی کو درہم برہم کر کے رکھ دے گی۔

بشری قوانین میں انتظامیہ اجرائے قانون کرتی ہے۔ لیکن اسلام کے اندر اجرائے

قانون کا ذمہ دار مضبوط و گہرا ایمان ہے۔ ان مقامات پر جہاں خدا کے علاوہ کوئی دیکھنے والا نہیں ہے۔ سچا مسلمان اپنی ایمانی طاقت اور دینی ذمہ داری کی بناء پر اپنے فرائض کو باحسن وجوہ انجام دیتا ہے۔ صرف چند محدود جگہوں پر ان افراد کے لئے جو سست عقیدہ یا منافق ہیں وہاں اسلام انتظامیہ کا سہارا لیتا ہے۔ خلاصہ یوں سمجھئے اسلام پاکیزگی قلب اور نیکی عمل دونوں کی ضرورت کا احساس رکھتا ہے اور پاک اعمال کی اچھی جزا دیتا ہے۔ بشرطیکہ وہ خلوص پر مبنی ہوں اور ان میں ایمان کے سر چشمے سے استفادہ کیا گیا ہو۔

کتاب حقوق در اسلام کے مقدمے میں تحریر ہے: امریکی قانون صرف محدود حد تک وظائف اخلاقی کا اجزاء کرتا ہے حقیقت یہ ہے کہ امریکی باشندہ مطیع قانون ہونے کے باوجود اخلاقی لحاظ سے ایک پست فطرت و کمینہ ہو سکتا ہے۔ اس کے بر خلاف اسلامی قوانین کا سر چشمہ ارادہ الہی ہے وہ ارادہ جس کا اظہار اس نے اپنے رسول محمد (ص) پر کر دیا۔ یہ قانون اور یہ ارادہ الہی تمام مومنین کو ایک معاشرہ سمجھتا ہے چاہے وہ مختلف قبائل سے تعلق رکھتے ہوں اور چاہے وہ ایک دوسرے سے کتنی ہی دور واقع ہوں ان سب کے درمیان اتحاد و اتفاق پیدا کرنے والی چیز مذہب ہے۔ جغرافیائی حدود اس کی علت نہیں ہیں یہاں خود حکومت قرآن کی تابع و فرماں بردار ہوتی (افراد اور معاشرے کا کیا سوال ؟) یہاں کسی دوسرے قوانین کے وضع کرنے کی گنجائش ہی نہیں ہے۔ تنقید و نفاق و شقاق تو بہت بڑی بات ہے مومن کی نظر میں یہ دنیا اس سے بہتر دوسری دنیا کی دہلیز ہے۔ اور قرآن باہمی رفتار معاشرے و افراد کے فیمابین تعلقات کی حد معین کرتا ہے تاکہ اس عمل کو دوسری دنیا کیلئے ذخیرہ کیا جاسکے۔

عام مغربی مفکرین کا نظریہ اسلام کے بارے میں ناقص کیا انتہائی ظالمانہ ہے یہ لوگ کبھی کبھی تو مقصد بر آری کے لئے واقعات کو توڑ مروڑ دیتے ہیں۔ لیکن اسی کے

ساتھ ساتھ بعض ایسے بھی مفکرین ہیں کہ جنہوں نے اسلامی تعلیمات کی گہرائی اور حقیقت کو سمجھ لیا ہے اور پھر وہ بانی اسلام اور ان کی پر ارزش تعلیمات کو سراہا بھی ہے۔

یہ تو سب ہی جانتے ہیں کہ ایک مسلمان کا قوانین واسلامی نظام کی تعریف کرنا پسندیدہ چیز نہیں ہے۔ لیکن اگر کوئی علمی شخصیت جو مسلمان نہ ہو بلکہ مذہبی تعصبات کا شکار ہو وہ عظمت اسلام اور بانی اسلام کا اقرار کرے تو یہ بہت بڑی بات ہے۔

اسلامی مقدس و محترم قوانین کے سامنے جس چیز نے ان لوگوں کو سر تسلیم خم کرنے پر مجبور کیا ہے وہ صرف حیرت انگیز و مترقی نظام ہے جس کو دنیائے انسانیت کی بزرگ ترین شخصیت اور عالم اسلام کے عالی قدر رہبر نے جہاں بشریت کے سامنے پیش فرمایا ہے۔

مغربی مفکرین کے اقوال کو نقل کرنے کا مقصد یہ ہرگز نہیں ہے کہ ہم اپنے مذہب کے افتخارات کو غیروں کی زبان سے سننا چاہتے ہیں۔ بلکہ اس نقل کرنے کا مقصد صرف اتنا ہے کہ جوئندگان حقیقت کے دلوں میں کسی قسم کا تردد و شک باقی نہ رہ جائے۔

اٹلی کے مشہور پروفیسر اور ناپل یونیورسٹی کا استاد ڈاکٹر لوراویکیاویگلیری " قرآن مقدس کے لئے لکھتا ہے: میں عقل و فہم کے وہ ذخیرے اور خزانے اس کتاب میں دیکھتا ہوں جو ذہین سے ذہین شخص بڑے سے بڑا فلسفی، قوی سے قوی سیاسی شخص کے استعداد و صلاحیت سے بہت ہی اونچے ہیں۔ اور اس کی دلیل یہ ہے کہ قرآن میں جو باتیں بیان کی گئی ہیں اس کو ایک پڑھا لکھا شخص نہیں بیان کر سکتا، چہ جائیکہ ایسا شخص جس کی پوری زندگی ایسے غیر مہذب لوگوں میں گزری ہو جن کو دین و دانش سے دور کا بھی واسطہ نہ ہو۔ اور وہ شخص بھی اپنے کو تمام افراد کی طرح ایک فرد سمجھتا رہا ہو۔ اسلئے ماننا پڑے گا کہ خدائے قادر کی مدد کے بغیر وہ ایسا معجزہ نہیں پیش کر سکتا۔ قرآن کا ماخذ و مصدر خدا سے

ماخوذ ہے جس کا علم سارے زمین و آسمان پر محیط ہے۔

برنارڈشاء اپنی مشہور کتاب محمد اپوسٹلے آف اللہ میں تحریر کرتا ہے میں ہمیشہ اسلام کی عزت و احترام کا قائل رہا ہوں میری نظر میں صرف اسلام ہی تنہا وہ مذہب ہے جو زندگی کی بدلتی ہوئی تصویروں کا ساتھ دے سکتا ہے اور جو مختلف قرون میں گوناگوں حالات کے مقابلے کی استعداد رکھتا ہے میں آج ہی پیشین گوئی کر رہا ہوں کہ ابھی سے اس بات کے آثار پیدا ہو چکے ہیں جن کی بناء پر یہ کہا جا سکتا ہے کہ کل کا مغرب کل کا کل مسلمان ہو گا ۔۔۔ قرون وسطی کے علماء یا تو بر بنائے تاریکی یا بر بنائے جہالت دین محمد (ص) کے لئے نامناسب باتیں کہا کرتے تھے۔ ان کی نظر میں اسلام عیسائیت کا ضد تھا لیکن میں نے جب مافوق العادہ شخص کا مطالعہ کیا تو مجھے پتہ چلا کہ ان کا دین تو عیسائیت کے مخالف نہیں ہے بلکہ سچی بات تو یہ ہے بشریت کا نجات دہندہ صرف اور صرف یہی دین ہو سکتا ہے میرا عقیدہ ہے کہ اگر آج کی جدید دنیا کی قیادت محمد (ص) جیسے شخص کے ہاتھ میں ہو تو اسکی مشکلات حل ہو جائیں گی اور انسان کی ازلی خواہش صلح وسعادت عملی اور محفوظ ہو جائے گی۔

والیٹرے جو شروع میں اسلام کا شدید بدترین مخالف تھا اور رسول اکرم (ص) کے بارے میں بہت غلط عقیدہ رکھتا تھا چالیس سالہ مطالعے کے بعد اصل حقیقت تک پہنچا اور اس کے بعد اس نے صراحتاً اعلان کیا: محمد (ص) کا دین یقیناً عیسائیت سے بہتر ہے اسلام ہرگز عیسائیوں کے جنون کفر انگیز سے دوچار نہیں ہوا، وہ ایک کو تین اور تین خدا کو ایک نہیں کہتا اسلام کا بنیادی مسئلہ خدا کی وحدانیت ہے۔ اسلام بانی اسلام کی جوانمردی اور اخلاق سے پھیلا ہے۔ برخلاف عیسائیت کے کہ اس کی ترویج تلوار کے زور سے کی گئی ہے کاش تمام مغربی اقوام خدا کو اسلام کے نظریہ کے ماتحت ماننے لگیں۔ (اسلام از نظر

والیٹرے صفحہ ۹۹)

والیٹرے نہایت ہی محترم وبزرگ شخص مارٹین لوتھر کے بارے میں۔۔۔ کہتا ہے: لوتھر اس لائق بھی نہیں ہے کہ محمد (ص) کے جوتوں کا تسمہ کھول سکے۔ محمد بلا شک بہت بزرگ شخص تھے اور بڑے بڑے شخصوں کی پرورش بھی کی ہے۔ معقول دین، انصاف پسند مذہب کے لانے والے پرہیز گار ترین شخص محمد (ص) تھے جو روئے زمین پر سب سے بڑا انقلاب لائے۔(کتاب والیٹر جلد ۲۴ صفحہ ۵۵۵)

مشہور روسی فلسفی ٹالسٹائی کہتا ہے: محمد (ص) کے فخر کے لئے یہی بات کافی ہے کہ پست و جنگجو، خونریز قوم کو بری عادتوں سے نکال کر ترقی کے راستے ان کے لئے کھول دئے عقل و حکمت کے عین مطابق ہونے کی وجہ سے محمد (ص) کا دین عالمگیر ہو جائے گا۔(کتاب قہرمانان)

الکحل اور اسلام

اسلام کی منتظمہ پوری دنیا کے معاشرے کا انتظام کرنے کی صلاحیت رکھتی ہے، جو انسانی سعادت کی گارنٹی لیتی ہے۔ اسلامی دعوت عقل و وجدان کی بنیادوں پر استوار کی گئی ہے۔ قرآن کی بہت سی آیتیں اعتقادی و عملی معارف کو بہت ہی خوبصورتی سے بیان کرتی ہیں۔ اور معقول دلیلوں سے اپنے مقاصد کو فطرت انسانی پر پیش کرتی ہیں۔ در حقیقت اسلام آدمی کی قوت مدرکہ کی بہت زیادہ اہمیت کا قائل ہے۔

اسلام کی خواہش ہے کہ وہ انسان جو قدرت کا عظیم شاہکار ہے اور جو اپنی عقل و خرد ہی کے ذریعے حیوان کی صفت سے جدا ہوا ہے اپنی فطری ادراک و شعور کے ذریعے اپنے اس مقصد کو پیش نظر رکھتے ہوئے جس کے لئے اسے خلق کیا گیا ہے اور عقل کے سپردگی میں دے دیا گیا ہے ترقی کرے۔

اسلام نے شخصی و اجتماعی زندگی کے امور کا انتظام عقل کے سپرد کیا ہے اور عقل کو اتنا عظیم عطیہ پروردگار قرار دیا ہے کہ اس کو رسول باطنی قرار دیا ہے اور ہر اس چیز سے جو تلاش عقل کو ناکارہ بنائے اور خدا کی اس فطری عطیہ مختل کر دے شدت کے ساتھ روکا ہے۔ حد یہ ہے کہ ایک لحظہ کے لئے بھی عقل کو معطل نہیں ہونے دیا۔

الکحل ملے ہوئے جملہ مشروبات ڈائریکٹ عقل کو متاثر کرتے ہیں اور معاشرہ بشری میں روحانی و اخلاقی بد بختی کا سبب بنتے ہیں۔ اس لئے اسلام نے اس سے ممانعت کی ہے، بھلا آدمی کے لئے اس سے بڑھ کر افسوس ناک حادثہ اور کیا ہو سکتا ہے کہ ملیونوں

لیٹر مشروبات الکحل کے ذریعے پاک و صحیح ادراک و تعقل کو برباد کر دیا جائے اور ناموس تکامل جہاں راستے سے انحراف پیدا کیا جائے کسی بھی ایسے معاشرے کی عمومی سعادت و خوش بختی کی امید نہیں کرنی چاہیئے جو اپنے عقل و ادراک کو الکحل استعمال کر کے برباد کر دے۔

مصلحت بین بانی اسلام نے نشہ اور چیزوں کے استعمال پر بہت سختی سے پابندی عائد کی ہے، حد یہ ہے کہ ایک قطرے کا استعمال بھی ممنوع ہے۔ اسلام نے شراب خواری ایک ایسے معاشرے میں حرام قرار دیا جو پورے کا پورا شراب خوار تھا، اور یہ بری عادت اس معاشرے میں مکمل طرح سے موجود تھی۔ ذرا سوچیۓ تو چودہ سو سال قبل جہاں جہالت و فساد نے لوگوں میں اپنے پنجے گڑو دیۓ ہوں، بد بختی، خود خواہی، شرارت، تباہی لوگوں میں حکمرانی کرتی ہو وہاں پر ایک الٰہی نمائندہ اپنے ایمان و تقویٰ کے بھروسہ پر بشری سعادت کو مضبوط کر دے اور اپنے پر مغز و عمیق دستورات معاشرہ کے شاہراہ حیات کے سامنے پیش کر دے۔ اس عمومی عادت کو ترک کرنا اور شراب کی حرمت کا حکم دینا اسلام کا نہایت ہی حیرت انگیز حکم ہے۔

البتہ اس پلید عادت کو بیخ و بن سے اکھاڑ پھینکنے کے لئے اسلام نے مدارات کا راستہ اختیار کیا ہے اور پہلی مرتبہ صرف شخصی و اجتماعی مقاصد کے لئے مضر بتا کر اس کو بنام " اسم "پہچنوایا (سورہ اعراف آیت ۳۳)

لیکن آخری مرتبہ بہت صاف اور واضح لہجے میں اس کے مفاسد و نقصانات کو گوش زد کرایا اور قطعی حرام قرار دے دیا کہ لوگو! شراب تمہارے درمیان دشمنی اور کینہ پیدا کرتی ہے اور ان دستورات کو بے بند و بار اور بے اعتنا بنا دیتی ہے۔ جن کی پابندی ہی تمہارے لئے نیک بختی و سعادت ہے۔ (سورہ مائدہ آیت ۹۱)

جس وقت حرمت شراب کا حکم آیا ہے کچھ لوگ میگساری میں مشغول تھے لیکن حکم سنتے ہی سارے جام و مینا توڑ ڈالے اور خم کے خم شراب گلیوں کوچوں میں بہا دی انس بن مالک کہتے ہیں جب شراب کی ممانعت کا حکم آیا تو اس وقت ہم لوگ ابی طلحہ کے گھر شراب خواری میں مشغول تھے اتنے میں رسول خدا (ص) کے منادی نے اعلان کیا مسلمانو! آگاہ ہو جاؤ شراب حرام ہو گئی ہے۔ شراب کو کوچے میں بہا دو، ابو طلحہ نے مجھ سے تقاضہ کیا کہ تم بھی شراب پھینک دو۔ چنانچہ میں نے بھی پھینک دی۔ بعضوں نے تو شراب کے برتنوں کو بھی کوچوں میں توڑ ڈالا اور بعضوں نے پانی سے پاک کر لیا مدینہ کی گلیوں میں اتنی شراب بہائی گئی تھی کہ مدت تک یہ عالم تھا جب بارش ہوتی تھی تو اس کی بو اور اس کا رنگ زمین پر ظاہر ہو جاتا تھا۔

یہ حکم مسلمانوں میں اتنا اثر کر گیا کہ جب بھی کوئی ملک فتح کیا جاتا تھا تو کچھ ہی مدت کے اندر شراب خواری ختم کر دی جاتی تھی۔ اس زمانے میں بھی جبکہ مسلمان مفاسد اور تباہ کاریوں کے مختلف اقسام میں مبتلا ہیں جو شہری زندگی کی دین ہے لیکن اس کے باوجود بھی ملیونوں مسلمان دنیا کے گوشے، کنارے میں ایسے ہوئے ہیں جنھوں نے اپنی زندگی کی آخری سانس تک شراب نہیں پی، بلکہ ان کے ذہن میں بھی شراب پینے کا تصور تک نہیں پیدا ہوا۔

بشری قانون کے نقائص میں ایک بات یہ بھی ہے کہ انسانی تلون مزاجی کا اثر قانون پر بھی پڑتا ہے اور قانون کے تلون کی وجہ سے بشری زندگی بھی معرض دگرگونی میں پڑ جاتی ہے۔ دو قابل توجہ تجربوں کو ملاحظہ فرمائیے۔

(ا) امریکہ (ایک زمانے میں) چاہتا تھا کہ قانون کے بل بوتے پر نشہ اور چیزوں کو حرام قرار دے اور جبر و زبردستی سے لوگوں کو اس موذی عادت کے چھوڑنے پر مجبور کر

دے کیونکہ یہ عادت شراب خواری بد بختی و تباہی کا سرچشمہ ہے اور اس کے ترک سے معاشرے کے اخلاق و رفتار میں سدھار پیدا کیا جا سکتا ہے۔

(۲) دوسرا تجربہ صدر اسلام میں شراب کی حرمت کا حکم آنے کے بعد ہوا اب ان دونوں واقعات پر غور کر کے نتیجہ حاصل کیجئے۔

امریکہ کے اساسی (اٹھارواں اصلاحی قانون کا مطلب یہ ہے کہ شراب بنانا، بیچنا، نشہ اور چیزوں کا ملک کے اندر لانا، یا ملک سے باہر بھیجنا وغیرہ سب ممنوع قرار دیا تھا) قانون میں اٹھارواں اصلاحی قانون شامل کئے جانے سے پہلے معاشرے کے خیر خواہ لوگوں کی طرف سے بڑے وسیع پیمانے پر شراب خواری کے نقصانات بیان کئے گئے اور پبلک کو شراب خواری کے چھوڑنے کی تبلیغ کی گئی، یہاں تک کہ دس سال کے اندر اندر کتابیں رسالے، پمفلٹ چھاپ کر، سینماؤں میں شرابیوں کی نکبت بار زندگی کو فلما کر تقدیر کے ذریعے شراب خواری کے روحانی، جسمانی، اخلاقی، اقتصادی مفاسد کو اجاگر کیا گیا اور ناقابل برداشت زحمتوں کے بعد ملت امریکہ کو ترک شراب خواری پر آمادہ کیا گیا۔ ابتداء سے لے کر مقصد کو حاصل کرنے تک تقریباً ۶۵ ملیون ڈالر کا خرچ آیا اور آخر کار امریکہ کی اکثریت کی خواہش پر مجلس قانون ساز کے سامنے یہ مسئلہ رکھا گیا کہ شراب خواری کو قانوناً ممنوع قرار دیا جائے اور پھر بڑی تحقیق اور نفع و نقصان پر تبصرے کے بعد مجلس سنائے امریکہ کی کانفرنس نے یہ قانون پاس کر دیا لیکن ابھی قانون عملی طور پر نافذ نہیں ہونے پایا تھا کہ عادی شراب کی دوکانیں کھل گئیں اور باقاعدہ شراب کی خرید و فروخت شروع ہو گئی۔ اور یہ ڈھکی چھپی دوکانیں پہلے سے کئی گناہ بڑھ گئی شراب خواری ممنوع ہونے سے پہلے چار سو کارخانے شراب بنانے کے تھے۔ لیکن شراب خواری کے ممنوع ہونے کے سات سال بعد اسی ہزار شراب سازی کی دوکانیں کھل گئیں اور پھر رفتہ

رفتہ نوجوان لڑکے اور لڑکیاں ان دوکانوں میں آنے جانے لگے اور شراب بیچنے والے گروہ در گروہ خریدار بنانے کے لئے گھروں، تفریح گاہوں، مدرسوں، مسافر خانوں میں آنے جانے لگے، اور پھر رفتہ رفتہ یہ سلسلہ شہر سے نکل کر دیہاتوں تک پہونچ گیا اور جرائم کی تعداد روز افزوں ہونے لگی امریکائی عدالتوں کے بیان کئے ہوئے اعداد و شمار کے مطابق شراب خواری کے ممنوع ہونے کے تیرہ سال کے اندر اندر دوسو آدمی قتل کئے گئے، نیم ملیون قیدی بنائے گئے اور تقریباً چار سو ملیون لیرہ برباد ہوا۔ قانون شکنی کی وجہ سے ڈیڑھ ملیون لیرہ سے زائد لوگوں سے جرمانہ وصول کیا گیا۔

بچوں میں بھی جرائم کی تعداد بڑھ گئی حد یہ ہوگئی کہ عدالتوں نے اعلان کیا کہ ہماری ملکی تاریخ میں کبھی بھی اتنے بچے مستی کے عالم میں نہیں پکڑے جتنے اب پکڑے جارہے ہیں ذمہ داروں کے بیان کے مطابق ۹۲۰ء سے آٹھ سال کے اندر شراب خواروں کی تعداد بہت بڑھ گئی تقریباً شراب حرام ہونے سے پہلے کے مقابلے میں تین گنا بڑھ گئی اور کثرت شراب نوشی کی وجہ سے موتوں اور بیماریوں کی تعداد میں بھی اضافہ ہوگیا ۱۹۱۸ء میں شراب ممنوع ہونے سے نیویارک میں الکحل سے بیمار ہونے والوں کی تعداد ۱۴۷۳ اور مرنے والوں کی تعداد ۲۵۲ تھی لیکن شراب ممنوع ہونے کے بعد ۱۹۲۷ء میں الکحل سے بیمار ہونے والوں کی تعداد گیارہ ہزار سے زیادہ اور مرنے والوں کی تعداد ساڑھے سات ہزار تک پہونچ گئی۔

مختصر یہ کہ امریکہ نے اس سلسلے میں جو جانی اور مالی نقصان برداشت کیا وہ تو برداشت ہی کیا لیکن مجبور ہو کر اس قانون۔۔۔ ممنوعیت شراب۔۔۔ کو واپس لینا پڑا، اور چودہ سال کے بعد حرمت شراب کی وجہ سے جو تکلیفیں لوگوں نے اٹھائی تھیں ان سے آزاد ہوئے اور ان کو آسودگی ملی۔

ایک زمانے میں انگلستان کے اندر بھی ذمہ داروں نے چاہا تھا کہ ایسا ہی قانون نافذ کریں لیکن لوگوں نے سیاہ جھنڈیوں سے، ہڑتالیوں سے اس کا استقبال کیا مجبوراً حکومت نے ایسا قانون بنانے سے گریز اختیار کر لیا۔

یہ اختلافات صرف اس لئے ہیں کہ جہاں معاشرے میں خیر و مصلحت کے عناصر ہیں وہیں خواہشات و جذبات بھی موجود ہیں۔۔۔اب یہ بات ثابت ہو گئی کہ لوگوں کی خواہشات کا اثر قانون پر پڑتا ہے کیونکہ قانون بھی تو لوگ ہی بناتے ہیں۔

مترجم

لیکن اسلامی قانون میں صرف معاشرے کی سلامتی و سعادت کا لحاظ رکھا گیا ہے اور لوگوں کی خواہشات سے کوئی واسطہ نہیں رکھا گیا، اس لئے اس کے قوانین بھی تغیر پذیر یا لوگوں کی خواہشات کے تابع نہیں ہیں۔

علمی ترقی جتنی بڑھتی جائے گی تجربات، تحقیقات کا دامن جتنا وسیع ہوتا جائے گا الکحل کے نقصانات اتنے ہی واضح روشن ہوتے جائیں گے قتل، بے عفتی، خاندانی جھگڑے معاشرتی نقصانات سے قطع نظر کرتے ہوئے طبی نقطۂ نظر سے بھی الکحل کے پیکر بشری پر نقصانات ناقابل انکار ہیں۔

ادھر دو ایک صدی سے ہزاروں رسالے مختلف زبانوں میں الکحل کے نقصانات ظاہر کرنے کے لئے شایع کئے گئے ہیں اور ناقابل توجہ اقدامات بھی کئے گئے ہیں لیکن ان سب باتوں کے باوجود بھی اسلام کے صرف ایک حکم حرمت سے جو نتائج بر آمد ہوئے

ہیں اس کے مقابلے میں صدیوں کے اقدامات ہیچ ہیں۔ حد یہ ہے کہ یہ لوگ ایک شہر کے اندر بھی شراب بندی نافذ نہ کر سکے تمام ملک میں کیا کر سکیں گے ؟

لیکن صدر اسلام میں نہ تو کوئی مجلس قانون ساز تھی نہ شراب بدنی کی تبلیغ کی گئی اور نہ اسلام نے قانون شراب بندی نافذ کرنے کے لئے ایک دینار خرچ کی یہ سب کچھ بھی نہیں کیا گیا۔ صرف رسول خدا (ص) نے مسلمانوں کے درمیان اعلان کیا کہ : لوگو! خدا نے تمہارے اوپر شراب حرام قرار دے دی ہے ! اور یہ حکم بھی ایسے وقت آیا جب عربوں میں شراب سے زیادہ کوئی چیز مرغوب نہیں تھی چند یہودیوں کو چھوڑ کر پورا معاشرہ مے نوش تھا اور لوگ اس مہلک مرض میں مبتلاء تھے رسول خدا (ص) کا ابھی اعلان ختم بھی نہیں ہو پایا تھا کہ لوگوں نے شراب چھوڑ دی اور ہمیشہ ہمیشہ کے لئے اس لعنتی مرض کو وداع کر دیا۔

قانون الٰہی کو قانون بشری پر ایک اہم فوقیت یہ بھی ہے کہ بشری مقننہ انسانی احساسات و عواطف کا کوئی لحاظ نہیں کرتی اور قانون پر عمل کرنے کے لئے لوگوں کو کسی راستے کی رہنمائی نہیں کرتی قانون شکنی اور اس کے حدود سے تجاوز نہ کرنا صرف انتظامیہ کے ڈر سے ہے اور انتظامیہ کے سزا سے بچنے کی خاطر ہے اور ظاہر ہے کہ جزا دینے والا بھی انسان ہے۔ بر خلاف الٰہی قوانین کے کہ اسکا تمام تر دارومدار انسانی عواطف پر ہے اور پہلی مرتبہ انسانی عالی صفات کے ذریعہ لوگوں کو قوانین پر عمل کرنے کے لئے ابھارا ہے اور انسان کے تمام اندرونی قوتوں سے احساسات کے حدود و قوانین پر عمل کے لئے استفادہ کرتا ہے۔

لوگ قانون سے اور اس کی جزاء سے ڈرتے ضرور ہیں مگر کچھ ایسے چوہے دان بھی بنا لیتے ہیں جہاں تک قانون کی رسائی ہی نہیں ہو پاتی انسانی فطری طور پر لذتوں کا دلدادہ

ہے اس لئے محض حکومت کے ڈر سے لذتوں سے اجتناب نہیں کر سکتا بلکہ اس کی ساری کوشش یہ ہوتی ہے کہ قانون کے پردے میں دل کی بھڑاس نکال لے۔

حکومت اخلاقی جرائم کی سزا عرفانی قانون کے بل بوتے پر دے نہیں سکتی کیونکہ حکومت کتنی ہی مضبوط ہو نہ تمام جرائم پر نظر کر سکتی ہے اور نہ تمام مجرم سزا دے سکتی ہے اور اسی لئے بہت جرائم کا اثبات بھی ناممکن ہو جاتا ہے اور مجرم سزا سے بچ جاتے ہیں۔اسی لئے جب تک لوگوں کے دلوں میں انتظامیہ کا خوف نہ اور ان کے جملہ خواہشات و جذبات انتظامیہ کی نظروں میں ہر وقت نہ ہوں ہر اصلاحی قدم ناکامیاب ہو جائے گا۔

برخلاف اسلامی انتظامیہ کے، کہ اگر لوگ خدا پر ایمان رکھتے ہوں اور خلاق کائنات ہی کو جزاو سزا کا مالک سمجھتے ہوں ایسا خدا جس کے احکام زمین و آسمان میں نافذ ہیں اس سے ڈرتے ہوں تو اس سے کہاں بھاگ سکتے ہیں؟ اور اس سے چھپ کر کہاں گناہ کر سکتے ہیں؟

اس لئے لوگوں کو بہت سے گناہوں سے بچانے کا طریقہ ارتباط بخدا کے علاوہ کچھ بھی نہیں ہے۔خدا پر ایمان لانے سے زندگی کی تصویر میں رنگ بھرتا ہے کیونکہ جب آدمی یہ عقیدہ رکھے گا کہ اس زندگی کے ختم ہو جانے سے ہر چیز کا خاتمہ نہیں ہو جاتا تو اس کے دن میں ایک خاص قسم کا سکون پیدا ہو جاتا ہے اور وہ زندگی کے ہر ہر شعبے میں اعتدال برتنے لگتا ہے۔

ان باتوں کے علاوہ بھی خدائی قانون انسان کے ہاتھوں میں ایک ثابت اور غیر متزلزل دستور العمل دیتا ہے جس میں کسی قسم کا تلون نہیں ہوتا اور جو ہمیشہ تغیر و انقلاب کے طوفان سے کنارہ کش رہتا ہے۔یہ ممکن ہی نہیں ہے کہ ایک چیز کل حرام رہی ہو اور

آج بلا کسی وجہ کے جائز ہو جائے۔ کیونکہ الٰہی قوانین واقع بینی کی بنیاد پر بنائے گئے ہیں ان میں حق کے علاوہ کسی بھی چیز کا لحاظ نہیں رکھا گیا اور جس طرح حق غیر متغیر ہے اسی طرح قانون الٰہی بھی غیر متغیر چیز ہے۔ لوگوں کے خواہشات و جذبات سے اس میں کوئی تغیر و تبدل نہیں ہو سکتا۔

آج کی متمدن دنیا اس بات پر نازاں ہے کہ اس نے انسان کی آزادی کو محفوظ کر دیا ہے۔ اور قانون میں ارادہ ملت کی حکومت کو تسلیم کیا ہے ـ ـ ـ لیکن ذرا اس دعوی کا تحلیل و تجزیہ کیجئے تو خود پتہ چل جائے گا کہ ارادہ کی حکومت اور اکثریت کی آزادی خود ہی ارادہ کی محکومیت اور اقلیت کی آزادی کو سلب کرتی ہے مثلاً ۵۱ فیصد لوگ کسی قانون کے حامی ہیں اور ۴۹ فیصد مخالف، تو اکثریت کی رائے کا اعتبار کرتے ہوئے اس قانون کو جاری و نافذ کر دیا جائے گا اور اقلیت کو مجبوراً اس قانون کو قبول کرنا پڑے گا۔ ظاہر ہے کہ یہ ایسا جبری حکم ہے جس کو اقلیت کسی بھی قیمت پر ماننے کے لئے تیار نہیں ہے۔ اب ہم آپ سے سوال کرتے ہیں کیا اقلیت انسان نہیں ہے جس کو آزادی رائے سے محروم کر دیا گیا؟ اس کے ارادے کی کوئی قدر و قیمت باقی نہ رکھی۔ کیا کچھ لوگوں کو آزادی رائے سے محروم کر دینا خلاف حقیقت نہیں ہے؟ کیا اکثریت کی رائے کو اقلیت پر ڈال دینا اسیری فکری کی علامت نہیں ہے؟ کیا اس کے علاوہ کوئی اور مفہوم ہو سکتا ہے؟ بس مجھے کہنے دیجئے اس آزادی میں غلامی پوشیدہ ہے۔ اقبال نے کیا خوب کہا ہے:

جمہوریت اک طرز حکومت ہے کہ جس میں
بندوں کو گنا کرتے ہیں تولا نہیں کرتے

اس کے بر خلاف لوگ الٰہی قوانین میں اپنے ہمجنسوں کی غلامی سے قطعاً محفوظ ہیں وہاں اکثریت و اقلیت کا کوئی مسئلہ نہیں ہے۔ وہاں تو تصرف عمومی مصلحت کو پیش نظر رکھا جاتا ہے جس کا مقصد بشری معاشرے کی سعادت و نیک بختی کے علاوہ کچھ بھی نہیں ہے۔

ایک دین دار شخص کی نظر میں چونکہ واضع قانون صرف خدا ہے اور اس کا عقیدہ ہے کہ الٰہی قوانین کی اطاعت و فرمانبرداری تمام نوع بشر کے لئے مفید ہے۔ اس لئے وہ اپنے تمام اعمال میں اطاعت الٰہی کے لئے کوشاں رہتا ہے اور کسی ظاہری قوت کے سر پر مسلط ہوئے بغیر بھی وہ قانون الٰہی کی مخالفت نہیں کرتا۔

یہ بات تجربے سے ثابت ہو چکی ہے کہ بشری افکار کے سرچشمے سے فیض حاصل کر کے بننے والا قانون انسانی وجود کے اندر کبھی بھی اخلاقی علل کو ابھار کر، نامطلوب شہوتوں سے انسان کو کبھی نہیں روک سکتا۔ دنیائے انسانیت علوم و فنون میں چاہے جتنی ترقی کر لے اور قوموں کی سطح افکار چاہے جتنی بلند ہو جائے پھر بھی وہ خواہشات کے چنگل سے نجات نہیں پا سکتی۔ شہوانی جکڑ بند سے آزادی، برائیوں سے اجتناب صرف ایمان باللہ کے سائے میں پروان چڑھ سکتی ہے۔ فرقوں پر پھیلا ہوا تجربہ اس بات کو ثابت کرتا ہے کہ انسان تو خدائی ہدایت پر کاربند ہو گا اور یا پھر دریائے شہوت میں غوطہ خوری کرے گا

اسلام کی ایک خوبی میکشی کی حرمت بھی ہے۔ کیونکہ فرزندان افریقہ اسی عادت کی بناء پر جنون سے قریب تر ہو گئے اور اہل یورپ کی عقلیں ان کے ہاتھوں سے اسی وجہ سے جاتی رہیں۔ افریقیوں کے لئے حرمت شراب ضروری ہے اور یورپین کو ان کے کیفر

کردار تک پہونچنا ضروری ہے۔ واقعہ یہ ہے کہ شراب شمالی حصوں میں انسان کو بے وقوف ونافہم بنادیتی ہے اور جنوبی حصوں میں دیوانہ کر دیتی ہے۔

(تفسیر طنطادی جلد ا صفحہ ۱۹۶)

والٹیر کہتا ہے کہ: محمد (ص) کا دین ایک معقول وواقعی وپاک اور بشریت کا دوست دار ہے۔ معقول ہونے کی دلیل یہ ہے کہ جنون شرک میں کبھی گرفتار نہیں ہوا اور خدا کے لئے مثل کا قائل نہیں ہوا اور دور از کار و متناقض اور خلاف عقل باتوں پر ان کی بنیاد نہیں رکھی گئی۔

واقعی ہونے کی دلیل یہ ہے کہ جوا، شراب، لہو ولعب کو حرام قرار دے دیا گیا ہے۔ ان کے بدلے پنج وقتہ نماز واجب قرار دی گئی ہے۔

پاک ہونے کی دلیل یہ ہے کہ بے حد وحساب عورتوں سے جنسی تعلقات جیسا کہ ایشیائی حکم کا طریقہ تھا۔۔۔سے روک کر رشتہ ازدواج کو چار عورتوں میں محدود کر دیا ہے۔

بشریت کا دوست دار ہونے کی دلیل یہ ہے کہ: ہم جنسوں کی مدد اور زکوۃ کو حج سے زیادہ واجب بتایا گیا ہے۔ یہ ساری چیزیں اسلام کی حقیقت کو ثابت کرتی ہیں۔ (اسلام از نظر ولٹر)

موسیو جولس لابوم کہتا ہے: عربوں نے شراب خواری کی انتہا کر دی تھی۔ جوا پر فخر کرتے تھے، مرد جتنی عورتوں کو چاہے رکھ سکتا تھا۔ اور جب چاہتا طلاق دے سکتا تھا۔ بیوہ عورتیں مرد کا ترکہ سمجھی جاتی تھیں اور اس کے بعد اس کے بیٹوں میں تقسیم کر دی جاتی تھیں اور بیٹے ان کو اپنی بیوی بنالیتے تھے اسلام نے ان چیزوں کو جڑ سے اکھاڑ کے پھینک دیا۔ (دائرۃ المعارف فرید وجدی)

پروفیسر ایڈورڈ مونٹہ لکھتا ہے: لڑکیوں کے قتل، نشہ اور چیزوں کے استعمال جوا وغیرہ سے اسلام نے روک دیا، حالانکہ یہ چیزیں عربوں میں کثرت سے رائج تھیں اور اس روکنے کا نتیجہ یہ ہوا کہ محمد (ص) کو بشریت کا عظیم رہبر مان لیا گیا۔ (افکار وعقائد)

اسلام عدالت و آزادی کا دین ہے

ان ظالموں اور جابروں کے تسلط سے آزادی کا نام اسلام ہے جو اپنے خود غرضی کے ماتحت انسانوں کو غلام بنانا چاہتے ہیں۔ جو لوگوں کی شرافت، آبرو، جان، مال سے کھیلنا چاہتے ہیں جو لوگوں کو اپنا زر خرید سمجھتے ہیں اور یہ سب اس لئے کرتے ہیں تا کہ لوگ ان کی خواہشات کے سامنے سر جھکا دیں۔ یہ ظالم ڈکٹیٹر ی، سرمایہ داری کے ذریعے سے لوگوں کو غلام بنانا چاہتا ہیں اور اپنے ظلم و جبر کے ذریعے معاشرہ کو حق و عدالت کے بر خلاف قوانین کی پیروی پر مجبور کرتے ہیں۔ اسی لئے اسلام نے تمام اقسام قدرت کو خدا میں منحصر کر کے بندوں کو سرکشوں اور ظالموں کے غلامی سے نجات بخشی ہے تا کہ وہ لوگ واقعی آزادی سے فائدہ مند ہو سکیں ایسی آزادی جو کسی ظالم نظام کے تحت نہ ہو۔

اسلام چاہتا ہے کہ لوگ اپنے اندر انسانی شرف کو محسوس کر سکیں اور یہ احساس اس وقت تک پیدا نہیں ہو سکتا جب تک معاشرے کے تمام افراد صرف ایک خدا کے سامنے سر نہ جھکائیں۔ کیونکہ اسی صورت میں یہ بات ممکن ہے کہ کوئی کسی کو اپنا غلام نہیں بنا سکتا بلکہ ہر شخص کا حاکم ایک ہی ہے۔

اسلام تمام تر انسانی قدر و قیمت کا قائل ہے اس کا مقصد اصلی انسان کے فطری حقوق کی حفاظت ہے اور شخصی و اجتماعی زندگی کے تمام گوشوں میں عدالت و برابری کی بر قراری ہے۔ اسلامی معاشرے میں قانون نے تمام لوگوں کے برابری کی ذمہ داری لی ہے اور قانون کے سامنے سب کی حیثیت ایک ہے۔

اگر اسلام نے قومیت، ملیت، نسلی عنصر کا اعتبار کیا ہوتا تو کسی بھی قیمت پر ایسے درخشاں پیش رفت سے ہمکنار نہ ہو سکتا، ترقی کا یہی راز ہے کہ جس کی بناء ایک صدی سے بھی کم مدت میں آدھی سے زیادہ دنیا پر اس نے حکومت قائم کر لی۔ اور ہر جگہ بہت ہی گرم جوشی سے اس کا استقبال کیا گیا اور مختلف اقوام و ملل نے اسلام قبول کیا۔

تاریخ گواہ ہے کہ ہر زمانے میں کچھ بے بنیاد قسم کے عقائد و افکار نے ملتوں کا شیرازہ بکھیر دیا ہے اور انسان کے مختلف گروہوں میں جنگ کی آگ بھڑکا دی ہے اس قسم کی چیزوں میں سب سے زیادہ دخل نسلی برتری، ملت پرستی، مذہبی احساسات کے غلط استعمال کو ہے۔

اسلام نے عوامل اختلاف کو بنیاد نہ بنا کر عوامل وحدت اور انسانی قدر و قیمت اور اشتراک ایمان کو اساس بنایا ہے۔ مسلمان تو یہودی، مجوسی، نصرانی سب ہی سے کہتا ہے آخر ہم آپس میں کیوں اختلاف کریں آؤ سب مل کر ایک خدا کی پرستش کریں و قرآن کہتا ہے: اے آسمانی کتابوں کے ماننے والو آؤ ہمارے تمہارے درمیان جو بنیاد مشترک ہے اس پر عمل کریں اور وہ مشترک بنیاد یہ ہے کہ غیر خدا کی عبادت نہ کریں، کسی کو اس کا شریک نہ بنائیں ہم میں سے کچھ لوگ کچھ دوسرے لوگوں کو خدا کی جگہ پر صاحب اقتدار نہ مانیں۔ (سورہ آل عمران ۶۴)

آج جو قومیں وحدت، یگانگت، عدالت، حریت کی متمنی ہیں جو استعمار کے چنگل سے اور نسلی امتیاز کے تباہ کاریوں سے نجات چاہتی ہیں وہ اپنے مقصد کو اسلامی نظام کے اندر ہی پا سکیں گی۔ کیونکہ اسلام ہی کے زیر سایہ ملتوں کا اتحاد، افراد انسانی کی مساوات متحقق ہو سکتی ہے اور تمام لوگ۔۔۔ سیاہ و سفید، زرد، سرخ۔۔۔ انسان کے دوش بدوش چل سکتے ہیں اور کامل آزادی سے زندگی بسر کر سکتے ہیں۔

اسلام کسی بھی شخص کی برتری کا دو بنیادوں پر قائل ہے علم و عمل اور امتیاز کا دارومدار صرف پاکیزگی روح اور فضیلت اخلاق پر ہے۔ اسلام نے شرافت و شخصیت کی بنیاد تقوی پر رکھی ہے۔ اس کے علاوہ کوئی معیار فضیلت نہیں ہے۔ ارشاد خدا ہے: تم سب ہمارے نزدیک یکساں ہو تم میں سب سے بزرگ وہی ہے جو سب سے زیادہ متقی ہو۔ (سورہ حجرات ۱۳)

رسول خدا (ص) نے علی الاعلان فرما دیا: عرب کو عجم پر اور سفید کو سیاہ پر کوئی فضیلت نہیں ہے البتہ تقوی و روحانی فضیلت سبب ہے۔

مکہ فتح کرنے کے بعد رسول خدا صلی اللہ علیہ و آلہ وسلم نے متکبر خود پسند زبان و نسل کو ملیہ افتخار سمجھنے والے عربوں کو مخاطب کر کے فرمایا: اس خدا کی تعریف ہے جس نے اسلام کے طفیل میں تمہارے جاہلیت کے آثار، فخر، تکبر، نخوت کو ختم کیا یاد رکھو خدا کی بارگاہ میں تمام لوگ دو ہی قسم کے ہیں۔ ایک گروہ تو وہ ہے جو تقوائے الہی کی بناء پر بارگاہ ایزدی میں بزرگ ہے دوسرا گروہ وہ ہے جو گنہگاری کی وجہ سے اس کے سامنے سر جھکائے ہے۔

ایک شخص نے امام رضا علیہ السلام کی خدمت میں عرض کی مولا روئے زمین پر کوئی ایسا نہیں ہے جس کے آباؤ اجداد آپ کے آباؤ اجداد سے بالاتر اور شریف تر ہوں! امام (ع) نے فرمایا ان کی بزرگی تقوی کی وجہ سے تھی ان کا مقصد حیات اطاعت پروردگار تھا یہ شخص امام (ع) کی نسلی برتری ثابت کرنا چاہتا تھا، آپ نے فوراً اس کے غلط طرز فکر کو ٹوک کر برتری کا معیار تقوی کو بتایا۔ ایک اور شخص نے حضرت (ع) سے کہا خدا کی قسم آپ دنیا میں سب سے بہتر ہیں، امام (ع) نے فورا کہا اے شخص قسم مت کھا، اگر کوئی مجھ سے زیادہ متقی ہے اور مجھ سے زیادہ خدا کی اطاعت کرتا ہے تو وہ مجھ سے بہتر ہے خدا کی

قسم ابھی یہ آیت منسوخ نہیں ہوئی ہے۔(وہ آیت یہ ہے) تم میں سب سے زیادہ محترم وہ ہے جو سب سے زیادہ متقی ہے۔(تفسیر برہان)

وہی تقوی جو عین حریت ہے نہ کہ محدودیت، کیونکہ محدودیت انسان کو موہبت اور سعادت سے محروم کر دیتی ہے لیکن تقوی روح کی زرہ ہے جو اس کو معنویت عطا کرتی ہے اور اس کو قید بندگی و ہوا وہوس سے آزاد کرتی ہے اور شہوت و خشم، حرص و طمع کی زنجیروں کو اپنے گلے سے نکال دیتی ہے، اجتماعی زندگی میں بھی تقوی بشر کے لئے آزادی بخش ہے۔ جس کی گردن میں روپے اور مرتبے کی زنجیر پڑی ہو وہ اجتماعی لحاظ سے آزاد زندگی نہیں رکھتا۔

حضرت علی علیہ السلام ارشاد فرماتے ہیں :

قیامت کے دن درستی وپاکیزگی کی کنجی اور ذخیرہ تقوی ہے یہی تقوی غلامی کی ہر قید و بند سے آزادی ہے، ہر بدبختی سے نجات و رہائی ہے تقوی سے انسان اپنے مقصد کو حاصل کرلیتاہے، دشمن کے شر سے محفوظ رہتاہے اپنی امیدوں اور آرزوؤں کو حاصل کر لیتاہے۔(نہج البلاغہ خطبہ ۲۲۷)

تاریخ کے اس تاریک ترین دور میں جب نسلی و طبقاتی نزاع و کشمکش لوگوں میں پوری شدت کے ساتھ موجود تھی اور عقل و آزادی کے بر خلاف وسیع پیمانے پر امتیازات موجود تھے۔ جب کمزور تہی دست تمام شخصی و اجتماعی حقوق سے محروم تھے، قوم و ملت خونخوار حاکموں کے پنجوں میں تڑپتے تھے۔ اس وقت پیغمبر اسلام صلی اللہ علیہ وآلہ وسلم نے بڑی بے جگری کے ساتھ ہر قوم کے ناجائز وغلط امتیازات کو لغو قرار دیا۔ اور تمام افراد میں برابری وکامل مساوات کا اعلان فرمایا بندگی خدا کے زیر سایہ ہر شخص کو معقول آزادی بخشی، یہاں تک کہ معاشرے کے وہ کمزور طبقے جو اشراف وحکام کے سامنے اپنے ارادے

کو ظاہر کرنے پر قادر نہیں تھے اسلام کے مبنی بر انصاف قانون کے زیر سایہ طاقتور ہو گئے اور روسا و بزرگان قوم کے ساتھ شانہ بشانہ چلنے لگے۔

جن لوگوں کا خیال ہے کہ دنیا کے موجودہ مکاتیب فکر اجتماع بشری سے محروم، اور ستم رسیدہ لوگوں کا دفاع اسی طرح کر سکتے ہیں جس طرح اسلام نے کیا ہے وہ یقیناً اشتباہ میں مبتلا ہیں انھوں نے حقیقت اسلام کو درک ہی نہیں کیا۔ حقیقت یہ ہے کہ اجتماعی عدالت کی جو کامل ترین صورت اسلام نے پیش کی ہے کوئی بھی سسٹم یا مکتب فکر نہیں پیش کر سکا۔ انتہا یہ ہے کہ کمیونسٹ جو دین و مذہب کے دشمن ہیں اسلام کے عظیم نہضت، موثر نقش، اساسی تعلیمات کا اعتراف کرتے ہیں۔

ایران کا ایک کمیونسٹ اخبار لکھتا ہے: ساتویں صدی عیسوی کے اوائل میں اسلام کا ظہور تاریخ کا وہ بہترین شاہکار ہے جس نے بشر کے چہرہ تمدن میں انقلاب پیدا کر دیا اس عظیم واقعہ ۔۔۔ ظہور اسلام جسکے فتوحات ایک صدی سے بھی کم مدت میں ایک طرف ساحل " لوآر " تک اور دوسری طرف ساحل " سندھ و جیحون " تک پہونچ گئے تھے ۔۔۔ نے کتاب زندگی میں ایک دلچسپ باب کا اضافہ کیا ہے۔

خود جزیرۃ العرب کے اندر یہودی، عیسائی متعدد مرکز تبلیغ تھے، اعراب مکہ اور بادیہ نشین قبائل بت پرست تھے، مکہ مرکز تجارت تھا، سود خواروں کا گڑھ تھا، قبائل سسٹم کا ملجا و ماوی تھا، تعصب کا منبع تھا، مختلف مذاہب کا مرکز تھا۔

اسلام ابتداء چھوٹے موٹے تاجروں میں مقبول ہوا اور چونکہ سود خواروں کی مخالفت کرتا تھا اس لئے مکہ چھوڑنے پر مجبور ہوا، اسلام ایک طرف سے تو تمام دوسرے مذاہب کے خصوصیات کا حامل ہے لیکن دوسری طرف سے زندہ و مادی جنبوں کا بھی حامل ہے۔ رہبانیت سے فرار، نسلی و قبائلی مساوات، زن و مرد کے حقوق کی مساوات،

غلاموں کی حمایت، غریبوں مجبوروں کی طرف داری، سادہ اصول، یہ چیزیں ایسی ہیں جس نے اسلام کو دوسرے مذاہب سے ممتاز کر دیا۔

خونخوار و مغرور حاکموں کے سر پر اسلام سنگین ضرب بن کر آیا۔ دیہاتیوں، پیشہ اور شہریوں نے اس کو رحمت و نجات سمجھ کر دل سے لگایا، عظیم پیکر شاہی، (مگر بوسیدہ) پر بہت ہی بر محل اسلام نے ضرب کاری لگائی اور اس کو نیست و نابود کر دیا اور دو صدی کے اندر اندر چین سے لے کر اسپین تک اپنی عظیم حکومت قائم کی۔ (ماہنامہ مردم شمارہ دوم، سال سوم)

جس وقت اسلامی پیشواؤں اور سوشلسٹ ملکوں کے ذمہ داران حکومت کا مقابلہ کیا جائے تو پتہ چل جاتا ہے کہ ان حکومتوں میں اور اسلام میں زمین سے لے کر آسمان تک فرق ہے۔ اسلام طبقاتی نظام کے بالکل بر خلاف ہے وہ حاکم و محکوم کو نہیں پہچانتا وہاں کامل مساوات ہے۔

حضرت علی علیہ السلام کو جب یہ خبر پہنچائی گئی کہ آپ کے نمائندہ " عثمان بن حنیف " کے اعزاز میں بصرے کے اندر ایک دعوت کا اہتمام کیا گیا ہے، تو آپ کو یہ بات بہت ہی ناگوار گزری کہ حاکم اور شہر کے اونچے طبقے میں خصوصی روابط پیدا ہو جائیں جس کے سبب سے بڑے لوگوں کے ساتھ خصوصی برتاؤ کیا جائے۔ آپ نے فوراً اپنے گورنر کو ایک عتاب آمیز خط لکھا اور بہت زیادہ اس میں عثمان کو سرزنش کی۔ (نہج البلاغہ)

نسلی امتیازات کا مقابلہ دنیا کے مکاتیب فکر سے پہلے اسلام نے کیا، اگرچہ آج ساری دنیا میں سیاہ و سفید کے برابری اور قانونی مساوات کا نعرہ بلند کیا جا رہا ہے لیکن قول و فعل میں بہت فرق ہے کیونکہ بشری تاریخ کے تاریک ترین زمانے کی طرح آج بھی انھیں بنیادوں پر مختلف امتیازات موجود ہیں۔ کیا صرف برابری، مساوات، آزادی جیسے الفاظ

بشریت کو کوئی پہنچا سکتے ہیں ؟ جبکہ ان لفظوں کے پیچھے تلخ حقائق اور ناگوار حقائق پنہاں ہوں ! کیا ان تمام موجودہ امتیازات کے باوجود آج کی متمدن قوموں کو آزادی و حریت کا بنیان گزار کہا جا سکتا ہے ؟

دوسری عالمگیر جنگ کے بعد بشری آزادی و برابری کا منشور ساری دنیا میں مان لیا گیا اسی طرح حقوق بشر کو فرانس کے انقلاب کے بعد درست مانا گیا لیکن یہ سب صرف زبانی جمع خرچ ہے۔ کیونکہ جس ملک میں ان کے خصوصی منافع پر چوٹ نہ پڑتی ہو وہاں تو اس پر عمل درآمد ہوتا ہے ورنہ مختلف بہانوں سے اس مسئلے کو گول کر دیا جاتا ہے۔

بہت سے متمدن ملکوں کے رہنے والوں کے لئے اب تک یہ بات ناقابل فہم ہے کہ رنگ و نسل کا اختلاف سبب فضیلت و برتری نہیں ہوا کرتا۔ اسلام کی طویل ترین تاریخ میں "نسلی امتیاز" کا مسئلہ ہی نہیں اٹھا۔ آج کی طرح کل بھی تمام کالے لوگ بلا کسی احساس کمتری کے اسلامی اجتماعات، مذہبی جگہوں پر جمع ہوا کرتے تھے اور معاشرے کے جملہ حقوق سے بہرہ مند ہوا کرتے تھے۔ بانی اسلام نے چودہ سو سال پہلے کی تاریک دنیا میں عملی طور سے اس نابرابری کا خاتمہ کیا اور اسی مقصد کے خاطر اپنی پھوپھی زاد بہن "زینب" کا عقد اپنے غلام "زید بن حارث" سے کیا۔

ایک دن رسول خدا (ص) بہت ہی حسرت کے ساتھ "جوئیبر" ---یہ ایک سیاہ رنگ کے فقیر تھے مگر بہت پرہیز گار لوگوں میں شمار کئے جاتے تھے--- کی طرف دیکھ کر فرمایا: جوئیبر کتنا اچھا ہوتا کہ تم شادی کر لیتے تاکہ شریک زندگی مل جاتی جو دنیا و آخرت میں تمہاری مدد کرتی ! جوئیبر نے عرض کی میرے ماں باپ آپ پر فدا ہوں بھلا کون عورت مجھ سے شادی پر تیار ہو گی ؟ میں نہ حسب رکھتا ہوں نہ نسب، نہ مال و منال نہ حسن و جمال، پھر کوئی عورت میری بیوی بننا کیونکر گوارہ کرے گی ؟ رسول خدا (ص) نے فرمایا:

خداوند عالم نے زمانہ جاہلیت کے بے سبب آقائیت کو لغو قرار دے دیا ہے اور جو لوگ اسلام سے پہلے محروم و بے چارہ تھے ان کو آقائیت بخشی ہے زمانہ جاہلیت میں جو لوگ ذلیل تھے اسلام کی وجہ سے آج صاحب عزت ہیں اسلام نے زمانہ جاہلیت کے خود پسندی، نسلی و خاندانی تفاخر کے محلوں کو مسمار کر دیا، آج تمام کالے گورے برابر ہیں، عرب عجم برابر ہیں سب کے سب آدم (ع) کی اولاد ہیں اور آدم (ع) مٹی سے پیدا کئے گئے تھے۔ خدا کے نزدیک سب سے زیادہ محبوب و پیارا شخص وہی ہے جو تقوی و پرہیز گاری میں سب سے بہتر ہو۔ اے جوئیبر! میں کسی کو تم سے برتر نہیں سمجھتا البتہ وہ شخص جس کا تقوی اور اطاعت خدا تم سے زیادہ ہو وہ تم سے بہتر ہے ورنہ نہیں۔ اس کے بعد فرمایا: تم قبیلہ "بنی بیاضہ" کے شریف ترین شخص "زیاد بن لبید" کے پاس جاکر کہو کہ رسول خدا (ص) نے فرمایا ہے کہ اپنی بیٹی کی شادی میرے ساتھ کر دو! جس وقت جوئیبر پہنچے تو زیاد اپنے قبیلے والوں کے ساتھ گھر میں بیٹھے ہوئے تھے جوئیبر اجازت حاصل کر کے اندر داخل ہوئے اور سب کو سلام کر کے زیاد کو مخاطب کرتے ہوئے کہا: رسول خدا (ص) نے مجھے تمہارے پاس ایک حاجت لیکر بھیجا ہے آپ کہئے تو سب کے سامنے عرض کر دوں، یا آپ چاہیں تو تنہائی میں عرض کروں؟ زیاد نے کہا تنہائی میں کیوں؟ نہیں نہیں تم سب کے سامنے کہو! کیونکہ رسول خدا (ص) کا پیغام میرے لئے باعث صد افتخار ہے جو ئیبر نے کہا! رسول خدا (ص) نے فرمایا ہے آپ اپنی بیٹی کی شادی میرے ساتھ کر دیں! زیاد نے کہا: ہم انصار اپنی لڑکیوں کی شادی اپنے سے کم مرتبے والے کے ساتھ نہیں کرتے واپس جاؤ اور رسول خدا (ص) کو میرا عذر بتا دو!

جوئیبر وہاں سے روانہ ہوئے کہ رسول خدا (ص) کو جواب بتا دیں! ادھر زیاد بہت پشیمان ہوئے اور ایک آدمی کو بھیج کر جوئیبر کو راستے ہی سے واپس بلا لیا اور ان کے ساتھ

بڑی مہربانی کے ساتھ پیش آئے اور کہا آپ ٹھہریئے میں پیغمبر اسلام (ص) سے بات کر کے آتا ہوں۔ وہاں پہونچ کر کہنے لگے: میرے ماں باپ آپ پر فدا ہو جائیں جوئیبر آپ کی طرف سے ایک پیغام میرے پاس لائے تھے میں نے چاہا میں خود براہ راست حضور (ص) سے بات کر لوں اور عرض کر دوں کہ ہم انصار اپنے سے کمتر والے میں لڑکیوں کی شادی نہیں کیا کرتے! رسول خدا (ص) نے فرمایا! اےئ زیاد، جوئیبر مومن ہے، مومن کی ہمسر مومنہ ہوتی ہے۔ مسلمان کی ہمسر مسلمہ ہوتی ہے۔ اپنی بیٹی کی شادی اس کے ساتھ کر دو، اس کو داماد بنانے میں ننگ و عار محسوس نہ کرو! زیاد وہاں سے گھر واپس آئے بیٹی سے پورا واقعہ بیان کیا! لڑکی نے کہا: بابا، رسول (ص) کے مشورے پر جوئیبر کو اپنا داماد بنا لیجئے! زیادہ وہاں سے نکل کر باہر آئے، جوئیبر کا ہاتھ پکڑ کر قبیلے کے افراد کے پاس لائے اور ان کے ساتھ اپنی بیٹی ایک فقیر سیاہ رنگ کے ساتھ بیاہ دی گئی جس کے پاس ایمان کے سوا کوئی دولت نہ تھی!

ایک جگہ تین مختلف قوم کے آدمی جمع تھے سلمان فارسی، صہیب رومی، بلال حبشی، اتنے میں وہاں قیس آیا اس نے تینوں کی اہمیت کو دیکھتے ہوئے کہا: اوس و خزرج تو خیر عرب تھے جنھوں نے اپنی خدمات و فداکاری کے ذریعے رسول خدا (ص) کی مدد کی! مگر یہ تین آدمی کہاں سے آٹپکے! کس نے ان کو پیغمبر (ص) کی مدد کے لئے بلایا تھا؟ جب رسول خدا (ص) کو اس کی خبر ہوئی تو بہت ناراض ہوئے لوگوں کو مسجد میں جمع ہونے کا حکم دیا اور ان سے خطاب کرتے ہوئے فرمایا: خدا ایک ہے، تمہارا باپ ایک ہے، تمہارا دین ایک ہے جس عربیت پر تم فخر کر رہے ہو نہ وہ تمہاری ماں کی طرف سے آئی ہے اور نہ باپ کی طرف! عربیت تو صرف تمہاری زبان ہے۔

رسول خدا (ص) قومیت کا سر کچلنے اور برابری کا قانون نافذ کرنے کے لئے ہر وقت

کوشاں رہتے تھے، ایک دن ایک کالا آدمی پیغمبر (ص) کے پاس آیا، ابوذر کو اس سے کچھ پہلے ہی سے پرخاش تھی لہذا اس کو دیکھتے ہی کہنے لگے اے فرزند سیاہ! بس اتنا سننا تھا کہ رسول (ص) کو غصہ آگیا ابوذر سے فرمانے لگے کیا اس کی ماں کے کالے پن پر طنز کر رہے ہو؟ رسول خدا (ص) کو اس حالت میں دیکھ کر ابوذر کے حواس گم ہو گئے اور اپنی اس غلطی پر بہت پشیمان ہوئے معاملے کو رفع دفع کرنے کے لئے اپنے چہرے کو زمین پر ملنے لگے تب رسول اسلام (ص) نے اس لغزش کو معاف فرمایا!

مشہور فرانسیسی دانش مند ڈاکٹر گستاوے لیبون لکھتا ہے: مسلمانوں میں مساوات و برابری حد درجے تھی۔ یورپ میں جس مساوات کا ذکر بڑی شدت سے کیا جاتا ہے اور مختلف لوگوں کے زبان زد ہے یہ صرف کتابوں کی حد تک ہے۔ خارج میں اس کا کوئی اثر نہیں ہے۔ مگر مسلمانوں میں عملی طور سے موجود تھی اور مشرقی معاشرت کا جزو تھی۔ طبقاتی اختلافات جن کی بناء پر یورپ میں انقلاب آیا مسلمانوں میں نہیں ہے پیغمبر اسلام کی نظر میں ہر مسلمان برابر ہے۔

دنیائے عرب میں ایک ایسی شخصیت پیدا ہوئی جس کے مختلف اقوام و قبائل کو ایک جھنڈے تلے جمع کر دیا اور ان کو مخصوص قوانین و نظام کی مضبوط زنجیر میں باندھ دیا۔ کسی بھی مملکت کا رہنے والا مسلمان دوسروں کے لئے اجنبی نہیں ہے، مثلاً ایک چینی مسلمان کا حق اسلامی ملکوں میں اتنا ہی ہے جتنا کسی اسلامی ملک کے رہنے والے کا ہے۔ اگر چہ خود مسلمان نسل و ملیت کے لحاظ سے اختلاف رکھتے ہیں لیکن مذہبی رشتے کی بنا پر ان کے اندر ایک خاص قسم کا معنوی ربط موجود ہے جسکی بناء پر وہ بہت آسانی سے ایک جھنڈے کے نیچے جمع ہو جاتے ہیں۔ (تمدن اسلام و عرب صفحات ۱۴۶،۵۱۶،۵۱۷)

ایم یو لو پلائے لکھتا ہے: کاریگروں اور ستم دیدہ افراد کے اصلاح حال کے سلسلے جن

مخطورات اور برے نتائج سے یورپ میں انتظامیہ دوچار ہوئی ہے۔ اسلامی معاشرے میں اس کا وجود نہیں ہے مسلمانوں کے یہاں بہترین انتظامیہ ہے جس کی بناء پر امیر فقیر کے درمیان صلح و آشتی قائم رہتی ہے صرف اتنا کہہ دینا کافی ہے جس قوم کے لئے یورپ کا دعوی ہے کہ ان کو تعلیم دے کر تربیت دینی چاہئے واقعی خود یورپ کو اس سے سبق لینا چاہئے۔ اسلام میں ممتاز طبقے موروثی منصب کا کوئی وجود نہیں ہے اسلام کا سیاسی نظام بہت ہی سادہ ہے اور اس نظام کے تحت جن لوگوں کا ارادہ کیا جاتا ہے اس میں شریف، رذیل، امیر فقیر، سیاہ سفید سب ہی برابر ہیں۔ (تمدن اسلام و عرب صفحہ ۵۱۶،۵۱۵)

گپ اپنی کتاب میں لکھتا ہے: اسلام میں ابھی اتنی قدرت ہے کہ انسان کی بزرگ و عالی خدمت انجام دے، اصولی طور پر اسلام کے علاوہ کوئی بھی مذہب یا گروہ ایسا نہیں ہے جو انسان کے مختلف نسلوں کو کسی ایک ایسے مقصد پر جمع کرا کے جس کی بنیاد مساوات پر ہو عظیم کامیابی سے ہمکنار ہو سکے۔ افریقہ ہندوستان و انڈونیشیا میں عظیم اسلامی معاشرہ اور چین میں یہی چھوٹا معاشرہ اور جاپان میں بہت ہی قلیل اسلامی معاشرہ خبر دیتا ہے کہ اسلام کے اندر ایسی طاقت ہے جو ان تمام مختلف عناصر و طبقات کے درمیان اثر انداز ہو سکے۔ اگر کبھی مشرق و مغرب کی بڑی حکومتیں اپنے اختلافات کو دور کرنے کے لئے کسی ترازو کا سہارا لیں تو وہ سوائے اسلام کے اور کوئی نہیں ہو سکتا۔

مراسم حج میں بھی وحدت فکر و عمل کی بنیاد پر اسلامی تعلیم استوار کی گئی ہے ظاہری امتیازات کا وہاں کوئی شائبہ بھی نہیں ملتا۔ خانہ کعبہ مسلمانوں کے تمام فرقوں کو اپنی عجیب و غریب قوت جاذبیہ کی بناء پر اپنی طرف کھینچ لیتا ہے اور تمام لوگ صرف ایک قانون کی پیروی کرتے ہیں اور کسی سیاہ و سفید، سرخ و زرد امتیاز کے بغیر ایک صف میں پہلو بہ پہلو پر شکوہ با عظمت مراسم کو بجالاتے ہیں۔

فیلپ ہٹی یونیورسٹی کا استاد لکھتا ہے: اسلام میں فریضہ حج کی بنیادی تمام زمانوں میں ایک اہم اجتماع کا سبب ہے اور مسلمانوں میں سب سے بڑا اجتماع یہاں ہوتا ہے۔ کیونکہ ہر مسلمان پر واجب ہے کہ زندگی میں کم از کم ایک مرتبہ ۔۔۔ بشرط استطاعت ۔۔۔ اس فریضہ کو بجالائے یہ عظیم اجتماع ۔۔۔ جو دنیا بھر کے مسلمانوں کو چاروں طرف سے کھینچ لیتا ہے عجیب و غریب اثر رکھتا ہے جس کا انکار نا ممکن ہے۔

اپنے خدا کے حضور میں زنگی، بربری، چینی، ایرانی، ہندی، ترکی، شامی، عربی، غنی، فقیر، بلند، پست سب ہی مل جل کر متحد ہو کر کلمہ "شہادتین" پڑھتے ہیں۔ ساری دنیا میں غالباً ایک اسلام ہی ایسا مذہب ہے جس نے خون، نسل، رنگ، قومیت کے حدود و فاصلوں کو ختم کر دیا ہے اور اسلامی معاشرے کی چار دیواری میں ایسا اتحاد اور یگانگت قائم کیا ہے کہ اسلامی نقطۂ نظر سے افراد بشر کے درمیان کفر و ایمان کے علاوہ کوئی حد فاصل نہیں ہے اس میں کوئی شک نہیں ہے کہ یہ عظیم سالانہ اجتماع اس نظریہ کے ماتحت عظیم ترین خدمت انجام دیتا ہے اور ملیونوں ایسے آدمیوں کے درمیان جو دنیا کے مختلف گوشوں میں زندگی بسر کرتے ہیں دین و مذہب الٰہی کو منتشر کرتا ہے۔(اسلام از نظر دانش مندان مغرب صفحہ ۲۳۹، ۲۴۰)

افسوس کی بات ہے کہ بعض اسلامی ممالک میں مختلف نسلی و قومی و ملی تعصب پیدا ہو گیا ہے جو روح اسلام کے قطعاً منافی ہے۔

اسلام کا عدالتی نظام بھی ایسی برابری و مساوات پر مبنی ہے جس کی مثال آج کی متمدن دنیا میں نہیں مل سکتی۔ حالانکہ متمدن دنیا کا مقصد قانونی برابری ہے لیکن اب تک یہ بات حاصل نہیں ہو سکی۔

تاریخ کے تاریک ترین دور میں بھی افراد کے دلوں میں اسلام نے جو شعلہ روشن

کیا تھا وہ خاموش نہیں ہو سکا۔ ہارون رشید کو قاضی کے سامنے ایک واقعہ میں قسم کھانے کے لئے بلایا گیا تھا اور فضل بن ربیع نے ہارون کی موافقت میں گواہی دی تھی لیکن قاضی نے فضل کی گواہی کو رد کر دیا جس پر ہارون کو غصہ آگیا کہ فضل کی شہادت اور گواہی کیوں نہیں مانی جا رہی ہے۔ قاضی نے کہا میں نے فضل کو یہ کہتے ہوئے سنا کہ وہ تم سے کہہ رہا تھا" میں آپ کا غلام ہوں" اگر یہ بات سچ کہی تھی تو غلام کی گواہی آقا کے حق میں قبول نہیں ہوتی اور اگر اس نے جھوٹ کہا تھا تو جھوٹے کی گواہی اسلام میں قابل قبول نہیں ہے اس لئے میں نے فضل کی گواہی رد کر دی!

منصور خلیفہ عباسی نے حج کے لئے کچھ اونٹوں کو کرایہ پر لیا لیکن مراسم حج تمام ہونے کے بعد مختلف حیلوں سے کرائے کو ٹالتا رہا اور نہ دیا آخر شتربانوں نے قاضی مدینہ کے یہاں شکایت کی، قاضی نے فوراً خلیفہ کو عدالت میں حاضر ہونے کا حکم دیا اور منصور شتربانوں کے پہلو بہ پہلو عدالت میں آکر بیٹھا۔ قاضی کا فیصلہ منصور کے خلاف ہوا اسی وقت قاضی نے منصور سے کرایہ وصول کر کے شتربانوں کے حوالے کیا۔

ڈاکٹر گوستاوے لیبون لکھتا ہے: مسلمانوں کے عدالتی امور کا انتظام اور فیصلوں کی ترتیب بہت ہی مختصر و سادہ ہے۔ ایک شخص جو بادشاہ کی طرف سے جج کے عہدے پر فائز ہوتا ہے تمام دعووں کو شخصی طور پر خود ہی سنتا ہے اور فیصلہ کرتا ہے اور اس کا حکم قطعی ہوتا ہے۔ مدعی اور مدعا علیہ عدالت میں حاضر ہو کر اپنے دعوے پر دلیل پیش کرتے ہیں اور پھر اسی نشست میں قاضی کی طرف سے فیصلہ ہو جاتا ہے اور اسی وقت حکم صادر کر دیا جاتا ہے۔۔۔ مراکش میں مجھے ایک قاضی کی عدالت میں فیصلہ سننے کا اتفاق ہوا۔ قاضی دارالحکومت کے قریب ایک مکان میں مسند قضا پر بیٹھا تھا مکان چاروں طرف سے کھلا تھا مدعی اور مدعا علیہ اپنے اپنے گواہوں کے ساتھ اپنی اپنی جگہوں پر بیٹھے

تھے اور اپنے مطلب کو سادہ مختصر لفظوں میں بیان کر رہے تھے بعض فیصلوں میں اگر کسی کو کوڑے لگانے کا حکم دیا گیا تھا تو ختم مجلس کے بعد وہیں کوڑے لگا دئے جاتے تھے۔

اسطرح کی عدالت کا سب سے بڑا فائدہ یہ ہے کہ مدعی اور مدعا علیہ کا قیمتی وقت بچ جاتا ہے اور عدالتی کاروائیوں کی پیچید گی اور کمر توڑ مالی نقصان سے آدمی بچ جاتا ہے اور سادگی کے باوجود بغیر تکلفات تمام احکام عدالتی طور پر نافذ ہو جاتے ہیں۔ معاشرے کے افراد جب اس بات پر مطمئن ہوں کہ ان پر نافذ ہونے والا قانون الہی قانون ہے اور قاضی بھی لوگوں کی طرح برابر کا حقوق رکھتا ہے اور مسند قضا پر بیٹھنے والا قاضی ہر حکم، خدائی قانون کے ماتحت دیتا ہے اپنی خواہشات سے نہیں دیتا تو ایسی صورت میں لوگوں کی تشویش ختم ہو جاتی ہے اور معاشرہ کا ہر فرد آرام و سکون سے رہتا ہے۔

اگر دنیا عدالتی بے راہ روی اور اہرمنی چنگل سے نجات چاہتی ہے اور نسلی امتیازات سے چھٹکارا حاصل کرنا چاہتی ہے تو اسکو اسلام کے سیاسی و انتظامی اصول و قوانین سے روشنی حاصل کرنی چاہئے۔ لیکن آج کی دنیا میں مسائل قومیت، جغرافیائی منطقوں نسلی امتیاز کے ارد گرد گھومتے ہیں اسلئے آج کی دنیا مشاکل امروزی کو حل کرنے پر قادر نہیں ہے اور نہ روئے زمین پر بسنے والی قوموں کو تمام اختلافات کے باوجود باہم مربوط کر سکتے ہیں اور نہ انکو عدالت و مساوات کی بنیاد پر ایک نئی دنیا بنانے پر آمادہ کر سکتے ہیں دوسری طرف جدید نیشنلیزم کی دل فریب باتیں آج بہت سے ملکوں میں جڑ پکڑتی جا رہی ہے جس کی وجہ سے وہ ممالک خود ہی تشتت و پراگندگی، نزاع و کشمکش کا شکار ہیں۔

لوئیس ایل سنایڈر امریکہ یونیورسٹی کا استاد اس حقیقت کو اس طرح بیان کرتا ہے:

جدید نیشنلیزم کے ضمن میں بے شمار تاریخی و طبیعی کشمکش پیدا ہو گئی اور اقتصادی فرہنگی مناسبات جو ان میں مدت سے برقرار تھیں وہ بھی ختم ہو گئیں اور اس کا قہری نتیجہ بے

امنی تھا جس کی وجہ سے بہت سی جگہوں پر شخصی آزادی کی محدودیت، جنگی اسلحوں کی کثرت، بین المللی روابط کی قلت کی صورت میں ظاہر ہوا۔

استقلال و حاکمیت جو بیسویں صدی کے آخری دہے میں زیادہ وسیع ہوا اور جس کو مقدس شمار کیا جاتا ہے لیکن اس میں یہ صلاحیت نہیں تھی جو شخصی آزادی کو وسعت دے سکے اور بین المللی روابط کے لئے اطمینان بخش ہو سکے۔ (جہان در قرن بیستم صفحہ ۳۴،۳۵)

صرف ایک چیز جو سب کو ایک پرچم کے نیچے لا سکتی ہے اور بشریت کی خدمت کر سکتی ہے وہ وہی اتحاد یگانگت ہے جو ایمان باللہ اور روحانی و اخلاقی فضائل کے محور پر گھومتی ہے کیونکہ اس قسم کے اتحاد میں برادری کی روح بیدار ہوتی ہے اور دل و فکر باہم مربوط ہو جاتے ہیں نسلی امتیاز، قومی اختلاف، قسم کی چیزیں اس میں خلل انداز نہیں ہو سکتیں۔!

اسلام انسانی معاشرے کو بہت اونچا کرنا چاہتا اور چاہتا مسلمانوں میں اتحاد رہے اور ان کے دل پاک انسانی احساسات سے بھرپور رہیں۔ خدا نے دنیا اس لئے نہیں پیدا کی کہ انسانی قلوب میں شگاف و فاصلے باقی رہیں۔ ارشاد ہوتا ہے: ہم نے تم کو قبیلوں میں اس لئے قرار دیا تاکہ ایک دوسرے کو پہچانو۔ (حجرات ۱۳)

اسلامی برادری ایک بہت ہی پر ارزش واقعی مسئلہ ہے جس میں ہر قسم کی محبت و عطوفت کو ہونا چاہئے۔ اگرچہ مغربی غلط افکار کے تاثر کی وجہ سے اسلامی معاشرے میں روح مادیت و سودخوری وسیع ہو گئی ہے۔۔۔ لیکن پھر بھی بہت سے مسلمانوں کی زندگی ان خرافات سے خالی ہے۔ اسی لئے ایک مغربی سیاح کہتا ہے: شفقت، مہربانی، مہمان نوازی، غریب پروری، مشرقی لوگوں کا خاصہ ہے جس میں اسلامی تعلیمات نے اور زیادہ جلا بخشی ہے ان میں سے تھوڑی سی بھی خصوصیت یورپی لوگوں میں نہیں پائی جاتی۔۔۔

جہاد اسلامی کی علت

مشرکوں کے خلاف اسلامی جہاد نہ تو کسی مادی غرض۔۔۔ مثلاً ملک گیری، وسعت طلبی۔۔۔ سے تھا اور نہ کسی استعماری مقصد۔۔۔ مثلاً منابع اقتصادی پر تسلط کے پیش نظر تھا۔ اس سلسلے میں اسلام کا نظریہ تمام مکاتب فکر سے جدا ہے۔

اسلام نے چونکہ ابتداء ہی سے بہت معقول طریقے سے مغرور، ستم گروں کی مخالفت شروع کر دی تھی لہذا مخالف قوتیں متحد ہو کر اس نئے مذہب کی نشر و اشاعت میں روڑے اٹکانے لگیں اور اس سلسلے میں تمام امکانی صورتوں اور مادی قوتوں کو اسلام کے خلاف استعمال کرنے لگیں۔ انتہا یہ ہے کہ اگر کوئی اس نئے مذہب کو قبول کر لیتا تھا تو مخالفین بڑی بے دردی کے ساتھ اس کو شکنجے میں کس دیتے تھے۔

قریش نے پیغمبر (ص) اور اصحاب پیغمبر (ص) کا بائیکاٹ کر دیا جس کا نتیجہ یہ ہوا کہ تین سال تک پیغمبر (ص) کو اپنے مخصوصین کے ساتھ ایک پہاڑ میں زندگی بسر کرنی پڑی اور ناقابل بیان تکالیف برداشت کرنی پڑی، حد یہ ہے کہ کبھی کبھی تو یہ لوگ قوت لایموت سے بھی محروم رہ جاتے تھے۔

حد یہ ہے کہ جب نبی اسلام (ص) نے مدینے میں قیام کیا اور مشرکوں کے مقابلے میں ایک مضبوط طاقت اکٹھا کر لی، تب بھی مشرکین آرام سے نہیں بیٹھنے دے رہے تھے برابر مسلمانوں کو زد و کوب کرنا، ان پر حملے کرنا انھوں نے اپنا شعار بنا لیا تب کہیں جا کر مسلمانوں کو حکم دیا گیا کہ اب تم دفاع کرو کیونکہ تم میں اب دفاع کی صلاحیت ہو گئی ہے۔

اسی لئے آپ دیکھیں گے رسول اسلام (ص) کے زیادہ تر غزوات دفاعی قسم کے تھے جب کوئی فوج مسلمانوں کی سرکوبی اور مدینے پر حملہ کرنے کے لئے چلتی تھی تب مسلمان اس کا مقابلہ کرتے تھے۔ جس کا مقصد یہ ہوتا تھا کہ مخالفین پر تیار ہو کر حملے کرنے سے پہلے حملہ کر دیا جائے اور ان کو ابتداء ہی میں ناکارہ کر دیا جائے۔ چنانچہ ان آیات میں اسی بات کی طرف اشارہ کیا گیا ہے مثلاً راہ خدا میں جہاد کرنے والوں کو دفاع کی اجازت دی جارہی ہے کیونکہ یہ لوگ ستائے ہوئے ہیں اور خدا ان کی مدد کرنے پر قادر ہے۔ یہ (بیچارے) بلا کسی جرم کے اپنے شہروں سے نکالے گئے ہیں (ان کا جرم صرف یہ تھا کہ) یہ لوگ کہتے تھے ہمارا پروردگار خدا ہے۔ (سورہ حج ۴۰، ۳۰)

جو لوگ تم سے جنگ کریں تم بھی راہ خدا میں ان سے جنگ کرو لیکن حد سے ہرگز تجاوز نہ کرنا۔ (بقرہ ۱۹۰)

چونکہ اسلام تمام دنیائے بشریت کے لئے آیا ہے اور ہر بشر کو فائدہ پہنچانا چاہتا ہے اس لئے اپنے کو جغرافیائی حدود میں رکھ کر کسی مخصوص جگہ میں محصور نہیں ہو سکتا بلکہ اس کا تو نظریہ ہے کہ شرک و روحی آلودگی کے چنگل سے ساری دنیا کو نجات عطا کرے اور ساری کائنات میں کلمہ حق کو پہنچائے۔

اصولاً ہر نظام جو پرانی رسموں اور مذاہب کو ختم کر کے ان کی جگہ نیا نظام جاری کرنا چاہتا ہے وہ بغیر جنگ و جدال کے اپنے مقصد میں کامیاب نہیں ہوا کرتا۔ دنیا کا کوئی بھی انقلاب بغیر جنگ کے اپنے مقصد میں کامیاب نہیں ہوا، اس کی شہادت تاریخ دے سکتی ہے، فرانس کا انقلاب ہو یا ہندوستان کا، امریکہ کی نہضت استقلال کی مانگ ہو، یا نظام کہنہ کو ختم کرنے کے لئے روسی انقلاب ہو بہر حال جنگ کے بغیر کامیاب نہیں ہوا۔

اسی طرح چونکہ اسلام کا مقصد بد کرداری، افکار فاسدہ کو ختم کرنا تھا اس لئے خواہ

مخواہ اس کو ان لوگوں سے جنگ کرنا تھا جو معاشرے کا استحصال کر رہے تھے، سود خوری، قتل و غارت جیسے بد اخلاقی امراض میں مبتلا تھے۔

کسی بھی مذہب۔۔۔ جو پوری دنیائے کے لئے اصلاحی قانون لے کر آیا ہو اس کی نشر و اشاعت صرف تحریر و تقریر کے ذریعے ناممکن ہے۔ تحریر و تقریر چاہے کتنی ہی مؤثر ہو مگر وہ ایسے معاشرے کو خلق نہیں کر سکتی جو جملہ برائیوں سے پاک ہو کیونکہ کچھ لوگ اپنے عادات و رسوم کے اتنی سختی سے پابند ہوتے ہیں کہ کوئی منطقی دلیل ان کو ان کے عقیدے سے ہٹا ہی نہیں سکتی، ان کو صرف طاقت و قوت کے زور سے ان خرافات سے روکا جا سکتا ہے اور بس !اسی بات کو پیش نظر رکھتے ہوئے سرکار دو عالم نے فرمایا: نیکی اور قدرت شمشیر کے زیر سایہ ہے اور کچھ لوگ بغیر طاقت حق بات نہیں مانا کرتے۔ (وسائل کتاب جہاد باب ۱)

ذرا سوچئے اگر مخالف منظم طاقتیں، حق اور دین الٰہی کو پھلنے پھولنے سے روکنے لگیں تو کیا طاقت کے علاوہ کوئی اور ذریعہ ہو سکتا ہے؟

جب لوگوں سے آزادی فکر چھین لی گئی ہو، صحیح راستہ کا انتخاب ناممکن ہو گیا ہو، تب جنگ اور لشکر کے استعمال کی اجازت دی گئی اور ظالم اور اسلام کی زبردست رکاوٹوں کو روکنے کے لئے اسلام نے بھی مسلح جنگ کا آغاز کیا تاکہ معاشرے کی فکری گلوگیری ختم ہو سکے اور تمام مخرب و منفی عوامل ختم ہو سکیں اور انسانی معاشرہ با قصد و ارادہ فکری فضائے آزادی میں زندگی کا صحیح راستہ انتخاب کر سکے، کیونکہ اس کے علاوہ ہر قسم کی اصلاحی کوششوں کو ابتدا ہی سے ختم کر دیا جاتا تھا۔

اسلام نے جس جنگ کا آغاز کیا ہے وہ در حقیقت بشریت کی جنگ آزادی ہے عقل کی خرافات کی جکڑ بند، اوہام سے آزادی کی جنگ ہے۔ یہ جنگ ہوا و ہوس سے دور ظلم

وستم سے الگ، مادی امور سے بے نیاز جنگ ہے روئے زمین پر فساد و تباہی کے خلاف جنگ ہے اسلام بشری قدر و قیمت بڑھانے کے لئے اور بشریت کے لئے عدالت عزت وسربلندی حاصل کرنے کے لئے جنگ کرتا ہے۔ اسلام تمام لوگوں کے فائدے کے لئے جنگ کرتا ہے وہ چاہتا ہے کہ خیر عمومی کی راہ میں جتنی رکاوٹیں ہیں ان سب کو ختم کر دیا جائے۔ ایک آسمانی دستور کے تحت ہر مسلمان کا فریضہ ہو کہ وہ مظلوموں کی مدد کرے اور استعمار فکری کے قید سے بشریت کو آزاد کرائے تاکہ نومولود اسلامی معاشرے کی آزاد فضا میں سانس لے کر اپنی حفاظت کر سکے اور ہمیشہ رشد و ہدایت کے راستے پر گامزن رہے۔ چنانچہ ارشاد ہوتا ہے ملاحظہ فرمایئے: تمہارے بچے، مرد، عورتیں جو مکہ میں اسیر ظلم ہیں جو یہ کہتے ہیں پالنے والے ہم کو ظالموں سے نجات دے اور اپنی طرف سے مددگار بھیج دے۔ ان کی رہائی کے لئے تم راہ خدا میں کیوں نہیں جہاد کرتے ہو۔ (نساء ۷۴)

دنیا کی نظر میں جنگ کا مفہوم قتل کرنا، گرفتار کرنا، دشمن کو نابود کرنا، دشمن کے ساتھ بے رحمی، شقاوت کرنا وغیرہ ہے لیکن اسلام کے نزدیک جنگ کا مفہوم ہی الگ ہے۔ اسلام کہتا ہے: ظلم و ستم، تباہی و بربادی کو روکنا، حق و صداقت کو زندہ کرنا مختصراً گمراہی کا ختم کرنا اور فضیلت و عدالت کو نشر کرنے کا نام جنگ ہے۔

اسلام کی بنیادی دعوت یہ ہے کہ لوگ خدا کے تمام باطل معبودوں کی عبادت چھوڑ دیں اور لوگوں کے دل و دماغ پر خدائی قانون کے علاوہ کسی اور قانون کی حکومت نہ ہو، کیونکہ اس سے زیادہ انحرافی کیا ہو سکتی ہے کہ انسان لکڑی، پتھر، بے شعور موجود کے سامنے سربسجود ہو۔

اسلامی دستور ہی یہ ہے کہ جنگ سے پہلے لوگوں کو اسلام کی دعوت دو، وعظ و

نصیحت کرو، یہ دستور خود ہی مقصد کو واضح وروشن کر دیتا ہے۔

جب اسلامی فوجیں ایران فتح کر رہی تھیں تو ایرانی فوج کے سردار رستم فرخ زاد نے اسلامی فوج کے سردار سعد وقاص سے گفتگو کی اس وقت اسلامی نمائندہ جہاد کے مقصد کو اس طرح بیان کرتا ہے: ہمارے آنے کا مقصد صرف یہ ہے کہ لوگوں کو باطل خداؤں کی پرستش سے روکیں اور خدائے واحد کی عبادت اور محمد مصطفٰے (ص) کی رسالت پر آمادہ کریں۔ ہمارا مقصد یہ ہے کہ بندے بندوں کی بندگی چھوڑ دیں، خدا کی بندگی اختیار کریں، ہم چاہتے ہیں لوگ قیامت پر عقیدہ رکھیں، ظلم وجور ختم کر کے عدل و انصاف کا دور دورہ قائم کریں۔ تین دن تک مسلمانوں کے تین نمائندوں نے گفتگو کی اور ہر ایک نے ایک ہی بات کہی اور سب نے آخر میں کہا اگر آپ ہماری بات مان لیں تو ہم یہیں سے واپس چلے جائیں گے یہ رہا آپ کا ملک اور یہ رہے آپ! (یعنی اسلام کا مقصد ملک گیری نہیں ہے۔ مترجم)

حضور رسالت مآب (ص) نے سرکار ولایت حضرت علی (ع) سے فرمایا: جب تک کسی کو اسلام کی دعوت نہ دے لو اس سے جنگ کی ابتدا ہرگز نہ کرو۔ خدا کی قسم اگر تمہاری وجہ سے خدا ایک شخص کو ہدایت عطا کرے تو پوری دنیا کی ملکیت سے تمہارے لئے بہتر ہے (وسائل ج ۲ ص ۴۲۱)

اسلامی جنگوں کی بنیاد قرب خدا اور ابدی سعادت کے حصول پر استوار کی گئی ہے۔ مسلمانوں کو ملک گیری کی اجازت ہرگز نہیں دی گئی اور نہ اس کی اجازت دی گئی ہے کہ لوگوں کو اپنا غلام بنائیں، اسی لئے صفحات تاریخ پر پھیلی ہوئی وہ جنگیں جن کا مقصد ملک گیری، مطامع مادی کا حصول، استعمار، تغلب رہا ہو وہ اسلامی جنگ کہلانے کی مستحق نہیں ہیں۔!

مسلمان جنگ کو بطور عبادت بجا لاتا ہے مسلمان اعلائے کلمہ حق کی خاطر جنگ کرتے تھے ان کا خیال تھا جب ساری دنیا میں اسلام پھیل جائے گا تو ہر قسم کا ظلم و ستم ختم ہو جائے گا، افراد بشر میں کامل مساوات پیدا ہو جائے گی۔ ایسے مقاصد کو لے کر راہ خدا میں جہاد کرنے والوں کو خدا دوست رکھتا ہے۔ قرآن میں ارشاد ہے جو لوگ راہ خدا میں سیسہ پلائی ہوئی دیواروں کی مانند ڈٹ کر جہاد کرتے ہیں خدا ان کو دوست رکھتا ہے (سورہ صف ۱)

اگر مجاہدین کی کوئی جماعت اپنی پرانی جاہلیت والی عادت کی بنا پر مال غنیمت کو مطمع نظر بنا لیتی تھی تو اس کی شدت سے تردید اور سختی سے سرزنش کی جاتی تھی چنانچہ ارشاد ہے: تم دنیا کی مال و دولت چاہتے ہو اور خدا تمہارے لئے آخرت کا خواہاں ہے۔ (سورہ انفال ۶۷)

یقیناً یہ اسلام کی بہت بڑی خوبی ہے کہ اس نے انسانی عدالت و شرافت کے لئے اتنی سعی و کوشش کی۔ ڈاکٹر مجید خدوری لکھتے ہیں: یہ بات ملحوظ خاطر رکھنی چاہئے کہ اسلام کی نظر میں جہاد صرف ہتھیار کی حیثیت رکھتا ہے، اس کے ذریعہ سے "دارالحرب" کو "دارالاسلام" بنانا مقصود ہے اگر اسلام کا یہ مقصد کبھی حاصل ہو جائے گا تو پھر جہاد کا مقصد داخلی دشمنوں کی سرکوبی کے علاوہ کچھ نہیں رہ جائے گا اور پھر ایک نہ ایک دن داخلی جنگ بھی ختم ہو ہی جائے گی، اس بنا پر یہ بات کہی جا سکتی ہے کہ اسلام کے وضع قانون کی تھیوری میں بالذات جنگ ہدف نہیں ہے بلکہ اس کو تو صرف صلح و آشتی کے لئے رکھا گیا ہے۔ (جنگ و صلح در اسلام ص ۲۱۴)

اسلام کے جنگی دستور میں اخلاقی پہلو کا مکمل طرح سے لحاظ رکھا گیا ہے۔ حد یہ ہے کہ میدان جنگ میں جنگ کرتے وقت بھی مسلمانوں کے اخلاق کی طرف اتنی توجہ دی

گئی ہے کہ آج ترقی یافتہ دنیا کے کسی بھی مذہب میں توجہ نہیں دی گئی ہے اسلام نے حفاظت نفوس کے لئے اور قتل و غارت گری کو روکنے کے لئے بہت ہی معقول اقدام کئے ہیں اور امکانی حد تک اس کو روکنا چاہا ہے۔

اسلامی جہاد میں ترک دشمنی دشمن کے سر خم کر دینے ہی پر منحصر نہیں ہے۔ بلکہ صرف اتنی سی بات کافی ہے کہ دشمن اس بات کا عہد کرلے کہ مسلمانوں کو کوئی نقصان نہیں پہنچائے گا اور نہ کسی قسم کی سرکشی کرے گا اور نہ فتنہ و فساد برپا کرے گا۔

میدان جنگ میں اگر کوئی مجاہد دشمن سے کوئی معاہدہ کرلے یا دشمن کو امان دے دے تو بڑے سے بڑا اسلامی حاکم بھی اس معاہدے کو ختم نہیں کر سکتا اور دئے ہوئے امان کو توڑ نہیں سکتا۔ اسلام نے جہاد میں جلانے، کھیتوں کو نیست و نابود کر دینے، آب و دانہ بند کر دینے کو سختی سے روکا ہے۔ بچوں، بوڑھوں، عورتوں، دیوانوں، بیماروں کو قتل نہ کرنے کی تاکید کہ ہے اور ان کے خون کو محترم قرار دیا ہے۔ کسی بھی مسلمان کو یہ حق نہیں ہے کہ دشمن کو شکست دینے کی خاطر ان افراد کے خون سے اپنے ہاتھ رنگے۔ اسی طرح دشمن کے نمائندوں اور سفیروں کو محترم قرار دیا ہے۔ پروفیسر "محمد حمید اللہ" پیرس یونیورسٹی کے استاد اپنی کتاب میں تحریر فرماتے ہیں: سرکار رسالت نے ایک ملیون مربع میل زمین پر حکومت فرمائی ہے اور یہ مساحت پورے سرزمین یورپ کے برابر ہے یقینی طور سے اتنا بڑا حصہ اربوں اشخاص کا مسکن تھا۔ زمین کے اتنے بڑے حصے کو فتح کرنے میں صرف ڈیڑھ سو مخالف جنگ میں مارے گئے تھے مسلمانوں کی تعداد بھی کم از کم دس سال تک ہر ماہ ایک شخص کی شہادت پر مشتمل ہوتی ہے۔ انسانی خون کا اس قدر احترام بشری تاریخ میں بے نظیر ہے۔ (رسول اکرم (ص) در میدان جنگ ص ۹)

اس حقیقت کو واضح کرنے کے لئے چند نمونے یہاں پر ذکر کرتا ہوں۔ رسول خدا

(ص) جب لشکر جنگ کے لئے بھیجتے تھے تو فرماتے تھے: خدا کی راہ میں خدا کی مدد اور خدا کے نام کے ساتھ اور اس کے بھیجے ہوئے رسول (ص) کی روش پر جاؤ (دیکھو) مکاری و خیانت نہ کرنا، کسی کے اعضائے بدن کو نہ کاٹنا، بوڑھے، بچے، از کار افتاد اشخاص اور عورتوں کو قتل نہ کرنا، مجبوری کے علاوہ کسی بھی صورت میں درخت نہ کاٹنا، تم میں جو بھی۔ خواہ وہ کتنا ہی پست ہو یا کتنا ہی بلند۔ کسی کو پناہ دے دے اس کی حفاظت سب پر ضروری ہے جب تک کہ وہ حق بات سن نہ لے اگر وہ تمہاری بات مان لیتا ہے تو تمہارا بھائی ہے ورنہ پھر اس کو بحفاظت اس کی پناہ گاہ تک پہونچا دو، اور ہر حالت میں خدا سے مدد مانگو۔ (وسائل ج ۲ ص ۴۲۴)

حضرت علی علیہ السلام نے اپنے لشکر کو یہ دستور دیا جب وہ لشکر معاویہ سے جنگ کرنے پر تیار تھا، میدان جنگ سے بھاگنے والے دشمن کا ہر گز پیچھا نہ کرنا اور نہ ان کو قتل کرنا جو لوگ میدان میں اپنی حفاظت کرنے کے لائق نہ ہوں یا زخمی ہو گئے ہوں ان کو اذیت و تکلیف نہ پہنچانا، عورتوں کی حفاظت کرنا، ایسے کام نہ کرنا جس سے عورتوں کو تکلیف یا اذیت ہو۔

میدان جنگ میں اس کا بھی امکان ہوتا ہے کہ دشمن کوئی ایسی حرکت کر بیٹھے جس سے انسان کا جذبہ انتقام بھڑک اٹھے اس موقع پر بھی مسلمان کو تاکید کی گئی ہے کہ اپنی غرض و غایت کو ہاتھ سے نہ جانے دے اور اپنے غصے اور جذبہ انتقام کو پی جائے۔ سب ہی اس قصے کو جانتے ہیں کہ ایک جنگ میں حضرت علی (ع) نے جب دشمن پر وار کیا تو وہ گر پڑا حضرت علی (ع) فوراً اس کے سینہ پر سوار ہو گئے اس نے آپ کے اوپر لعاب دہن ڈال دیا حضرت علی (ع) اس کے سینے سے اتر کر الگ کھڑے ہو گئے لوگوں نے پوچھا آپ نے یہ کیا کیا؟ فرمایا اس کی حرکت سے مجھے غصہ آگیا تھا اگر میں اس وقت قتل کر دیتا تو

جذبہ انتقام کو بھی دخل ہوتا اس لئے جب غصہ ختم ہو گیا تب میں نے قتل کیا، تا کہ یہ قتل خالص خدا کے لئے ہو۔ اسلام نے ایک انسانی احساس تمام لوگوں کے دلوں میں پیدا کرنا چاہا ہے اور کسی بھی صورت میں بے عدالتی کو جائز نہیں قرار دیا، کسی بھی مسلمان کو حدود عدالت سے تجاوز کرنے کی اجازت نہیں دی گئی۔ اسلام نے دشمن کے تعدی و تجاوز کے برابر ہی تعدی و تجاوز کو جائز قرار دیا ہے اور مجاہدین کو صریحی طور پر اس کے لئے آمادہ کیا ہے چنانچہ قرآن آواز دیتا ہے: جو شخص تم پر ظلم و تعدی کرے اس کے ظلم و تعدی کے برابر ہی تم اسکو جواب دو، اور عذاب الٰہی سے ڈرو اور یہ جان لو کہ خدا متقی و پرہیز گاروں ہی کے ساتھ ہے۔ (بقرہ ۱۹۱)

خبر دار کہیں دشمن تم میں سے ایک گروہ کو خلاف عدالت پر نہ اکسائے عدالت کو اپنا پیشہ بنالو کیونکہ یہ تقوے سے نزدیک تر ہے۔ (مائدہ ۱۱)

خبر دار جن لوگوں نے تم کو مسجد الحرام میں داخل نہیں ہونے دیا (کہیں) ان کی دشمنی تم کو ظلم پر آمادہ نہ کر دے۔ (مائدہ ۳)

اسلام تو ساری دنیا میں عدالت دافعیہ کو پھیلانے کے لئے آیا ہے وہ اجتماعی عدالت اور بین المللی عدالت قائم کرنا چاہتا ہے۔ اسی لئے اگر مسلمانوں کا بھی کوئی گروہ حق و عدالت کی راہ سے منحرف ہو جائے تو اسلام نہ صرف یہ کہ اس کو برے کام سے روکتا ہے بلکہ جنگ و مبارزہ کے لئے اس کی سر کوبی کے لئے تیار ہے۔ قرآن میں ارشاد ہوتا ہے: اگر مومنین کے دو گروہ آپس میں جھگڑا کر لیں تو ان کے درمیان صلح و آشتی کراؤ، اور اگر کوئی زیادتی کرتا ہے تو زیادتی کرنے والے سے جنگ کرو یہاں تک کہ وہ خدا کے حکم کا پابند ہو جائے۔ اگر حکم خدا کا پابند ہو جاتا ہے تو ان کے درمیان عدل و انصاف کے ساتھ صلح و آشتی کراؤ یقیناً خدا انصاف کرنے والوں کو دوست رکھتا ہے۔ (حجرات ۳)

جو بات قابل توجہ ہے وہ یہ ہے کہ اصلاح کرانے والوں کو تاکید کی جارہی ہے کہ دونوں فریق میں عدالت و انصاف سے کام لیا جائے تاکہ ہر شخص کو اس کا حق مل جائے کیونکہ جہاں جہاں پر تعدی و تجاوز کی وجہ سے جنگ شروع ہوئی ہو، اگر ان کے درمیان طرف داری سے کام کیا جائے تو بہت ممکن ہے کہ ظلم کرنے والوں کو تقویت پہنچ جائے۔

معاف کر دینا یقیناً ایک اچھا و مستحسن اقدام ہے لیکن اس قسم کے مواقع پر معاف کر دینے کا مطلب تجاوز کرنے والے کو چھوٹ دے دینا ہے اور اس کی ہمت افزائی کرنی ہے حالانکہ اسلام معاشرے سے جبر و ظلم کو ختم کرنا چاہتا ہے اور لوگوں میں یہ احساس پیدا کرنا چاہتا ہے کہ ظلماً و جبراً کوئی چیز حاصل نہیں کی جاسکتی۔!

مفتوح قوموں کے ساتھ مسلمانوں کا انسانی رویہ اور جواں مردانہ اقدام سبب بن گیا کہ عموماً یہ لوگ مسلمانوں کے ہمدرد ہو گئے اور مسلمانوں کے لئے رائے عامہ ہموار ہو گئی ان کے رویہ نے لوگوں کا دل جیت لیا اس کا نتیجہ یہ ہوا کہ حمص والوں نے ہرقل کے لشکر پر شہر کا دروازہ بند کر دیا تھا لیکن مسلمانوں کے لشکر کے پاس ان لوگوں نے خود پیغام بھیجا کہ ہمارے لئے رومیوں (اپنوں) کا ظلم و ستم گوارہ نہیں ہے لیکن آپ لوگوں " اجنبیوں " کا عدل و انصاف پسندیدہ ہے آپ حضرات تشریف لایئے اور ان کیلئے شہر کا دروازہ کھول دیا۔ ابو عبیدہ کی سرکردگی میں جب اسلامی لشکر اردن کی سرزمین پر پہنچا تو وہاں کے عیسائیوں نے اس مضمون کا خط مسلمانوں کو لکھا۔

اے مسلمانو! آپ لوگ ہمارے نزدیک رومیوں سے زیادہ محبوب ہیں اگرچہ رومی ہمارے ہم مذہب ہیں لیکن چونکہ آپ لوگ عادل، باوفا، مہربان ہیں نیک ہیں (اس لئے ہم لوگ آپ کو چاہتے ہیں) رومیوں نے نہ صرف یہ کہ ہم پر تسلط اختیار کیا بلکہ ہمارے گھروں کو بھی تاراج کر دیا۔

فیلیپ ہٹی اسپین پر مسلمانوں کے قبضے کا تذکرہ کرتے ہوئے لکھتا ہے: اسلامی لشکر جہاں پہنچ جاتا تھا لوگ ان کے لئے آغوش پھیلا دیتے تھے ان کے کھانے پینے کا انتظام کرتے تھے اور اپنے کمین گاہوں کو یکے بعد دیگرے خالی کر دیتے تھے جو لوگ بادشاہان ویزیگوٹ کے ظلم و ستم سے واقفیت رکھتے ہیں ان کے نزدیک اس کا فلسفہ بہت ہی واضح و آشکارا ہے۔(تاریخ عرب ج ۲ ص ۶۳۸)

مسلمان جس ملک کو فتح کرتے تھے وہاں کے لوگوں کو اپنا مذہب چھوڑنے پر مجبور نہیں کرتے تھے، اسلام کے اجتماعی نظام نے اقلیتوں کے مذہبی عقیدے کو کامل آزادی دے رکھی ہے۔ انکے عبادات، داخلی زندگی سے اسلام کوئی باز پرس نہیں کرتا۔ مختصر یہ کہ قانونی حق سے اسلام اور غیر اسلام ہر عقیدے والے لوگ برابر کا فائدہ حاصل کرتے ہیں۔

مسلمانوں سے زکاۃ کے نام سے جو ٹیکس لیا جاتا ہے اس میں عبادت اور مالیات دونوں قسم کے جنبے موجود ہیں۔ اس کے باوجود اسلام دوسروں سے یہ ٹیکس وصول نہیں کرتا، بلکہ ان سے جزیہ وصول کرتا ہے جس میں عبادت یا مذہبی پہلو بالکل نہیں ہے اور یہ صرف اس وجہ سے ہے کہ وہ لوگ اسلامی عبادت پر اپنے کو مجبور نہ سمجھیں غیر مسلم جزیہ دے کر اسلامی حکومت کی پناہ میں آجاتا ہے اور جتنی بھی سہولتیں مسلمانوں کے لئے ہیں وہ سب دوسروں کے لئے بھی دی جاتی ہیں۔ اس بنا پر یہ ایک حقیقت ہے کہ اسلامی نظام نہ صرف شخصی اصول کا لحاظ کرتا ہے بلکہ تمام دیگر مذاہب کا بھی قانوناً لحاظ کرتا ہے۔ حد یہ ہے کہ جنائی ے مدنی، تجارتی امور جو مذہبی عقائد سے ارتباط رکھتے ہیں ان کی بھی باقاعدہ مراعات کرتا ہے تاکہ اقلیتیں ان چیزوں میں بھی کامل آزادی کا احساس کر سکیں جن کا دینی عقیدے سے تعلق ہے۔

قرآن نے مسلمانوں کے دوسرے مذاہب والوں نے روابط کو بھی مشخص و معین کیا ہے غیر مسلمانوں سے محبت ان کے ساتھ احسان کو بڑی قدر کی نگاہ سے دیکھتا ہے۔ البتہ جو لوگ مسلمانوں سے دشمنانہ رویہ رکھتے ہیں اور اسلام و مسلمانوں کو ظاہر بظاہر اور پوشیدہ طریقے سے نقصان پہنچانے کے درپے رہتے ہیں ان سے محبت و دوستی کو منع کر دیا ہے۔

جن غیر مسلموں نے تم کو اپنی زمینوں سے باہر نہیں نکالا تم سے بر سر پیکار نہیں ہوتے ان سے محبت کو منع نہیں کرتا۔ خدا انصاف کرنے والوں کو دوست رکھتا ہے۔ خدا صرف ان لوگوں کی دوستی سے تم کو منع کرتا ہے جو تمہارے دین کی وجہ سے تم سے جنگ کرتے ہیں۔ اور اپنے ملکوں سے دربدر کرتے ہیں اور اس کام پر برابر اصرار کرتے ہیں۔ ایسے لوگوں سے دوستی کرنے والے یقیناً ظالم ہیں۔ (ممتحنہ ۹،۸)

ان اقلیتوں کے ساتھ جو اسلامی قلمرو میں زندگی بسر کرتے ہیں جیسے یہودی، عیسائی ان سے اسلام دو طرفہ محبت کا قائل ہے اور اپنی مکمل حکومت و سلطنت کے باوجود اسلام ان لوگوں پر کسی قسم کی سختی نہیں کرتا۔ مدینے میں پیغمبر اسلام کی زندگی میں یہودی جب تک اپنے عہد و پیمان پر باقی تھے معمولی سے ظلم کے بغیر مسلمانوں کے دوش بدوش زندگی بسر کرتے تھے۔ حضور سرور کائنات کے بعد خلفاء کے دور میں بھی یہی طریقہ رائج تھا۔

سرکار دو عالم فرماتے ہیں: کسی ذمی کو تکلیف پہنچانے والا مجھے تکلیف پہنچاتا ہے۔ آگاہ ہو جاؤ جو غیر مسلم ہم سوگندوں پر ظلم و ستم کو جائز رکھتا ہے اور ان کو روح فرسا تکلیف پر آمادہ کرتا ہے یا اس کی اجازت کے بغیر اس کا کوئی مال لیتا ہے قیامت میں میں اس سے احتجاج کروں گا۔

حضرت علی علیہ السلام نے اپنے دور خلافت میں ایک بوڑھے و نابینا شخص کو دیکھا

تو اس کے بارے میں پوچھا اصحاب نے کہا یہ نصرانی ہے، جوانی کے عالم میں حکومت اسلامی میں ملازم تھا (یہ سن کر) حضرت نے فرمایا: جوانی میں اس سے کام لیتے رہے اور جب بوڑھا ہو گیا تو اس کو اس کے حق سے محروم کر دیا (یہ تو ظلم ہے) اس کے بعد بیت المال کے متصدی کو بلا کر حکم دیا کہ بیت المال سے اس کے مصارف پورے کیا کرو۔ (وسائل)

ناپل یونیورسٹی کے استاد ڈاکٹر واگلیری لکھتے ہیں: اسلامی حکومت مفتوح قوموں کے حقوق و مالیات کی حفاظت اسی طرح سے کرتی ہے جس طرح مسلمانوں کی فاتح بدو عرب اپنی فتح و قدرت کے باوجود ہمیشہ اس بات پر تیار رہتے تھے کہ دشمنوں سے کہیں جنگ ختم کر کے ایک معقول جزیہ دو، اور پھر اسلام کی پوری حمایت میں آ جاؤ، پھر تم کو وہی حقوق حاصل ہو جائیں گے جو ہم لوگوں کو حاصل ہیں۔ اگر محمد (ص) کے اقوال یا صدور اسلام کے فتوحات کی طرف نظر کریں تو یہ بات بخوبی واضح ہو جاتی ہے کہ مسلمانوں پر الزام ہے کہ اسلام تلوار کے زور سے پھیلایا گیا۔ خود قرآن کا اعلان ہے دین کے معاملے میں کسی پر جبر نہیں ہے۔

مسلمانوں نے غیر قوموں کے ساتھ جو بردباری لطف و مہربانی برتی ہے اس کے متعدد نمونے تاریخ نے اپنے دامن میں محفوظ رکھے ہیں جیسے رسول اکرم (ص) نے خود شخصی طور پر نصاریٰ نجران کی عبادت گاہوں کی حفاظت کی ذمہ داری لی تھی اور یمن جانے ایک گورنر کو حکم دیا تھا کہ تمہارے حدود سلطنت میں کسی یہودی کو کسی قسم کی تکلیف نہ پہنچنے پائے، اسی طرح مسلمانوں نے بھی دوسری قوموں کو مذہبی آزادی دے رکھی تھی اور ان سے جزیہ کے نام پر ٹیکس لے کر۔۔۔ جزیہ مسلمانوں کے ٹیکس سے کم ہوتا تھا۔۔۔ ان کی حفاظت اسی طرح کی جاتی تھی جس طرح دوسرے مسلمانوں کی۔

آدم مٹز لکھتا ہے: اسلامی ممالک کو یورپی ممالک سے جس چیز نے ممتاز کیا ہے وہ غیر مسلموں کا نہایت آزادی کے ساتھ اسلام ممالک میں زندگی بسر کرنا ہے۔ کیونکہ یہ بات یورپی ممالک میں ناپید تھی، اسی طرح یہ بات بھی سبب امتیاز تھی کہ عیسائیوں اور یہودیوں کی عبادت گاہیں اسلامی ممالک میں اتنی آزاد تھیں کہ خیال ہوتا تھا یہ دائرے اسلامی ممالک سے خارج سے ہیں۔ اس قسم کی مذہبی آزادی کا تصور قرون وسطی میں یورپ کے اندر قابل تصور بھی نہ تھا۔ (روح الدین الاسلامی)

جان ڈیون پورٹ لکھتا ہے: اسلام نے عدالت کے اصول نہ صرف اپنے ماننے والوں پر لازم قرار دئے تھے بلکہ غیر مسلم اقوام جو حکومت اسلامی کی پناہ میں زندگی بسر کرتی تھیں ان پر بھی لاگو کئے تھے۔ تمام مذہبی علماء سے عبادت گاہوں پر صرف ہونے والی رقم کو ٹیکس سے مستثنیٰ کر دیا تھا اسی طرح حکومتی ٹیکس سے بھی تمام مذاہب کے علماء کو معاف کر دیا تھا۔ (عذر تقصیر بہ پیش گاہ محمد و قرآن صفحہ ۱۰۵، ۱۰۶)

فرانسیسی مشہور مورخ ڈاکٹر گوستاوے لیبون لکھتا ہے: چند ہی صدیوں کے اندر مسلمانوں نے اسپین کو یورپی ممالک کے سر کا تاج بنا دیا تھا اور یہ انقلاب صرف علمی و مالی اعتبار ہی سے نہیں بلکہ اخلاقی اعتبار سے بھی تھا۔ مسلمانوں نے ایک بہت ہی پر ارزش اصول نصاریٰ کو سکھایا تھا، یا سکھانا چاہا تھا اور وہ "باہم زندگی بسر کرنا" تھا غیر مسلم اقوام کے ساتھ ان کا برتاؤ اتنا نرم تھا کہ پادریوں کو مذہبی اجتماعات منعقد کرنے کی خصوصی اجازت دی گئی تھی چنانچہ اشبیلیہ میں ۸۷۲ء اور قرطبہ میں ۸۵۲ء کے اندر مذہبی تحقیقی اجتماعات برپا کئے گئے تھے۔

مسلمانوں کے دور میں بکثرت کلیساؤں کے تعمیر سے بھی اندازہ لگایا جا سکتا ہے کہ یہ لوگ غیر مسلم اقوام کا کتنا احترام کرتے تھے۔ بہت سے عیسائی مسلمان ہو گئے حالانکہ

اس کی کوئی ضرورت نہیں تھی۔ اسلامی حکومت میں یہودی و عیسائی مسلمانوں کے حقوق میں برابر کے شریک تھے۔ دربار خلافت میں ہر قسم کے عہدے ان لوگوں کو دیئے جاسکتے تھے۔ (تمدن اسلام و عرب صفحہ ۳۴۵)

مسلمانوں کی فتوحات و جوانمردی کو صلیبی جنگوں میں عسیائیوں کے شرمناک اعمال سے مقابلہ کریں تو اسلام کا صحیح موقف جنگ کے بارے میں معلوم کر سکتا ہے عیسائیوں نے نہایت ہی وحشیانہ طریقے سے بیت المقدس پر قبضہ کیا تھا۔ اور بدترین اعمال و بے حساب قتل و غارت گری اس شہر والوں کے ساتھ روا رکھی گئی تھی، بیت المقدس کے میدانوں میں راستوں میں، سروں اور پیروں اور ہاتھوں کے ٹیلے بنائے گئے تھے۔ مسجد عمر میں دسیوں ہزار مسلمان جو پناہ گزیں ہوئے تھے ان کو بے دردی سے قتل کیا گیا تھا۔ معبد سلیمان میں اتنا خون بہایا گیا تھا کہ گھوڑے زانو تک خون میں بھیگ جاتے تھے اور اس میں مرنے والوں کے جسم غوطے کھاتے تھے۔

یورپی رائٹر کلارک کہتا ہے: یقینی اور قطعی بات یہ ہے کہ دنیائے اخلاق نے صلیبی بہادروں سے کسی بھی خیر و برکت کو نہیں دیکھا کیونکہ کسی بھی زمانے میں کسی شہر کے اندر اتنی شرارت، بے شرمی، شہوت رانی، فسق و فجور کا ظہور نہیں ہوا جتنا "مقدس جنگ" کے نام پر اس شہر میں ہوا۔

صلیبی بہادروں نے وہم پرستی و خرافات کو ابدی نشانی بنا دیا تھا۔ معمولی تعصب کے نمونوں کو پہاڑ بنا دیا کرتے تھے، جنگ مقدس وظیفہ بن گئی تھی۔ دعا، احسان، کار خیر کے بدلے گناہوں کا کفارہ مسلمانوں کا قتل عام قرار دیا تھا۔ (عذر تقصیر بہ پیش گاہ محمد و قرآن صفحہ ۱۳۹)

صلیبیوں کے ۸۸ سالہ دور حکومت کے بعد مسلمانوں نے فلسطین واپس لینے کی فکر

شروع کی، اور جنگ کا آغاز کر دیا، یورپ نے بیت المقدس پر اپنا تسلط باقی رکھنے کے لئے اپنی ساری قوت ایشیا میں صرف کر دی مگر کوئی فائدہ نہ ہوا اور آخر کار فلسطین میں صلیبی حکومت کا خاتمہ ہو گیا اور صلاح الدین ایوبی کی فلسطین پر حکومت قائم ہو گئی یورپی اپنے وطن واپس چلے آئے۔

اکتوبر ۱۱۸۷ء (رجب ۵۸۳ھ) میں بیت المقدس پر اسلامی پرچم دوبارہ لہرایا شہر کے دروازے مسلمان سپاہیوں کے لئے کھل گئے اور بادشاہ اسلام صلاح الدین ایوبی نے مسلمانوں کے بیدردی سے قتل اور صلیبی بہادروں کے ظلم و ستم کے بدلے عام معافی کا اعلان کر دیا اور عیسائیوں کو قتل و پھانسی سے بچا کر اسلامی فتوحات کی تاریخ افتخار میں ایک اور باب کا اضافہ کر دیا۔ اس پوری جنگ میں مسلمان سپاہیوں کے اندر اسلامی روح شدت سے اثر انداز تھی اور یہ لوگ ہر قسم کی قسادت و بے رحمی سے پاک تھے۔

صلاح الدین ایوبی نے عام معافی کا اعلان کیا اور یہ بھی اعلان کیا کہ مرد دس دینار، عورتیں پانچ دینار، بچے دو دینار دے کر اپنی پوری پونجی لے کر جہاں جانا چاہیں جا سکتے ہیں اور چونکہ تمام شہروں میں بیت المقدس ہی محفوظ ترین شہر تھا اسی لئے بڑے لوگ اپنے بال بچوں کو بیت المقدس میں رکھتے تھے اور خود دوسرے شہروں میں رہتے تھے (اس لئے صلاح الدین نے جانے کی اجازت دے دی) اسی وقت سب سے بڑا پادری اپنی بے پناہ دولت لے کر جانا چاہتا تھا کچھ لوگوں نے صلاح الدین کو مشورہ دیا کہ اس پادری کا مال چھین کر مسلمانوں میں تقسیم کر دیا جائے۔ صلاح الدین نے کہا یہ بات ناممکن ہے میں ایسی خیانت نہیں کر سکتا۔ کسی بھی شخص سے دس دینار سے زیادہ نہیں لوں گا۔

جان دیون پورٹ لکھتا ہے: شامی بادشاہ صلاح الدین ایوبی نے جب دوبارہ اس شہر "بیت المقدس" کو واپس لیا تو ایک آدمی بھی قتل نہیں کیا اور عیسائی اسیروں کے ساتھ حد

سے زیادہ ترحم کا برتاؤ کیا۔ (عذر تقصیر بہ پیش گاہ محمد و قرآن ص ۱۳۹)

اسپین میں عیسائیوں کی وحشت گری مشرق میں صلیبی جنگوں کی وحشت گری سے کسی طرح کم نہ تھی اسپین میں مسلمانوں نے جو کارہائے نمایاں انجام دئے تھے اور ملک کو جتنی ترقی عطا کی تھی اس کے بدلے عیسائی مذہب کے رہبروں نے مسلمانوں کے بوڑھوں، جوانوں، عورتوں، بچوں کے قتل عام کا حکم دے دیا۔ پوپ فلیپ دوم نے مسلمانوں کو اسپین چھوڑنے کا حکم دے دیا۔ لیکن مسلمان ملک چھوڑنے سے پہلے کلیسا کے حکم سے قتل کر دئے گئے اور جو لوگ اپنی جان بچا کر بھاگ رہے تھے ان کو عدالت میں پیش کیا گیا اور عدالت نے ان کے قتل کا حکم دے دیا۔ اس مدت میں تقریباً تین ملیون مسلمان عیسائیوں کے تعصب کی وجہ سے قتل ہوئے۔

جان دیون پورٹ لکھتا ہے: کون ایسا ہے جو جوانمردی کے زوال یعنی اسپین میں اسلامی حکومت کے خاتمے پر سوگوار نہیں ہے؟ کون ہے جس کے سینے میں اس شجاع و غیرت مند ملت کا احترام موجود نہیں ہے؟ یہ وہی ملت تو ہے جس نے آٹھ سو سال تک اسپین پر حکومت کی لیکن مخالف مورخین بھی ان کے معمولی سے ظلم و ستم کو قلم بند نہ کر سکے کیونکہ ان کا پورا دور عدل و انصاف سے بھرپور تھا۔ کون ہے جو تحریک عیسائیت سے شرمندہ نہیں ہے؟ اس تحریک سے مراد وہ تحریک ہے جس کے نتیجے میں مسلمانوں کے خلاف شیطانی مظالم کی انتہا کر دی گئی تھی اور یہ سارے مظالم ان مسلمانوں پر کئے جا رہے تھے جنھوں نے اسپینیوں کی انسانیت کا درس دیا تھا۔ (عذر تقصیر بہ پیشگاہ محمد و قرآن ص ۱۳۳)

مشہور مورخ جرجی زیدان تحریر کرتے ہیں: اسپین پر عیسائی قبضے کے بعد مسلمانوں کو یہودیوں اور بدکاروں کیطرح اپنے ساتھ نشانی رکھنے پر مجبور کیا گیا تاکہ اس نشانی کے

ذریعے سے یہ معلوم کیا جاس کے کہ یہ مسلمان ہے اور پھر آخر میں مسلمانوں کو موت یا عیسائیت کے لئے اختیار دے دیا گیا۔

انسان دوست عیسائیوں نے اسپین پر قبضہ کرنے کے بعد مسجدوں کو کلیسا میں بدل دیا، مسلمانوں کی مذہبی آزادی چھین لی مسلمانوں کے قبرستانوں کو برباد کر دیا۔ ان کو حمام میں جانے سے ---جو ایک ضروری کام ہے ---روک دیا گیا اور خود مسلمانوں کے حماموں کو ویران و برباد کر دیا۔

ہنری چہارم کے زمانے میں اسپینی نام نہاد مجاہدوں نے---جن کو قصبہ دولان کے بر خلاف ابھارا گیا تھا اور جس کی آبادی چار ہزار نفوس پر مشتمل تھی---دولان کے تمام مسلمانوں کو گلا گھونٹ کر مار ڈالا۔ (جنگ ہائے صلیبی ج ا ص ۷۴) پوری تاریخ میں عیسائیوں کے صلح جوئی کا یہ مفہوم رہا ہے۔!

آج کی دنیا میں بھی متمدن استعمار گروں کے چنگل میں پھنسی ہوئی قوموں کے ساتھ ان لوگوں کے برتاؤ کی طرف توجہ کی جائے تو پتہ چل جائے گا کہ روبہ ترقی اقوام کی عزت و شخصیت کو کس طرح پامال کیا جا رہا ہے اور ان کو ان کے واقعی تمدن سے کس طرح محروم کر دیا ہے۔ ان کی پوری تعلیم کا مقصد---خواہ وہ مرئی ہوں یا غیر مرئی نقوس کی روح و افکار کو استعمار کرنا ہے۔ انھوں نے اپنے مخصوص مصالح کے لئے لوگوں کو آزادی رائے و فکر سے محروم کر دیا اور ان کو اس طرح جکڑ دیا ہے کہ ان مصالح کے خلاف وہ لوگ کوئی اقدام نہ کر سکیں جہاں بھی انصاف کی آواز بلند ہوتی ہے اس کو بلند ہونے سے پہلے گلے ہی میں گھونٹ دیتے ہیں۔

صلح کی طرفداری بھی ایک ایسی چیز سے کہ بڑی بڑی حکومتیں جس کا نعرہ لگاتی ہیں لیکن کیا ان صلح کے حامیوں نے جنگ چھوڑ دی ؟ کیا ان لوگوں نے اپنے تمام اختلافات کو

ڈپلومیسی طرح سے حل کرنے میں کامیاب ہو گئے۔ کیا ان کے سیاسی نقشہ جنگ کی کوئی قدر و قیمت لگائی جاسکتی ہے ؟

اسلام نے صلح کو تہذیب و اسباب کے کنٹرول کی بنیاد پر مضبوط کیا ہے صلح کی ابتدا لوگوں کی گہرائیوں سے قرار دی ہے۔ پھر بین المللی اور عالمگیر پیمانے پر ترقی کی ہے۔ کیونکہ جب لوگوں کے قلوب مطمئن نہ ہوں گے۔ دنیا کے اندر آرام و سکون ناممکن ہو گا جب تک لوگوں کے افکار پر ایک اخلاقی حکومت کی ضمانت نہ ہو گی صلح کی تمام کوششیں نقش بر آب ثابت ہوں گی اور بشری معاشرے میں صلح ناممکن ہو جائے گی۔

در حقیقت معاشرے کا سنگ بنیاد فرد ہے اسی لئے اسلام نے ایمان و عقیدے کے سہارے سکون و آرام کے بیج کو افراد کے وجدان میں کاشت کیا ہے اور پھر رفتہ رفتہ یہی ایمان و عقیدہ اس کی رفتار و کردار میں بھی اثر انداز ہوتا ہے اور پھر افراد کے سدھار سے معاشرے کا قہری طور پر سدھار ہو جاتا ہے۔ لیکن اسی کے ساتھ ساتھ صرف فرد کے اندرونی عقیدے ہی پر بھروسہ نہیں کرتا بلکہ کچھ قابل اطمینان قانون وضع کرتا ہے جس میں ہر فرد احساس مساوات کے علاوہ کچھ اور سوچ بھی نہیں سکتا۔ جو لوگ اسلامی محیط میں زندگی بسر کرتے ہیں انھیں احساس ہو گا کہ ان کی جان، مال، آبرو سب ہی مکمل طور پر امان میں ہے اور گویا معاشرے کے افراد کا حوادث سے بیمہ کرتا ہے۔

بعض مکاتیب فکر رابطہ فرد با فرد دیگر کو رابطہ تصادم سمجھتے ہیں لیکن اسلام چاہتا ہے ان سب کا رابطہ تعاون پر اور ایک دوسرے سے محبت و دوستی کی بنیاد پر ہو اور فردی و اجتماعی آداب، درخشاں اخلاقی تعلیمات سے اس مقدس مقصد کو مدد پہنچائی جائے اور دلوں سے روح عداوت و بغض و کینہ کو ختم کر دیا جائے۔

جب لوگوں کے دلوں میں لطیف احساسات پیدا ہوں گے اور ان کے دلوں میں

برادری اور نزدیکی کے چراغ روشن ہوں گے تو پھر ان کے دل بھی رحمت کے نور سے منور ہو جائیں اور پھر آپسی اختلافات، رنجشیں، کشمکش، جدائی، جنگ، بے ایمانی، رفتہ رفتہ کر کے ختم ہوتی جائیں گی اور صلح وصفائی کا ہی معاشرہ اپنے بال وپر کھول دے گا۔

دنیا کا کوئی بھی نظام تمام افراد بشر کے لئے تمام حالات میں عادلانہ عمل نہیں کر سکتا۔ دنیا میں اجتماعی عدالت چاہے جتنی مضبوط ہو جائے لوگوں کے تمام مظالم کو دور کرنے پر قادر نہیں ہے سب کے بارے میں مکمل عدالت انسانی جملہ وسائل کے باوجود ممکن نہیں ہے۔ کیونکہ دنیا میں بہت سے ایسے بھی مظالم ہوتے ہیں جن کا احساس دنیاوی عدالت کر ہی نہیں سکتی۔ حد یہ ہے کہ کبھی ایسی بھی بے انصافی ہوتی ہے کہ خود صاحب حق کو احساس نہیں ہو پاتا کہ اس نے اپنے حق سے تجاوز کیا ہے جب تک قیامت میں خدا الہی عدالت کے ذریعے ظالموں سے مظلوموں کا انتقام نہ لے لے اس وقت تک ایسی توقع بیکار سی ہے۔

اب آیئے ذرا دیکھا جائے اسلام اور متمدن دنیا کی نظر میں صلح کا مفہوم کیا ہے؟ اسلام جس صلح کا خواہش مند ہے وہ روسائے مملکت کے صلح سے بنیادی طور پر مختلف ہے کیونکہ ان لوگوں کی نظر میں صلح کا مطلب یہ ہے کہ بڑی بڑی حکومتیں چھوٹے ممالک کے منابع ثروت کو صلح کے نام پر آپس میں بانٹ لیں اور بخیال خود دوسروں کو اپنے زیر نفوذ کر کے ان کو راحت و آرام پہونچائیں۔

دوسرے لفظوں میں ان کے یہاں صلح کا مطلب دوسروں کو تاراج کرنا ہے۔ اسی لئے یہ لوگ مصالحت کی راہ کوئی مثبت اقدام اور خلوص نیت کا اظہار نہیں کرتے جلسے جلوس بحث ومباحثہ یہ صرف رسمی چیزیں ہو کر رہ گئی ہیں اور بلا کسی نتیجے کے یہ اختتام پذیر ہو جاتی ہیں۔

لیکن اسلام ایسی صلح کا خواہش مند ہے جس کی بنیاد دنیا کی مختلف قوموں کے تساوی حقوق پر استوار کی گئی ہے اور بغیر کسی تفاوت کے جس کا سایہ دنیا کے تمام اقوام پر خواہ وہ کمزور ہوں یا طاقتور، برابر پڑے۔ اسلام پوری بشریت کے لئے مکمل صلح چاہتا ہے۔

اقوام متحدہ نے اپنے منشور میں اپنے مقصد صلح کو عالمگیر پیمانے پر رکھنے کا دعوی کیا ہے اور اسباب جنگ و علل اختلافات کو دور کرنے کا دعوی کرتا ہے لیکن اگر کسی دن منشور کا مقصد پورا بھی ہو جائے تو آزادی رائے، آزادی افکار کا مقصد پورا ہو سکے گا؟ کیا مختلف اقوام میں زمانہ صلح میں بھی اختناق فکری اور استعمار کا وجود نہیں ہے؟

مشرقی بلاک والے اور سرمایہ دار کہتے ہیں: ہم ایک عالمگیر سسٹم کے برقراری کے خواہش مند ہیں لیکن آزادی کے بغیر کونسے عالمگیر سسٹم موجود ہو سکتا ہے؟

مشرق و مغرب میں حکمراں طبقے کے مخالفین کو عملی طور پر زندہ رہنے کا حق نہیں ہے، یہ حکمراں چاہتے ہیں کہ جبر و ظلم سے دوسروں کے مسلک و عقائد کو ختم کر دیں لیکن اسلام صرف صلح کو انسانوں کی سعادت و خوش بختی کا ضامن نہیں سمجھتا بلکہ کچھ اصول کو اجتماعی زندگی کی بنیاد قرار دیتا ہے۔ اسلام لوگوں کی آزادی فکر و رائے کو بھی برقرار رکھنا چاہتا ہے تاکہ بشری معاشرہ سعادت بخش و صحیح راستے کی تشخیص کر کے اس کو اپنے لئے اختیار کر لے۔ اسی لئے اپنی عالمگیر دعوت میں جبر و ظلم کو ناپسند کرتا ہے اور مختلف قوموں میں پیش رفت کی علت صرف عقل و رشد فکری کو سمجھتا ہے۔ ارشاد ہوتا ہے دین کو قبول کرنے پر کوئی جبر نہیں ہے کیونکہ رشد و ہدایت کا راستہ گمراہی و ضلالت کے راستے سے جدا کیا جا چکا ہے۔ (بقرہ ۲۵۶)

تمہارے خدا کی طرف سے تمہارے پاس دلائل و براہین آچکے ہیں پس جو شخص حق کو ان دلائل کی روشنی میں دیکھے گا فائدہ اٹھائے گا اور جو حق کو دیکھنے سے اپنی آنکھ بند

کر لے گا وہ خود نقصان اٹھائے گا۔ (انعام ۱۰۴)

نصیحت کیجئے آپ کا کام صرف تذکر ہے آپ کسی کو مجبور نہیں کر سکتے۔ (غاشیہ ۲۲)

اسلام آزادی عقیدے کا قائل ہے اس لئے دین قبول کرنے کے لئے کسی بھی قسم کے جبر و اکراہ کو غلط سمجھتا ہے۔ اس کے علاوہ بھی جو عقیدے اور ایمان کا تعلق امور قلبی سے ہے اس لئے باطنی میلان کے بغیر جبرا اس کا تحقق ممکن ہی نہیں ہے مختلف قسم کے اسباب و عوامل انسانی افکار و عقائد میں مؤثر ہوا کرتے ہیں۔ اس لئے اصلاح کی خاطر صحیح تعلیم و تربیت منطق واستدلال کی ضرورت ہے ورنہ زبردستی انسانی خیالات کو بدلنا ناممکن سی بات ہے چونکہ اسلام نے لوگوں کو حریت فکر بخشی اور ہر قسم کے فکر خفقان کو ختم کر دیا اس لئے لوگ بلا کسی جھجک و خوف کے اسلام یا کسی بھی آسمانی مذہب کو قبول کر سکتے ہیں۔ اسی لئے اسلام نے قبولیت اسلام کے لئے کسی بھی قسم کے جبر و ظلم کو جائز نہیں قرار دیا۔

اس تمہید سے یہ بات معلوم ہو گئی کہ اسلام کے ابتدائی جہاد کو دیکھ کر عیسائی مبلغین کا یہ فیصلہ کر دینا کہ اسلام تلوار کے زور سے پھیلا ہے قطعاً حقیقت سے دور ہے۔ ان لوگوں نے جہاد پیغمبر (ص) یا قانون جہاد سے اگر یہ غلط نتیجہ نکالا ہے تو جائے تعجب نہیں ہے کیونکہ ان لوگوں کے یہاں سوائے جنگ و جدال، جبر و استعمار کے علاوہ کچھ ہے ہی نہیں حد یہ ہے کہ ان کے مقدسین، پوپ، تارک الدنیا قسم کے لوگوں نے عیسائیت کی تبلیغ میں اور غیر عیسائی لوگوں کو عیسائی بنانے کے سلسلے میں وہ ظلم و ستم ڈھائے ہیں جن کے سامنے مغلوں اور تاتاریوں کی سختیاں ہیچ نظر آتی ہیں۔ (اسلام مکتب مبارزہ و مولد ص ۹)

پیغمبر اسلام (ص) نے مشرکین قریش کے ساتھ جو معاہدہ کیا تھا جسکو صلح حدیبیہ کہا

جاتا ہے وہ عربستان میں ایک صلح عمومی اور امن اجتماعی کی داغ بیل ڈالتا ہے اس معاہدے سے اسلامی اکسپرٹ اور انسانی اصول کا اندازہ لگایا جا سکتا ہے۔ جو لوگ اسلام پر یہ الزام لگاتے ہیں کہ وہ تلوار کے زور سے پھیلا، یہ معاہدہ ان کا منہ توڑ جواب بھی ہے۔ اس معاہدے کی ایک اہم شرط یہ تھی۔

"مشرکین مکہ کی کوئی بھی فرد اگر بھاگ کر رسول اسلام کے پاس آجائے اور اسلام قبول کر لے اور اپنے بزرگ سے اجازت نہ حاصل کی ہو تو رسول اسلام (ص) پر لازم ہے کہ اس کو مکہ واپس کر دیں لیکن اگر کوئی مسلمان بھاگ کر قریش کے پاس چلا جائے تو قریش اس کو واپس نہیں کریں گے" کچھ مسلمان معاہدے کی اس دفعہ سے بہت رنجیدہ ہوئے اور پیغمبر سے کہنے لگے آخر قریش کے پناہ گزینوں کو ہم کیوں واپس کر دیں؟ جبکہ وہ ہمارے پناہ گزیں کو واپس کرنے پر مجبور نہیں ہیں تو رسول اسلام (ص) نے اس کا جواب اس طرح دیا۔

اگر کوئی مسلمان قریش کے پاس بھاگ جاتا ہے تو اسکا مطلب یہ ہے کہ اس نے صدق دل سے اسلام قبول ہی نہیں کیا تھا۔ ظاہر ہے ایسا مسلمان ہمارے لئے مفید نہیں ہو سکتا اس لئے کہ اس کا جانا ہی بہتر ہے اور ہم اگرق ریش کے پناہ گزینوں کو واپس کر دیتے ہیں تو ہم کو اطمینان ہے کہ خدا ان کی نجات کے لئے کوئ نہ کوئی راستہ ضرور پیدا کرے گا۔ (بحار الانوار ج ۲۰ ص ۳۱۲)

رسول اسلام (ص) کا یہ فرمانا "خدا ان کے نجات کا کوئی راستہ پیدا کرے گا" بالکل سچ نکلا کیونکہ کچھ ہی مدت کے بعد خود قریش نے خواہش کی کہ اس دفعہ کو ختم کر دیا جائے۔

دنیا کے مختلف حصوں میں جنگ و خونریزی کا وجود خود مادی تمدن کے کمزور ہونے

کی دلیل ہے۔ صلح اور جنگ کے مواقع پر اسلام کے کلی اصول اسباب ایجاد جنگ کو برابر ناپسند کرتے رہے ہیں اور مادی منافع کی خاطر اور دوسروں کو غلام بنانے کی خاطر متمدن دنیا کی ساری جنگوں کو اسلام برا سمجھتا ہے۔

جب تک انسانی قدر و قیمت اور دوسروں کے حقوق کا احترام نہ کیا جائے دنیا کو صلح و آرام دیکھنا نصیب نہ ہو گا۔ جس دنیا میں اخلاقی لوازین اور انسانی اصول کا ستیاناس کر دیا گیا ہو اس میں اس سے بہتر وضع کا انتظار نہیں کیا جا سکتا۔!

جب تک ٹیکنالوجی اور مادی تمدن ترقی پذیر رہے گا، اور لوگ صلح کے بہانے مشغول جنگ رہیں گے۔ نئے نئے خطرناک ترین اسلحے ایجاد کرتے رہیں اس وقت تک یہ حقیقت اپنی جگہ پر مسلم ہے کہ بشریت کو اپنے لئے دو راہوں میں سے کسی ایک کا انتخاب کرنا ہو گا۔ تیسرا کوئی راستہ ہی نہیں ہے۔ ایک تو یہ دنیا جنگ کی بھٹی میں جلتی رہے اور اقوام تباہ و برباد ہو جائیں اور دوسری صورت یہ ہے کہ لوگ خدا پر ایمان لائیں، ان اخلاقی وانسانی اصول کی پابندی کریں جن کو انبیاء بشریت کے لئے بطور تحفہ لائے تھے تا کہ دنیا اپنی بدنی و فکری قوتوں کو راہ فنا میں صرف کرنے کے بجائے خوش بختی کی راستے پر لگائے مختصر یہ کہ انسان یا خدا کو اختیار کرے یا پھر تباہی و بربادی کو۔ ہمارا عقیدہ ہے کہ ایک نہ ایک دن بشر پیغمبر اسلام (ص) کے تعلیمات سے آشنا ہو گا اور پھر نیکی و سعادت کے راستے پر چل کر اپنے لئے فائدہ ہی فائدہ حاصل کرے گا، کیونکہ بحران، گمراہی، تباہی سے مجبور ہو کر انسان ایک دن دامن اسلام میں پناہ لے گا۔ جیسا کہ روسی فلسفی ٹلسٹوی کہتا ہے کہ شریعت محمد (ص) عقل و حکمت کے موافق ہونے کی وجہ سے آئندہ ساری دنیا پر چھا جائے گی۔

اسلام کی نظر میں معاشرہ

جس طرح انسان کا بدن مختلف اعضاء سے مل کر بنا ہے اور ان اعضاء کے درمیان فطری رابطہ موجود ہے اسی طرح معاشرہ بھی چھوٹے بڑے خاندانوں سے مل کر بنتا ہے۔ جب کسی خاندان کے افراد میں اتحاد اور یگانگت ہوتی ہے تو اس سے ایک مضبوط اور سالم معاشرہ بنتا ہے۔ اس کے برخلاف اگر ان افراد میں اختلاف ہو تو معاشرے کا پہیہ پورا نہیں گھومتا اور تشتت و پراگندگی کا شکار ہو جاتا ہے۔

انسان فطری طور پر زندہ رہنا چاہتا ہے اور اپنی اس خواہش کو پوری کرنے کے لئے ہر قسم کی کوشش کرتا ہے اس مقصد کے حصول کے لئے سب سے آسان طریقہ ایجاد نسل ہے کیونکہ جب تک نسل انسانی رہے گی، زندگی رہے گی اور ایجاد نسل کے لئے ایک خانوادے کی تشکیل کی ضرورت ہے۔ زندگی کی گاڑی چلانے کیلئے اقتصاد کی ضرورت ہوتی ہے ایجاد خانوادے میں بھی مختلف نظریات کار فرما ہیں کچھ لوگ تاجرانہ ذہنیت رکھتے ہیں انکا خیال ہے کہ اقتصادیات کو حل کرنے کے لئے خانوادے کی تشکیل کی جاتی ہے اور شادی بیاہ بھی دو خاندانوں کے درمیان ایک قسم کا تجارتی مسئلہ ہے۔ مگر یہ طرز فکر اجتماع کی واقعی غرض۔۔۔ یعنی شادی بیاہ کا مقصد بقائے نسل ہے۔۔۔ سے دور ہے۔

مولر لیور لکھتا ہے کہ شادی بیاہ کے تین اسباب ہوتے ہیں: (۱) اقتصادی ضرورت (۲) اولاد کی خواہش (۳) عشق۔ یہ اسباب اگرچہ ہر معاشرے میں موجود ہیں مگر مختلف زمانوں میں ان کے اندر مختلف تغیر ہوا ہے۔ ابتدائی معاشروں میں اقتصادی علت کی

اہمیت زیادہ تھی اور آج کے دور میں عشق کی اہمیت زیادہ ہے۔ (جامعہ شناسی ساموئیل کینگ)

اسلام نے تشکیل خانوادہ ۔۔۔جو عفت عمومی کے حفاظت کا بہترین ذریعہ ہے ۔۔۔کی طرف تشویق دلانے کے ساتھ ساتھ فطری مانگ کا بھی مثبت جواب دیا ہے اور شادی بیاہ کو بقائے نوع انسانی اور اولاد صالح کی پیدائش کا واحد ذریعہ قرار دیا ہے چنانچہ قرآن کہتا ہے خدا نے تمہاری ہی جنس سے تمہارے لئے بیویاں بنائیں اور ان سے تمہارے لئے اولاد در اولاد کا سلسلہ قرار دیا۔اور پاک چیزوں کو تمہاری روزی قرار دی۔(نحل ۷۲)

اسلام نے جوانوں کو جنسی بے راہ روی سے روکنے کیلئے خاندان کے ذمہ داروں کو ابھارا ہے کہ جوانوں کی شادی جلد از جلد کریں کیونکہ جو جوان شخصی طور پر اپنی شادی کرنے پر قادر نہیں ہے کہیں ایسا نہ ہو کہ شہوانی جذبے سے مجبور ہو کر خود کو تباہی کے غار میں گرادے،اس لئے بچوں کی شادی بیاہ کی ذمہ داری والدین کے سر ڈال دی اور والدین کو اس انسانی فریضہ کی ادائیگی کی طرف ضرورت سے زیادہ تشویق دلائی۔کیونکہ جلد از جلد شادی کر دینا بچوں کے اخلاق و ایمان کو محفوظ رکھے گا۔اسلام کا عقیدہ ہے کہ جنسی افراط و تفریط سے بچانے اور خوش بختی کی زندگی بسر کرنے کے لئے شادی بیاہ کرنا اور خاندان کی تشکیل کرنا ضروری ہے۔

رسول اسلام (ص) نے ایک دن منبر سے اعلان فرمایا مسلمانو!تمہاری لڑکیاں درختوں پر پکے ہوئے میوے کی طرح ہیں اگر ان کو بروقت توڑا نہ گیا(یعنی لڑکیوں کی شادی نہ کی گئی) تو آفتاب کی حرارت اور فضائی عوامل اسے تباہ و برباد کر دیں گے اسی طرح لڑکیوں کی فطری خواہش کو پورا نہ کیا گیا اور ان کی بروقت شادی نہ کی گئی تو ان کے

فاسد ہونے کا خطرہ ہے کیونکہ وہ بھی انسان ہیں اور ان کی ضرورتوں کو پورا کرنا ہی چاہئے۔(وسائل باب ۲۲)

امام محمد باقر (ع) کے صحابی "علی بن اسباط "نے حضرت کو ایک خط لکھا اس میں تحریر کیا: مناسب و معقول لڑکے ہماری لڑکیوں کے لئے نہیں ملتے اب بتائے ہم کیا کریں ؟ حضرت نے جواب دیا ہر لحاظ سے مناسب جوان کا انتظار مت کرو کیونکہ رسول اکرم (ص) نے فرمایا: اگر ایسے جوان تمہاری لڑکیوں کی خواستگاری کریں جو مذہبی و اخلاقی لحاظ سے تم کو پسند ہوں ت اپنی لڑکیوں کی شادی کردو اس کے علاوہ صورت میں اپنے لڑکے اور لڑکیوں کی بے راہ روی سے مطمئن نہ ہو۔(وسائل باب ۲۷)

پس اسلام نہ صرف یہ کہ شادی بیاہ میں کوئی اڑچن نہیں پیدا کرتا، بلکہ اس فطری قوت سے شخصی زندگی اور اجتماع کو فائدہ حاصل کرنے پر آمادہ بھی کرتا ہے۔شادی بیاہ سے جسمانی سکون کے علاوہ روحانی، فکری، اخلاقی سکون بھی ملتا ہے۔کیونکہ جو شخص وحشت و اضطراب کے عالم میں ہو وہ واقعی سعادت کو درک نہیں کر سکتا۔اسلام کی نظر میں یہ انسانی پیوند۔۔۔شادی۔۔۔دلوں کا مقدس عہد و پیمان ہے۔اس کا مطلب یہ ہے کہ طرفین سکون و آرام کی زندگی بسر کر سکیں۔قرآن میں ارشاد ہے خدا کے وجود کی نشانیوں میں سے ایک نشانی یہ بھی ہے کہ اس نے تمہاری ہی نوع سے تمہارے لئے بیویاں پیدا کیں تا کہ تم ان سے آرام حاصل کرو اور تمہارے درمیان مہر و محبت قرار دی اور جو لوگ اس محبت و دوستی میں غور و فکر کریں گے ان کے لئے بہت سی نشانیاں اس میں موجود ہیں۔(سورہ روم ۲۱)

افراد خاندان میں استحکام روابط کے لئے اسلام نے کچھ معاشرتی اصول و قوانین بھی بتائے۔اسلام نے شادی کو "پیمان محکم" کے لفظ سے تعبیر کیا ہے۔(نساء ۲۵)

اور تمام مادی وسائل کو اپنے مقصد سے بالکل الگ رکھا ہے۔ خاندان کے افراد میں اتحاد و ہم آہنگی برقرار رکھنے کے لئے ہر ایک کے فرائض عادلانہ طریقے سے بتا دیئے تا کہ ہر شخص اپنے فنی استعداد کے لحاظ سے اپنے امور زندگی کو پورا کر سکے۔ چنانچہ ارشاد ہے عورت و مرد ایک دوسرے کے ساتھ برابر حقوق رکھتے ہیں۔ (بقرہ۲۲۸)

تقسیم کار کے سلسلے میں بھی عورت و مرد کی فطرت کا بہت ہی دقیق نظر سے مطالبہ کیا ہے۔ مرد پر اقتصادیات کی فراہمی اور ان سے متعلق امور لازم کئے گئے اور عورتوں سے بچوں کی تربیت و پرورش اور امور خانہ داری کا انتظام متعلق کیا گیا۔

اسلام نے عورت کے ذمے اس کے فطری فرائض ہی رکھے اور اس سلسلے میں معمولی سی بھی فروگذاشت نہیں رکھی اور اس بات کا لحاظ رکھا ہے کہ اس کے فطری رجحانات ضائع و برباد نہ ہو جائیں۔ البتہ کسی شخصی یا اجتماعی امر کی بنا پر عورت کو اس بات کی اجازت دی ہے کہ وہ گھر سے باہر والے کام بھی انجام دے سکے لیکن معاشرے میں اس بات کی اجازت ہر گز نہیں ہے دی کہ وہ دوسرے مردوں سے غلط روابط قائم کر سکے۔

ہر انتظامیہ کا ایک سربراہ ہونا ضروری ہے گھر اور گھر داری بھی ایک قسم کا انتظامیہ ہے جس کا ایک سربراہ ہونا ضروری ہے کیونکہ بغیر سربراہ انتظامیہ حرج و مرج میں مبتلا ہو سکتا ہے۔ اسی لئے گھریلو انتظامیہ کی سربراہی مرد یا عورت کے ہاتھ میں ہونی چاہیئے۔ آیئے ذرا دیکھیں یہ کام کس کے سپرد ہونا چاہیئے۔ اس انتظامیہ کی ذمہ داری بچوں کی تربیت نگرانی۔ خانوادے کا سنگین بار اٹھانے کے لئے عورت سے زیادہ مرد لائق و سزاوار ہے صرف مرد ہی ہے جو اتنی بڑی ذمہ داری کو اپنے کاندھوں پر اٹھا سکتا ہے۔

اپنی جگہ پر یہ بات طے شدہ ہے کہ عورت اپنے جذبات کی تابع ہوتی ہے اور اس کی خلقت ہی کچھ اسطرح کی گئی ہے کہ فطری طور پر وہ مرد سے زیادہ زود حس ہے، برخلاف

مرد کے کہ وہ فطری طور پر عقل کا تابع ہوتا ہے۔ اس بنا پر عاطفہ کے مقابلے میں فکر کی زیادہ اہمیت ہوئی اسی لئے اسلام نے خانوادے کی ریاست مرد کے ہاتھوں میں رکھی۔ (فرانس کے جدید قانون مادہ صفحہ ۲۱۳ میں تصریح کی گئی ہے کہ خانوادے کی سرپرستی مرد سے متعلق ہے۔) لیکن اس کا مطلب یہ نہیں ہے کہ عورت سے کسی قسم کا مشورہ نہ لیا جائے اور مرد حسب خواہش ایک مطلق العنان ڈکٹیٹر بن جائے۔ اسلام نے مرد کو سرپرست بنانے کے ساتھ اس کو عورتوں پر ہر قسم کی زیادتی و ظلم سے روک دیا ہے۔ قرآن اعلان کرتا ہے ظلم و تعدی سے الگ ہو کر شائستہ اور معقول طریقے سے عورتوں کے ساتھ زندگی بسر کرو۔ (نساء ۱۹)

گھریلو امور کی ذمہ داری مرد کے سپرد ہونے باوجود گھر کے داخلی معاملات میں عورت مستقل ہے اور وسائل زندگی کی ذمہ داری اس پر ہے۔ رسول اکرم (ص) نے فرمایا: خانوادے کا نگہبان مرد ہے مگر عورت بھی گھر، شوہر، بچوں کے بارے میں مسئول ہے۔ (مجموعہ ورام صفحہ ٦)

ہمارے یہاں آج کل جو شادی بیاہ کی قدر و قیمت گھٹ گئی ہے کہ معمولی معمولی باتوں پر علیحدگی ہو جاتی ہے اس کی وجہ یہ ہے کہ آج کل شادی بیاہ میں واقعات زندگی کا خیال نہیں رکھا جاتا اس قسم کی شادیاں عموماً رومانی اور بچکانہ و کچے تصورات کی بناء پر کی جاتی ہیں۔ بہت سے لوگ ہم آہنگی اتحاد نظریات کے بغیر محض دولت و شہرت اور ظاہری نمائش پر شادی کر لیتے ہیں اس کے نتیجے میں یہ شادیاں ناکامیاب ہوتی ہیں ان کا مستقبل تاریک ہوتا ہے کیونکہ عورت و مرد کے اختلاف نظریات روز بروز وسیع سے وسیع تر ہوتے جاتے ہیں اور آخری نتیجہ علیحدگی کی صورت میں ظاہر ہوتا ہے۔ جب تک لوگ اصولی اور صاحب فکر و نظر نہ ہوں گے زندگی کے واقعی مسائل کا صحیح مطالعہ نہیں

کریں گے اس قسم کے حالات روز بروز بڑھتے جائیں گے اسی وجہ سے اسلام نے ایسے طرز فکر ـــــــــ جو بد بختی اور کشمکش کے علاوہ کچھ بھی نہیں دیتا ۔۔۔ کو رد کر دیا ہے۔ اسلام کی نظر میں تشکیل خانوادے کے لئے دولت، شہرت، مادی، امور کی کوئی قیمت نہیں ہے بلکہ شادی کا دارومدار ایمان و فضیلت عفت و پاک دامنی پر ہے مرد و عورت کے تقوی و پرہیز گاری کی طرف خصوصی دیتا ہے پیغمبر اسلام (ص) فرماتے ہیں:

جو شخص کسی عورت سے خوبصورتی کی بناء پر شادی کرے گا اپنی محبوب چیز اس میں نہیں پائے گا اور جو کسی عورت سے محض دولت کی خاطر شادی کرے گا خدا اس کو اسی کے حوالے کر دے گا۔ اس لئے تم لوگ با ایمان و پاک دامن عورت سے شادی کرو۔ (وسائل جلد ۳ صفحہ ۶)

اسلام نے تشکیل معاشرے کی طرف بہت تشویق و ترغیب دلائی ہے۔ حد یہ ہے کہ شادی سے زیادہ پسندیدہ کسی چیز کو نہیں قرار دیا۔ (من لایحضرہ الفقیہ ۴۰۹)

جو لوگ نا معقول اسباب کی بناء پر شادی نہیں کرتے ان کی مذمت کی ہے اور ہر اس بہانے کو جو جنسی رو کو غلط راستے پر ڈال دے سختی سے روکتا ہے فرماتے ہیں: نکاح میری سنت ہے جو میری سنت سے اعراض کرے گا وہ مجھ سے نہیں ہے۔ (سفینۃ البحار جلد ا صفحہ ۵۶۱) اسی طرح ایسے لوگوں سے اسلام شادی کو روکتا ہے جن کے اندر نفسانی کمالات اور روحانی فضائل نہ پائے جائیں اور جو خاندان نجیب نہ ہو، یا اخلاقی و مذہبی تربیت سے بے بہرہ ہو اس سے بھی شادی کو روکتا ہے گھورے کی سرسبزی سے بچو! لوگوں نے پوچھا اس سے کیا مراد ہے؟ فرمایا ایسی خوبصورت عورت جس کا خاندانی ماحول خراب ہو۔ (وسائل کتاب نکاح باب ۷)

ظاہر ہے کہ جو بیویاں اخلاقی و مذہبی اصول و قوانین کی پابندی نہیں ہیں وہ خاندان کو خوش بخت و سعادت مند نہیں بنا سکتیں، اور ایسی شادیوں کا نتیجہ بدکار، شہوت پرست اولاد کی صورت میں ظاہر ہوتا ہے۔ اسی لئے اسلام دونوں کی نیک بختی کی طرف عقلی و اخلاقی لحاظ سے خاص نظر رکھتا ہے اور بری و فاسد نسلوں سے شادی کو منع کرتا ہے۔

اگر نوجوان بیوی کو منتخب کرتے وقت ظاہری ٹھاٹھ باٹھ کو نہ دیکھتے ہوئے اسلامی اصول کی پابندی کریں اور خواہشات نفس کے بجائے عقل سے کام لیں تو بد بختی سے بچ سکتے ہیں۔

ہمارے آج کل کے نوجوان بیوی کے انتخاب کے لئے صحیح راستہ یہ سمجھتے ہیں کہ کچھ دنوں تک عورت کے ساتھ باقاعدہ نشست برخاست رکھی جائے۔ ساتھ رہا جائے تاکہ اس کے اخلاق و عادات سے جانکاری کے بعد اقدام کیا جائے تاکہ پوری زندگی خوشگوار طور سے گزرے حالانکہ یہ طریقہ اپنے مفاسد و نقصانات کے ساتھ بیوی کے صفات و خصائص پر پوری طرح سبب اطلاع نہیں ہے کیونکہ اس کے لئے بہت طولانی معاشرت کی ضرورت ہے۔ کیونکہ " خبث نفس نگر دد بسالہا معلوم " تھوڑے دنوں کی آمد و رفت نشست و برخاست سے کافی معلومات نہیں حاصل ہو سکتے۔ بلکہ جوں جوں زندگی میں واقعات و حادثات رونما ہوتے رہیں گے اسی طرح انسان کی شخصیت آشکارا ہو گی درحقیقت کسی کے صبر و شکیبائی، متانت، بردباری، قناعت، درگزر، فداکاری وغیرہ کا اندازہ اس وقت ہوتا ہے جب کوئی جاں گداز واقعہ پیش آجائے ورنہ خوشی و آسائش و تفریح کے وقت ان اخلاقی صفات کا اندازہ نہیں لگایا جا سکتا۔

کیا تفریح گاہ یا سینما میں ملاقات سے طرفین کی حقیقت معلوم ہو سکتی ہے؟ جبکہ ابتدا میں دونوں طرف کی کوشش یہ ہوتی ہے کہ اپنی کمیوں کا اظہار نہ ہونے پائے، بلکہ

تصنع کر کے اپنے کو نیک خصلت، پسندیدہ صفت ظاہر کرنے کی کوشش کرتے ہیں ایسی صورت میں صحیح حالات کا علم کیونکر ہو سکتا ہے؟ بھلا سوچئے تو جو نوجوان عمر کے شدید جذباتی دور میں ہیں وہ محض چند دنوں ساتھ رہ کر کس طرح سے پتہ لگا سکتے ہیں کہ روحانی اور اخلاقی لحاظ سے دونوں میں کوئی اختلاف نہیں ہے؟ اس شہوانی دور اور خواب دیکھنے کی عمر نوجوان جنسیات کے علاوہ کچھ سوچتا ہی نہیں۔!

کیا وہ نوجوان مختصر سی مدت ساتھ رہنے کے بعد اپنی بیوی کا انتخاب کریں گے اور اس سے شادی کریں گے، وہ آخری عمر تک لڑائی جھگڑے کشمکش سے بچے رہیں گے؟ ان کے اور ان کی بیوی میں کسی قسم کا اختلاف نہیں ہو گا؟ اور یہ دونوں قابل غبطہ زندگی بسر کر سکیں گے؟ ہر گز نہیں۔!

تجربات اس کے بر خلاف موجود ہیں! کیونکہ اس قسم کی شادی میں شروع شروع تو میاں بیوی بہت خوش خوش رہتے ہیں لیکن رفتہ رفتہ ایک دوسرے کی کمی کی گرفت کرنے لگتے ہیں اور پھر نتیجہ طلاق کی صورت میں ظاہر ہوتا ہے۔۔۔ ہر

جوان کو یہ بات یاد رکھنی چاہئے کہ دو آدمیوں میں روحی تطابق ہر جہت سے اس طرح مشکل کیا بلکہ محال ہے جس طرح کہ ظاہری قیافہ میں اتحاد اور شکل و صورت میں مطابقت مشکل ہے۔ اس کے علاوہ عورتوں کا اندازہ فکر اور ان کے احساسات کچھ اس قسم کے ہوتے ہیں کہ خواہ مخواہ ان کو مرد سے الگ صورت میں مشخص کرتے ہیں۔

اسلام شادی بیاہ میں جس اہمیت کا قائل ہے اسی کے پیش نظر اس نے ہر فرد کو اجازت دی ہے کہ نکاح سے پہلے اپنی ہونے والی بیوی کو دیکھ لے اور اس کے اخلاقیات و دیگر خصوصیات کا علم جانکار افراد کے ذریعے بہت آسانی سے حاصل کر سکتا ہے۔

خاندان کی نیک بختی سب سے پہلے مرد و عورت کے روابط و یگانگت پر موقوف ہوا

کرتی ہے اس گھر کے دو اصلی افراد میں روحانی روابط جتنے زیادہ استوار ہوں گے اسی قدر اس گھر کی خوش قسمتی بھی ہو گی۔ جب مرد عورت میں ایک دوسرے پر فداکاری کا جذبہ جتنا زیادہ موجود ہو گا تو ماحول اتنا ہی اچھا ہو گا اور یہی جذبہ فداکاری خاندان کو تباہ و برباد ہونے سے بچا لیتی ہے۔

معاشرتی حقوق و قوانین کے علاوہ بھی اسلام نے گھریلو زندگی میں بھی ایسے مبنی بر انصاف قانون بنائے ہیں جس سے ہر ایک کے فریضے الگ الگ ہو جاتے ہیں اور تعارض کی صورت ختم ہو جاتی ہے۔

مثلاً ایک طرف مرد کو یہ حکم دیا جاتا ہے کہ افراد خاندان کے ساتھ نیکی، خوش رفتاری میں کسی بھی قسم کی کمی نہ ہونے دو، اور دوسری طرف عورت کو تاکید کرتا ہے کہ مرد کے ساتھ اچھا برتاؤ ایک "مقدس جہاد" کی حیثیت رکھتا ہے اب آپ ملاحظہ فرمائیے رسول اکرم (ص) فرماتے ہیں میری امت کے بہترین فرد وہ ہیں جو اپنے خاندان کے ساتھ سخت گیری نہیں کرتے اور ان کے ساتھ حسن سلوک سے پیش آتے ہیں۔ (مکارم اخلاق صفحہ ۲۴۸)

دوسری جگہ ارشاد فرمایا: تم میں سب لوگوں سے زیادہ اپنے خانوادے کے ساتھ خوش رفتار ہوں (من لا یحضرہ الفقیہ صفحہ ۴۲۵) عورتوں کے لئے فرماتے ہیں: اچھی عورت کا جہاد شوہر داری کرنا ہے۔ (تفسیر الدالمنثور)

آج کے دور میں جوانوں کے اندر تشکیل خانوادہ کی فکر نہ کرنے اور شادی بیاہ کی تعداد میں کمی ہونے کی علت مہر کا زیادہ ہونا اور شادی بیاہ کے ناقابل برداشت مصارف کا ہونا ہے کیونکہ جو نوجوان اس پر قادر نہیں ہیں وہ شادی سے فرار کرتے ہیں۔ شادی بیاہ کے سلسلے میں اس قسم کی بے بنیاد چیزیں اسلام کے نظریہ کے سخت مخالف ہیں کیونکہ

اسلام تو زندگی بسر کرنے کے لئے آسان سے آسان فارمولا پیش کرتا ہے اور شادی کے سلسلے میں ہر رکاوٹ کو دور کرنا چاہتا ہے اسی لئے اسلام کا حکم ہے مہر کم معین کرو اور شادی بالکل سادہ طریقے سے انجام دو، سرکار دو عالم (ص) فرماتے ہیں: عورت کی خوش قسمتی اور مبارک ہونے کی دلیل یہ ہے کہ اس کی خواستگاری آسانی سے ہو اور اس کا مہر کم ہو۔

یہ بات تجربے میں آچکی ہے کہ گھریلو اختلافات کی ایک وجہ یہ بھی ہوتی ہے کہ جب عورت کا مہر زیادہ ہوتا ہے اور اسے یقین ہوتا ہے کہ مرد ادا نہیں کر سکے گا تو وہ مرد کے ساتھ سختی کا سلوک کرتی ہے اس کا احترام ختم کر دیتی ہے اور یہی باتیں رفتہ رفتہ اختلاف کا سبب بنتی ہیں۔

ایک دن رسول اسلام (ص) کے پاس اصحاب کرام بیٹھے ہوئے تھے کہ اتنے میں ایک جوان عورت آئی اور اس نے بہت ادب سے کہا خدا کے رسول میں شادی کرنا چاہتی ہوں، رسول (ص) نے حاضرین کی طرف نظر کر کے پوچھا کون شخص اس سے شادی کرنا چاہتا ہے؟ ایک مرد نے کہا میں حاضر ہوں، رسول خدا (ص) نے پوچھا اس کا مہر کیا رکھو گے؟ اس نے کہا مہر کے لئے میرے پاس کچھ بھی نہیں ہے تو حضرت نے کہا پھر نہیں ہو سکتا عورت نے دوبارہ پھر شادی کی خواہش کا اظہار کیا مگر کسی نے جواب نہ دیا صرف وہی جوان بولا جو غریب تھا رسول خدا (ص) نے پوچھا قرآن جانتے ہو؟ اس نے کہا ہاں! حضرت نے فرمایا تھوڑے سے تعلیم قرآن کے بدلے میں اس عورت کی شادی تجھ سے کرتا ہوں۔ (وسائل باب مہمور)

اس سے ظاہر ہوا کہ مالی پریشانی بھی تشکیل خانوادے میں اسلام کے نظر میں کوئی رکاوٹ نہیں ہے بلکہ غریبوں کو بھی شادی کی سہولت ہے غربت تشکیل خانوادے سے مانع نہیں ہے۔!

ویسے غربت و مفلسی بھی شادی نہ کرنے کی ایک بہت بڑی علت ہے، مگر اسلام اس قسم کے بہانوں کی کوئی فکر نہ کرتے ہوئے لوگوں کو خوشخبری دیتا ہے کہ تم شادی کرو تو خدا تمھاری غربت کو بھی دور کر دیگا۔ چنانچہ خدا ارشاد فرماتا ہے جو شائستہ اور لائق لوگ شادی شدہ نہیں ہیں ان کے شادی کے اسباب مہیا کرو اگر وہ غریب ہیں تو خدا اپنے لطف و کرم سے ان کی غربت دور کر دے گا۔ (نور ۳۲)

انسان کی ضرورتیں اس کو متحرک و فعال بناتی ہیں اس لئے جب کسی کے ذمے خانوادے کا بار ہو گا تو زندگی کی گاڑی چلانے کے لئے اور ضرورتوں کو پورا کرنے کے لئے اپنی کوشش و فعالیت میں اضافہ کرے گا اسی لئے شادی کو زندگی کی ترقی کا ذریعہ سمجھنا چاہیئے۔

مغربی ممالک میں حد سے بڑھتی ہوئی آزادی جیسی بے راہ روی نے جوانوں کو تشکیل خانوادے کے طرف سے بالکل ہی بے پرواہ بنا دیا ہے اور تھوڑا تھوڑا کر کے ہر اس ضرورت کا خاتمہ ہی ہوتا چلا جا رہا ہے۔ آزادی مطلق، عیاشی جیسی چیزوں نے جوانوں کی زندگی کا محور ہی بدل دیا ہے اور ان میں حد سے زیادہ انحراف پیدا ہو گیا ہے۔ شادی بیاہ کی تعداد میں کمی، گھریلو اختلافات کی کثرت، طلاق کی بہتات سے پتہ چلتا ہے کہ مغربی دنیا میں خانوادے کی بنیاد متزلزل ہو چکی ہے۔

ویل ڈورانٹ لکھتا ہے: چونکہ جدید معاشرے میں عورت و مرد کی شادی صحیح معنی میں نہیں ہوتی کیونکہ زیادہ تر شادیاں محبت کی بنا پر ہوتی ہیں باپ کی مرضی کو کوئی دخل نہیں ہوتا اسی لئے بہت اختلاف ہو جاتا ہے اور طلاق کی نوبت آ جاتی ہے اور پھر عورت و مرد جو کامل طور سے دو الگ الگ جزو ہیں اپنی اپنی جگہ پریشان ہوتے ہیں اور عموماً مرد اپنے کو غرق مے ناب کر دیتا ہے اور داد عیش دینے لگتا ہے۔ ہر روز نئے چہرے کو دیکھتا

ہے۔

غور و فکر کے بعد ہر انسان اس نتیجے پر پہنچتا ہے کہ بیوی کے انتخاب میں ہمارا دخل ہونا چاہئے بلکہ ماں باپ ہی اس کام کو طریقے سے انجام دے سکتے ہیں۔

آج کل جدید نظام کی دین یہ بات بھی ہے کہ ہمارے بڑے بڑے شہروں میں تشکیل خانوادے کا مسئلہ روبزوال ہے شادی جو (عموماً) مرد کو ایک بیوی پر قناعت کر لینے کو بتاتی ہے اس کی اہمیت ختم ہو گئی ہے اور حصول لذت کی خاطر تعداد ازواج کا مسئلہ روز افزوں روبترقی ہے۔ مرد تو خیر اپنی آزادی سے زیادہ سے زیادہ فائدہ کرنا چاہتا ہی ہے لیکن عورت بھی اس کی تائید کرنے لگی ہے کیونکہ تنہائی میں پڑا رہنا جہاں کوئی ہمراز نہ ہو دمساز نہ ہو اس سے بہتر تو شمع محفل بن جانا ہے۔ اسی لئے عورت بھی تاکید کرنے لگی ہے۔

بہت جلد جدید شادی بیاہ کی صورت میں عظیم تغیر ہونے کی توقع ہے کیونکہ جب مرد عورت کو شادی سے پہلے آزمائے گا اور اس کے بعد شادی کرے گا تو پھر طلاق بکثرت ہونے لگے گی، گھروں کی بربادی شروع ہو جائے گی، شہروں کو سکون غارت ہو جائے گا۔ (لذات فلسفہ)

اسی زمانے میں جو لوگ بڑے زور شور سے مغربی عورت کی آزادی سے بحث کرتے ہیں وہ لوگ عورت کے بارے میں اس زمانے کے حالات کو دیکھتے ہوئے اسلامی انقلاب سے بے خبر ہیں۔ اگر کوئی شخص اسلام کی روح اور اسلام کی تاریخ پر نظر کرے گا اس کو پتہ چل جائے گا کہ مغربی تمدن نے عورت کے سلسلے میں اسلام سے زیادہ کوئی نمایاں انقلاب نہیں پیدا کیا۔ ہاں مغرب نے بے راہ روی، بد اخلاقی، غلط آزادی ضرور عورت کو بخشی ہے۔

لیکن اسلام بد اخلاقی، فساد، لاابالی پن سے روکتا ہے لیکن کیا ان چیزوں سے عورت

کو روکنا عورت کی ترقی کی راہ میں عظیم رکاوٹ ہے ؟ کونسی چیز عورت کی شخصیت کو آبرو مند بناتی ہے اور اس کو ترقی عطا کرتی ہے سوچنے کے بعد خود بخود یہ گتھی سلجھ جاتی ہے۔

اسلام کا نظریہ ہے کہ خدا نے عورت و مرد کو اس لئے پیدا کیا ہے کہ وہ انسانی مدارج عالیہ اور روحانی کمالات حاصل کریں برخلاف تحریف شدہ توریت و انجیل کے کیونکہ یہودی و عیسائی کہتے ہیں: ہزار آدمیوں میں ایک آدمی خدا کا محبوب پیدا ہوتا ہے لیکن پوری دنیا میں کوئی عورت ایسی نہیں ہے جس پر لطف و کرم الٰہی کی بارش ہو سکے۔ (تمدن اسلام و عرب صفحہ ۵۱۹ نقل از کتاب مقدس)

اور اسلام کھلے عام یہ اعلان کرتا ہے کہ مرد و عورت کو ایک دوسرے پر کسی قسم کا امتیاز نہیں ہے فضیلت و امتیاز کا دارومدار سب کے لئے ۔۔۔ خواہ وہ مرد ہو یا عورت ۔۔۔ تقویٰ و پرہیز گاری اور حسن عمل ہے۔ قیامت میں ہر شخص اپنے اعمال کی جزا یا سزا پائے گا یعنی بخشش و جزا کا مژدہ دونوں کے لئے ہے۔

سورہ نمل آیت ۹۹ میں ارشاد ہوتا ہے: ہر اچھا کام کرنے والا مومن ۔۔۔ خواہ مرد ہو یا عورت ۔۔۔ کو پسند زندگی دوں گا اور اچھے کاموں کی بہترین جزا دوں گا۔

اسلام کی نظر میں عورت و مرد ایک دوسرے کو مکمل کرنے والے ہیں، خوش مزاجی سختی اور دیگر صفات ایک کو دوسرے پر فوقیت عطا کرنے والی نہیں ہیں، سورہ آل عمران آیت ۱۹۴ میں ہے: خدا نے ان کی دعا کو قبول کر لیا اور کہا: میں تم میں سے کسی کی ۔۔۔ خواہ وہ مرد ہو یا عورت ۔۔۔ نیکی کو ضائع و برباد نہ کروں گا، تم لوگ ایک دوسرے سے ہو۔

بہت سی عورتیں فضائل نفسانی اور عقل کی اطاعت کی بناء پر انسانیت کے مدارج عالیہ پر فائز ہیں اور بہت سے مرد جذبات کے بندے ہو کر، عقل کی مخالفت کر کے دنیا

کے بد بخت ترین و شقی ترین ہو گئے ہیں۔ (کیونکہ ذاتاً کسی کو فضیلت نہیں فضیلت کا دارومدار اعمال پر ہے۔ مترجم)

طلوع اسلام کے بعد عورتوں کی شخصیت میں اتنی ترقی ہوئی کہ وہ حکومت وقت کے رفتار عمل پر حق انتقاد رکھتی تھیں۔ چنانچہ شیعہ سنی تاریخوں میں لکھا ہے: عمر نے ایک دن مجمع کثیر کے سامنے منبر سے اعلان کیا جو شخص پانچ سو درہم "مہر السنۃ" سے زیادہ مہر معین کرے گا میں اس زیادتی کو لے کر بیت المال میں داخل کر دوں گا۔ منبر کے نیچے سے ایک عورت نے فوراً ٹوکا اور کہا تمہارا یہ حکم خدا کے حکم کے مخالف ہے قرآن کہتا ہے : جو مہر تم لوگ زیادہ دو اس کو واپس نہ لو (سورہ نساء ۲۰) پس تم حکم خدا کے خلاف حکم دینے والے کون ہو؟ کیونکہ خدا مہر السنۃ سے زیادہ لینے کی اجازت دیتا ہے تم منع کرتے ہو ! یہ سن کر عمر نے کہا مرد نے اشتباہ کیا عورت نے صحیح بات کہی (اس سے زیادہ آزادی عورت کو کس مذہب نے دیا ہے؟ مترجم) اسلام کے پہلے عورت کی جو حیثیت تھی اس کو نظر میں رکھتے ہوئے سوچیے تو معلوم ہو گا کہ اسلام نے عورت کی شخصیت کو کتنا بلند کر دیا ! اب عورت کو یہ حق ہے کہ مجمع عام میں خلیفہ وقت کو ٹوک دے اور اس کو مجبور کر دے کہ وہ اپنی غلطی کا اعتراف کرے اور اپنے ارادے سے صرف نظر کر لے۔

جی ہاں یہ اسلام ہی تو ہے جس نے مردوں کو "عورتوں کی آقائیت" کی منزل سے نیچے کھینچ لیا اور عورتوں کو کنیزی سے نجات بخشی اور مرد عورت کو مقام انسانیت برابر لا کھڑا کیا۔

بشریت اور حقوق بشریت کے لحاظ سے مرد و عورت میں مساوات ایک فطری و طبعی چیز ہے۔ لیکن ذات و ماہیت، وظیفۂ زندگی اور اس کے راستے میں مساوات یا مساوات مطلقہ یہ صرف خیالی دنیا میں اس کا کوئی وجود نہیں ہے اور اسلام نے چونکہ فطرت بشری

کی ضرورتوں کو مد نظر رکھ کر قانون بنایا ہے۔ اس لئے جہاں پر عورت و مرد میں مساوات فطرت وطبیعت کے مطابق ہے وہاں تو اس نے مساوات قرار دیا ہے لیکن جہاں پر دونوں میں تفاوت ہونا چاہئے وہاں فرق کا قائل ہوا ہے۔

۵۸۶ء میں فرانس کی دینی کانفرنس نے بحث و نظر کے بعد عورت کے لئے طے کیا: عورت انسان تو ہے مگر مرد کی خدمت کے لئے پیدا کی گئی ہے کچھ مدت پہلے یورپ کے متمدن ممالک عورت کو مالکیت اور تصرف در املاک کے حق سے محروم رکھتے تھے۔ ۱۸۵۰ء میں انگلینڈ کے اندر جو قانون بنایا گیا اس میں عورتوں کو ملک کے افراد میں شمار نہیں کیا گیا تھا۔ حد یہ ہے کہ جسم پر موجود لباس کا بھی عورت کو مالک نہیں مانا گیا تھا، ہنری ہشتم کے ایک فرمان کے مطابق انگلستان میں عورتوں کو کتاب مقدس کے مطالعے سے روک دیا گیا تھا۔ (روح الدین الاسلامی صفحہ ۲۳۱) ۱۸۸۲ء میں برطانیہ کے اندر ایک قانون بنایا گیا جس کی بناء پر عورتوں کو کچھ حق دیا گیا تھا وہ قانون یہ تھا کہ اپنی کمائی ہوئی دولت عورت خود خرچ کر سکتی ہے وہ مجبور نہیں ہے کہ اپنی آمدنی عورت کے سپرد کر دے۔

لیکن اسلام چودہ سو سال پہلے عورت کا اقتصادی استقلال، حق مالکیت اور جملہ مالکانہ تصرفات مرد کی ماتحتی کے بغیر خود عورت کے سپرد کر دیا تھا اور عورت کو یہ حق دیا گیا کہ تجارت، ہبہ یا دوسرے ذرائع سے جو اس کی آمدنی ہو اس میں شوہر یا کسی دوسرے شخص کی اجازت کے بغیر ہر طرح کا حق تصرف اسے حاصل ہے اور سچی بات تو یہ ہے کہ یہ چیز بھی اسلام کے مفاخر میں شمار کئے جانے کے قابل ہے۔ قرآن اعلان کرتا ہے: مرد اپنی آمدنی سے اور عورت اپنی آمدنی سے فائدہ حاصل کر سکتی ہے۔ (سورہ نساء ۳۲)

حق مالکیت کے علاوہ زندگی کے حساس ترین اور اہم ترین مسئلے یعنی شادی بیاہ

۔۔۔میں اسلام نے عورت کو استقلال و آزادی بخشی ہے اور کلی طور پر عورت کو یہ حق دیا گیا ہے کہ وہ اپنے شریک زندگی کو خود منتخب کرے یورپ میں کچھ مدت پہلے ضرورت مجبوری کی بناء پر عورتوں کے جو حقوق مانے گئے ہیں اسلام نے صدیوں پہلے وہ حقوق عورت کو دے دئے تھے اور اس میں ضرورت یا مجبوری کو دخل نہیں تھا خلاصہ یہ ہے کہ عورت کے زندگی میں پیش آنے والی ہر مشکل کا حل اسلام نے بہت خوبصورت طریقے سے کیا ہے۔

آج اگر چہ مشرق میں بہت سی عورتوں کی حالت اطمینان بخش نہیں ہے مگر یہ نقص اسلامی قانون کی بناء پر نہیں ہے بلکہ سیاسی، اقتصادی، اجتماعی اور غیر اسلامی نظام جو اسلامی معاشرے پر حاکم ہے اس کی وجہ سے ہے۔ لہذا ان کوتاہیوں کی تلاش اسلام میں نہیں بلکہ دوسری جگہوں پر کرنا چاہیئے۔

سرزمین مشرق میں عمومی فقر بھی عورتوں کے مشکل ترین مسائل میں سے ایک ہے۔ اجتماعی مظالم نے ایک گروہ کو جہاں دولت و نعمت سے نوازا ہے وہاں دوسرے طبقے کو بد بختی اور گرسنگی کا شکار بنایا ہے انھیں مظالم نے مردوں سے بھی تاب و مقاومت چھین لی ہے اور انھیں مجبوریوں کا نتیجہ ہے کہ عورت اپنے سارے غصے کا اظہار شوہر کے ظلم و جور کو روکنے پر قادر نہیں ہے کیونکہ عورت کو یہ خطرہ ہے کہ کہیں حالات اتنے نہ بگڑ جائیں کہ وہ شوہر سے بھی جدا ہو جائے اور کوئی قرابت دار اس کی کفالت بھی نہ کر سکے یہ بات اپنی جگہ پر طے ہے کہ فقیر و محروم معاشرہ اخلاقی فضائل سے بھی ہاتھ دھو بیٹھتا ہے اور انسانی فضائل کو کھو دیتا ہے۔ ظلم و بے انصافی اخلاقی فضائل کی جگہ لے لیتی ہے۔ پس عورتوں کی زبوں حالی میں سب سے بڑا مسئلہ یہی فقر ہے اور اس میں بھی شک نہیں ہے کہ ان ساری بد بختیوں کا ذمہ دار اسلام نہیں ہے اور نہ یہ تیرہ سامانی اسلام کی وجہ سے پیدا

ہوئی ہے۔

اسلام تو ایسا نظام ہے جو فقرہ و نا انصافی سے مقابلہ کرتا ہے۔ دولت کو لوگوں کے تمام طبقات میں عدالت کی بنیاد پر تقسیم کرتا ہے۔ اسراف و تجمل کو حرام قرار دیتا ہے۔ طبقاتی فاصلوں اور اجتماعی مظالم کو ختم کرتا ہے۔ اسلام اجتماع کو اتنا موقع ہی نہیں دیتا کہ وہ مردہ کو اپنے ناکامی و محرومیت کے شکنجے میں کس لے تاکہ اس کے نتیجے میں مرد اپنی ذہنی و قلبی گتھیوں کو سلجھانے کا علاج زن و فرزند پر ظلم کی صورت میں خیال کرنے لگے اور فقر و فاقہ کے ڈر سے عورت بھی اپنے حقوق کے مطالبے سے صرف نظر کرے کیا کوئی منصف مزاج اور عقل مند انسان یہ سوچ سکتا ہے کہ جن حالات کی بناء پر مجبور ہو کر مرد اپنے اہل و عیال پر ظلم کرتا ہے وہ حالات اسلام کے پیدا کئے ہوئے ہیں؟

کیا اسلام کا دستور تہذیب نفس، رعایت عدالت، لوگوں سے محبت خصوصاً افراد خاندان سے محبت پر استوار نہیں ہے؟ یہ وہی اسلام تو ہے جس نے عورت کو اس معراج ترقی پر پہنچایا اور معاشرے میں اس کی حیثیت متعین کی۔

اب ذرا یہ بھی دیکھئے کہ آج کی متمدن دنیا کی نظر میں عورت کی کیا قدر و قیمت آج کے تمدن نے عورت کی کوئی اہمیت نہیں بڑھائی بلکہ ضرورت سے زیادہ انحطاط پیدا کر دیا ہے کیونکہ آج کی دنیا میں عورت صرف مرد کے شہوانی جذبات کے تسکین کا ذریعہ ہے اور عورت ہی کے ذریعے مختلف تبلیغات ہوتے ہیں مثلاً سینما ٹیلی ویژن وغیرہ میں عورتوں سے کام لیا جاتا ہے۔ آج عورت کی شہرت و شخصیت کا دارومدار اخلاقی فضائل اور علم و دانش پر نہیں ہے۔ متقی عورتیں زیادہ تر گمنام ہیں۔ احترام و شہرت تو ان عورتوں کے لئے ہے جنھوں نے اپنے کو "ہنر مند" کے نام سے مشہور کر رکھا ہے اور جو معاشرے میں کوئی بھی مثبت اقدام نہیں کر سکتیں وہ تو بس آوارگی، دہرزگی کا مظاہرہ کرنا جانتی ہیں۔

ایک امریکی دانش مند جذبات پرستی اور فکری اجتماع کے انحرافات کو اس طرح ذکر کرتا ہے آج کی دنیا میں برہنہ سینہ دکھانے والی عورت ایک ملیون ڈالر کماتی ہے اور وہ مرد جو ایک گھونسے سے کسی کی جان لے سکتا ہے صرف آدھا ملیون ڈالر کماتا ہے اور وہ شخص جو ملیونوں انسان کی نجات کے لئے اپنے بال سفید کر لیتا ہے اس کی درآمد مرنے کے لئے زیادہ اور زندگی کے لئے کم ہے۔

پروفیسر البرٹ کانلی لکھتے ہیں ۱۹۱۹ء میں جب عورتیں پارلمینٹ میں داخل ہونے کے لئے جنگ کر رہی تھیں اور اس وقت قید و موت تک سے نہیں ڈرتی تھیں اس وقت کسی کو بھی احساس نہیں تھا کہ آدھی صدی کے بعد ان کا مطالبۂ آزادی ان کی پوتیوں اور نواسیوں کے ہاتھوں اتنی مبتذل شکل اختیار کر لے گا کہ جس سے عورت کی شخصیت اور اس کا اجتماعی مقام بالکل متزلزل ہو جائے گا۔

آج اگر وہ عورتیں زندہ ہوتیں تو ان کو اپنی آزادی کی واپسی اور پارلمینٹ سے محرومیت کا مطالبہ قطعی طور پر کرنا چاہئے کیونکہ پچاس سال کے تجربے نے بتایا آزادی حاصل کر کے عورتوں کو کچھ ملتا تو کیا انھوں نے اپنی سابقہ ساکھ کی بھی قربانی دے دی۔(روشن فکر شمارہ ۸۲۹)

طلاق در اسلام

سب سے پہلے تو یہ جان لینا چاہئے کہ طلاق و جدائی ایک غیر فطری اور سنن آفرینش کے خلاف ہے جس معاشرے میں طلاق کی کثرت ہو جائے اس سے سمجھ لینا چاہئے کہ یہ معاشرہ فطری زندگی کے راستے سے بھٹک گیا ہے۔ علم حقوق کے علماء نے زن و شوہر کے تعلقات کو خصوصی مرکز توجہ بنایا ہے اور اظہار نظر بھی فرمایا ہے اور چونکہ طلاق کی وجہ سے خاندان پر برا اثر پڑتا ہے، گھر کا ماحول منقلب ہو جاتا ہے۔ بچے مختلف قسم کے ذہنی و روحی مفاسد میں مبتلا ہو جاتے ہیں اس لئے بہت سے علم الاجتماع کے ماہرین کی رائے ہے مجبوری کے علاوہ طلاق کو ہر صورت میں ناجائز قرار دے دینا چاہئے اور اس سلسلے میں سختی سے کام لینا چاہئے تاکہ کوئی شخص طلاق کا اقدام ہی نہ کر سکے۔

علم الاجتماع کے ماہرین کی رائے مناسب صحیح مگر بعض موقعوں پر اخلاقی یا روحی لحاظ سے طلاق ناگزیر بن جاتی ہے ایسی صورت میں طلاق نہ دینا تباہی کا پیش خیمہ بن سکتا ہے، ذرا سوچئے ! اگر شوہر و زوجہ کے حالات میں بہتری کی کوئی صورت ممکن ہی نہ ہو تو اس وقت کیا کرنا چاہئے ؟ کیا اس وقت خانوادے کو اسی طرح جہنم میں جلنے دیا جائے یا ایسی صورت میں اس مسئلے کا حل طلاق کی صورت میں کرنا چاہئے تاکہ وہ لوگ داخلی کش مکش اور ذہنی تکلیف سے نجات حاصل کر سکیں ؟ اب ان دونوں راستوں میں کونسا راستہ اس دوزخ سے بچانے کیلئے استعمال کرنا چاہئے ؟

اس قسم کے مواقع پر اسلام نے مخصوص شرائط کے ساتھ طلاق کو جائز قرار دیا ہے

تا کہ خانوادے کو اس دوزخ سے بچایا جا سکے بر خلاف مسیحیت کے کہ اس نے ایسی صورت میں بھی طلاق کو جائز نہیں سمجھا بلکہ طلاق کو ممنوع قرار دے دیا ہے!

ایسی صورت میں طلاق دے دینا ہی بہتر ہے کیونکہ طلاق نہ دینے کی صورت میں اختلاف کم ہونے کے بجائے بڑے ازدواجی زندگی بہر حال نہیں بسر ہو سکے گی لہذا اس موقع پر حقیقت کو تسلیم کر لینا ہی چاہئے اور حلال چیزوں میں مبغوض ترین چیز کا ارتکاب کر لینا ہی بہتر و مناسب ہے اور بہت ممکن ہے کہ طلاق کے بعد مرد و عورت کے ذہن بدل جائیں اپنے کئے پر نادم ہوں اور از سر نو زندگی کی گاڑی کو کھینچنے پر متحد ہو جائیں تو ان کے لئے اسلام نے اس کی گنجائش رکھی ہے کہ عدہ کے زمانے میں رجوع کر سکتے ہیں۔

اسلام کی نظر میں بقائے زوجیت اور استحکام خانوادہ نہایت ضروری چیز ہے اسی لئے نظام خانوادے کو محفوظ کرنے کی خاطر بعض قسم کی آزادیوں پر پابندی لگا دی ہے اور طلاق کے مسئلے میں عورت کے اختیار مطلق کو سلب کر کے محدود اختیار دے کر عورت کے مصالح کو محفوظ کرنا چاہا ہے۔ کیونکہ اگر مرد و عورت دونوں کو طلاق کا اختیار دے دیا جائے تو احتمال طلاق دوگنا ہو جائے اور ایسا رشتہ جو دونوں طرف سے ٹوٹ جانے والا ہو طرفین کے اعتماد کو متزلزل کر دے گا۔ لہذا یہ حق کسی ایک ہی کے ہاتھ میں ہونا چاہئے اور چونکہ انتخاب شوہر میں عورت کو کلی اختیار دیا گیا ہے اس لئے طلاق میں بربنائے انصاف مرد کو یہ اختیار ملنا چاہئے اور اسلام نے یہی کیا بھی ہے۔

مرد اور عورت کی جسمانی ساخت ایک کو دوسرے سے جدا کرتی ہے اور دونوں کے فطری خصائص بھی الگ الگ ہیں چنانچہ مرد میں قوت فکریہ کا غلبہ ہے۔ لیکن عورت کے اندر "احساس و عاطفہ" کو غلبہ حاصل ہے چنانچہ ڈاکٹر آلکین کارل کہتا ہے: مرد و عورت کے بدن اور بدن کے تمام اجزاء خصوصاً اعصابی سلسلے اپنے اپنے جنس کی نشان دہی کرتے

ہیں اس لئے تعلیم و تربیت کے ماہرین کو مرد و عورت کے عضوی اختلاف اور ان کے فطری وظائف کو پیش نظر رکھنا چاہیے۔ اس اساسی نکتہ کی طرف توجہ ہمارے آئندہ تمدن کے بنیاد میں کافی اہمیت رکھتی ہے اور کسی بنیادی اور اہم نکتہ کی طرف توجہ ہونے کے وجہ سے عورتوں کی ترقی کے طرفدار مرد و عورت کے لئے ایک قسم کی تعلیم کے بارے میں سوچتے ہیں اور دونوں کے مشاغل و اختیارات اور عہدے بھی ایک ہی قسم کے چاہتے ہیں۔ (انسان موجودہ ناشناختہ صفحہ ۸۴ تا ۸۷)

مندرجہ بالا تحریر عورت و مرد کے حقوق و وظائف و ذمہ داریوں کے اختلاف پر اچھی خاصی روشنی ڈالتی ہے اسی دقیق حساب کی بنا پر اسلام نے حکم دیا ہے کہ " طلاق کا اختیار مرد کو ہے۔ (جواہر کتاب الطلاق۔)

عورت کا ظرف و مزاج۔۔۔ جو سراپا ہیجان و تلون ہے۔۔۔ اس کو دیکھتے ہوئے یہ بات کہی جاسکتی ہے کہ ضروری اور مشترک زندگی کے بقاء کے عدم امکان کی صورت میں عورت اس بات پر قادر نہیں ہے کہ اپنے حق سے استفادہ کر سکے بلکہ معمولی بہانہ بھی اس کو مشترک زندگی کے خاتمے پر اور خانوادے کے سکون کو غارت کر دینے کے لئے کافی ہے۔

جس طرح اسلام نے تشکیل خانوادے کے لئے قسم قسم کی سہولتوں کو مہیا کیا ہے اور اس میں پیش آنے والی مشکلات و رکارٹوں کو ختم کیا ہے اسی طرح طلاق دینے اور خانوادے کے سکون کو غارت کر دینے کے لئے بہت زیادہ سختی برتی ہے اسلام کسی بھی قیمت پر رشتۂ ازدواج کو توڑنے اور گھر کے سکون کو درہم برہم کرنے پر تیار نہیں ہے اسلام کا مطمع نظر یہ ہے کہ تمام خانوادے امن و امان سے رہیں دلوں کو سکون رہے مرد و عورت ہم آہنگی کے ساتھ زندگی بسر کریں اسی لئے ابتدائی ہی مرحلے میں اپنی ساری

کوشش صرف کر دیتا ہے کہ عقد نکاح مضبوط سے مضبوط تر ہو، ہاں اگر اصلاح سے مایوس ہو جائے تب بات اور ہے۔ چنانچہ ایک طرف مردوں کو مخاطب کر کے قرآن کہتا ہے: عورتوں کے ساتھ شائستگی کے ساتھ زندگی بسر کرو اگر ان سے کراہت محسوس کرتے ہو (تو یہ جان لو کہ) خدا نے بہت سی ایسی چیزوں میں بہت زیادہ خیر و خوبی قرار دیا ہے جس کو تم مکروہ سمجھتے ہو۔ (سورہ نساء ۱۹)

در حقیقت نفرت و کراہت کے شعلوں کو خاموش کرنے کے لئے اور ناراضی کو دور کرنے کے لئے مردوں کے وجدان کو بیدار کرنے کے لئے اسلام مردوں کو اس امر مکروہ پر صبر و شکیبائی کی تلقین کرتا ہے کہ جن عورتوں کو ناپسند کرتے ہیں ان کو چھوڑ نہ دیں۔ کیونکہ بہت ممکن ہے کہ ان عورتوں کے وجود ہی میں خیر و برکت ہو اور لوگ اس سے غافل ہوں اور انھیں عورتوں کو ناپسند کرنے کے باوجود جدا نہ کرنے سے خیر و برکت کے دروازے کھلتے ہوں اور دوسری طرف عورتوں کو مخاطب کر کے سفارش کرتا ہے کہ اگر کسی عورت کو اپنے شوہر سے بد سلوکی یا بے اعتنائی کا خطرہ ہو تو ان کے لئے اس میں کوئی حرج نہیں ہے کہ اپنے حقوق کو معاف کر کے صلح و آشتی کی فضا پیدا کر لیں اور بعض حقوق کو معاف کر کے صلح کر لینا طلاق سے بہتر ہے۔ (سورہ نساء ۱۲۸)

پیشوایان اسلام نے بھی طلاق کو نہایت ناپسندیدہ فعل قرار دیا ہے اور مختلف بیانات سے اس کی مذمت کی ہے چنانچہ معصوم کا ارشاد ہے: جو عورت بغیر کسی اہم ضرورت کے اپنے شوہر سے طلاق مانگے تو خدا اس کو اپنی رحمت و عنایت سے محروم کر دے گا۔ (مستدرک جلد ۳ صفحہ ۲)

دوسری جگہ ارشاد ہے: شادی کرو مگر طلاق نہ دو کیونکہ طلاق عرش الٰہی کو ہلا دیتا ہے۔ (وسائل جلد ۳ صفحہ ۱۴۴)

اسلام نے مردوں کو حق طلاق تو ضرور دیا ہے مگر اس اختیار سے غلط فائدہ حاصل کرنے پر پابندی لگا دی ہے اور اختیارات کو بھی مخصوص دائرے میں محدود کر دیا ہے (مثلاً) مرد ظلم و ایذا کی نیت سے عورت کو طلاق نہیں دے سکتا۔ اسی طرح اگر طلاق سے مفاسد و خطرات کا یقین ہو تو طلاق کی اجازت نہیں دیتا۔ اسلام نے جو شرائط و قیود طلاق کے لئے معین کر دئے ہیں وہ طلاق کی قلت کے اہم اسباب ہیں۔

عورت و مرد کے اختلاف کو دور کرنے کے لئے سب سے پہلا قدم گھریلو عدالت ہے اور یہ چیز اسلام کے ابتکارات میں سے ہے۔ ابھی تک مغربی ممالک میں اس قسم کا کوئی مؤثر حربہ کشیدگی دور کرنے اور زن و شوہر میں اتحاد پیدا کرنے کے لئے اب تک ایجاد نہیں ہوا ہے۔ اس گھریلو عدالت کا مطلب یہ ہے کہ عورت و مرد دونوں کی طرف سے ایک ایک ایسا آدمی منتخب کیا جائے جس میں حاکمیت کے سارے شرائط موجود ہوں دونوں مل بیٹھ کر تمام حالات میں غور و فکر کر کے ایک ایسا فیصلہ دیں جو دونوں کے لئے قابل قبول ہو۔ چنانچہ قرآن کہتا ہے: اگر ان کے اختلافات سے ڈرتے ہو تو ایک شخص مرد کی طرف سے حکم بنے اور ایک عورت کا قریبی رشتے دار حکم بنے۔ اگر یہ لوگ صلح کرنا چاہتے ہوں خدا ان کے درمیان صلح قرار دے گا وہ حکیم و دانا ہے۔ (سورہ نساء ۳۵)

لیکن اسباب طلاق بہت گہرے ہوں اور صلاح کی کوئی صورت ممکن نہ ہو تو پھر دونوں اپنا اپنا راستہ الگ کر لیں لیکن عمومی عدالتوں کا ان مسائل میں دخیل ہونا بہت مضر ہے کیونکہ یہ بات ضرور تجربے میں آ چکی ہے کہ عمومی عدالتوں کے دخل دینے سے میاں بیوی کے حالات اور زیادہ خراب ہو جاتے ہیں کیونکہ عمومی عدالتوں کا فریضہ ہے کہ وہ خشک اور نا قابل جھکاؤ قانون کے ماتحت طرفین کی دلیلوں کو سن کر فیصلہ کریں اب جس کے دلائل مضبوط ہوں گے اس کے حق میں فیصلہ ہو جائے گا وہ لوگ آتش اختلاف

کو بجھانے کی کوشش نہیں کریں گے اور نہ اختلاف کے اسباب دور کرنے کی کوشش کریں گے اس کے علاوہ ایک بڑی خرابی اور بھی ہے کہ طرفین خالص گھریلو باتوں کو اپنا دعوی ثابت کرنے کے لئے بیگانہ افراد کے سامنے پیش کریں گے جس سے مرد و عورت کے احساس مجروح ہوتے ہیں ان کی شخصیتیں متاثر ہو جاتی ہیں اور پھر اختلاف کم ہونے کے بجائے بڑھ جاتا ہے۔

طلاق کے شرائط میں ایک شرط یہ بھی ہے کہ دو عادل شخصوں کے سامنے صیغہ طلاق جاری کیا جائے طلاق پر دو عادل مسلمانوں کو گواہ بناؤ۔ (سورہ نساء ۲۵)

اب اگر دو عادل شخصوں کے بغیر صیغہ طلاق جاری کیا گیا تو طلاق باطل ہے طلاق میں دو عادل کی شرط کا فائدہ یہ ہے کہ جب ان کے سامنے مسئلہ آئے گا تو وہ اپنے عادل ہونے کی وجہ سے اس بات پر مجبور ہیں کہ کوشش کر کے میاں بیوی میں اختلاف کو ختم کرا دیں اور حتی الامکان طلاق نہ ہونے دیں لیکن طلاق کے بعد اگر شوہر رجوع کرنا چاہے تو پھر رجوع کے لئے کوئی شرط نہیں ہے یہاں معاملہ طلاق کے بالکل برعکس ہے کیونکہ اسلام کا نظریہ یہ ہے کہ اتحاد و اتفاق اور رشتۂ ازدواج کی بقاء میں کسی قسم کی تاخیر نہ ہونی چاہئے اختلاف و جدائی کو دور کرنے اور الفت و محبت کو بحال کرنے کے لئے اسلام نے مختلف سہولتیں مہیا کی ہیں۔

اس کے علاوہ ہر وقت دو عادل کا ملنا بھی ممکن نہیں ہے اس لئے حتی الامکان طلاق میں کمی ہوگی کیونکہ جب تک دو عادل کا تحقق نہ ہو جائے مرد چاہنے کے بعد بھی طلاق نہیں دے سکتا اسی طرح طلاق کے لئے عورت کا حیض و نفاس سے پاک ہونا بھی شرط ہے۔ بہت سے ایسے مقامات آتے ہیں کہ مرد طلاق دینے پر آمادہ ہے لیکن عورت کی ناپاکی اس ارادے میں حائل ہو جاتی ہے اور وہ ایک مدت کے لئے ٹل جاتا ہے بہت ممکن

ہے کہ اتنے دنوں میں حالات بدل جائیں اور مرد اپنے ارادے سے باز آجائے۔

سب سے بڑی بات یہ ہے کہ جب مشترک زندگی مرد کے لئے مشکل ہو جائے اور عورت سے بیزاری کی وجہ ہے مرد طلاق دینا چاہے تو طلاق کے بعد بھی رشتہ ازدواج منقطع نہیں ہوتا اور میاں بیوی (شرعی طور سے) ایک دوسرے سے جدا نہیں ہوتے بلکہ عدہ ختم ہونے سے پہلے جس وقت مرد چاہے پھر سے اس سلسلے کو دوام بخش سکتا ہے۔

آخری اقدام جو اسلام نے بقائے عقد کی خاطر کیا وہ یہ ہے کہ طلاق رجعی دینے کے بعد بھی مرد کا فریضہ ہے کہ عدت کے زمانے۔۔۔یعنی تین ماہ وکچھ دن تک عورت کو گھر سے نکال نہیں سکتا اور خود بھی کسی بہت ضروری امر کے بغیر گھر سے باہر نہیں نکل سکتی۔ چنانچہ ارشاد ہے (زمانہ عدہ میں) عورتوں کو گھر سے باہر نہ کرو اور وہ بھی گھر سے باہر نہ نکلیں مگر یہ کہ کسی ناپسند امر کا ارتکاب کریں (تو پھر ان کو نکالا جاسکتا ہے مترجم) یہ (احکام) خدا کے حدود ہیں اور جو شخص حدود الہی سے تجاوز کرے گا وہ اپنے پر ظلم کرے گا۔ تم کو معلوم نہیں ہے شاید خدا اس کے بعد کچھ ظاہر کرے۔ (سورہ طلاق ۱)

تین مہینے اور کچھ دن کی مدت۔۔۔ جس میں عورت کو اپنے شوہر کے گھر رہنا ہی چاہیئے۔۔۔ مرد کو طلاق دینے پر نادم وپشیمان بھی بنا سکتی ہے اور بہت ممکن ہے کہ اس مدت میں محبت و الفت پھر پیدا ہو جائے اور دوبارہ مرد ازدواجی زندگی پر آمادہ ہو جائے۔ اسی بات کی طرف آیت قرآنی کا آخری حصہ اشارہ کرتا ہے یعنی اس حکم کا فلسفہ کہ عورت عدہ کے زمانے میں کیوں شوہر کے گھر پر رہے بیان کر رہی ہے۔

اور اس میں خوبی یہ ہے کہ عدہ رجعیہ میں رجوع کرنے کے لئے کسی خصوصی اہتمام کی ضرورت نہیں ہے بلکہ مرد کی بقاء نکاح کی معمولی خواہش بھی اس بات کے لئے کافی ہے رجوع میں اتنی سہولت دینی اس بات کی دلیل ہے کہ اسلام اتحاد خانوادے کو ہر

قیمت پر باقی رکھنا چاہتا ہے اور طلاق وجدائی وانتشار کو سخت ناپسند کرتا ہے۔

اسی طرح خلع ۔۔۔ یعنی عورت، مرد کو ناپسند کرتی ہو اور مہر یا دوسرا مال دے کر شوہر سے جدائی حاصل کر لے ۔۔۔ میں بھی یہ بات ملحوظ ہے کہ اگر عورت خلع لینے پر نادم وپشیمان ہو تو اپنے دئے ہوئے مال کو واپس لے کر پھر شوہر کے حق کو دوبارہ محفوظ کر دیتی ہے کہ وہ چاہے تو رجوع کر لے اور زندگی پھر پرانے ڈھرے پر چل نکلے۔

اسلام نے نکاح کے مقدس رابطے کو برقرار رکھنے کے لئے ایسے قوانین بنا کر نا قابل تصور حد تک رعایت دی ہے اور خانوادے کے اتحاد کو دوام بخشا ہے کیونکہ بسا اوقات ایسا ہوتا ہے کہ لوگ مختلف اسباب وعوامل کی بناء پر مالہ وماعلیہ پر غور کرنے سے پہلے عجلت میں کوئی فیصلہ کر دیتے ہیں اور پھر بعد میں پچھتاتے ہیں اسی لئے طلاق کے لئے اسلام نے اتنے قیود وشرائط معین کر دئے کہ انسان جلدی سے فیصلہ نہ کر سکے اور اس کی وجہ سے حتمی طور پر طلاق کی تعداد میں کمی ہو گی۔

ان تمام باتوں کے پیش نظر غیر متعصب ومنصف مزاج آدمی یہ ماننے پر مجبور ہے کہ دنیا کے ہر نظام سے زیادہ اسلام نے حفظ نکاح میں کوشش کی ہے اور مدعیان اسلام کے لئے کوئی گنجائش نہیں چھوڑی۔

جہاں عورتوں کے حقوق کو خطرہ لاحق ہو جائے وہاں اسلام نے عورت کی قانونی حمایت کی ہے اور ایسے مواقع کے لئے عورت کو راستے بتائے گئے ہیں تاکہ وہ ایسے حالات میں اپنے کو اس ماحول سے الگ کر سکے۔ مثلاً:

(ا) نکاح کے وقت عورت مرد سے شرط کر سکتی ہے کہ اگر مرد نے اس کے ساتھ ناروا سلوک کیا، یا نان ونفقہ میں کوتاہی برتی، یا مسافرت کی، یا دوسری شادی کی، تو وہ خود وکیل در وکیل ہو کر مرد سے طلاق حاصل کر سکتی ہے۔

(۲) امور جنسی کی ادائیگی میں ٹال مٹول سے کام لے تاکہ شوہر خود ہی اس کو طلاق دے دے۔

(۳) اگر شوہر نان و نفقہ نہ دے سکتا ہو، یا جنسی امور کی انجام دہی نہ کرے یا اس کے دیگر واجب حقوق کو پورا نہ کرے تو ایسی صورت میں عورت حاکم شرع سے رجوع کر سکتی ہے۔ اب اگر حاکم شرع کے سامنے عورت کا دعوی صحیح ثابت ہو جاتا ہے تو وہ شوہر کو عدالت، اتحاد، ادائیگی حقوق پر مجبور کرے گا اور اگر شوہر پھر بھی نہیں مانتا تو حاکم شرع اس کو طلاق پر مجبور کرے گا (اگر طلاق بھی نہ دے تو حاکم شرع خود طلاق جاری کر دے گا۔ مترجم)

(۴) اگر شوہر عورت پر زنا کا الزام لگائے اور بچے کا انکار کر دے کہ یہ میرا نہیں ہے تو عورت کو حق ہے کہ عدالت شرعیہ کی طرف رجوع کرے اگر شوہر اپنے دعوے کو ثابت نہ کر سکے تو مخصوص شرائط کے ساتھ قاضی کے حکم سے دونوں میں جدائی ہو جائے گی۔

(۵) اگر میاں بیوی دونوں ایک دوسرے سے متنفر ہوں تو یہاں بھی بہت آسانی سے جدائی ممکن ہے اس طرح کہ عورت اپنے مہر کو ختم کرے اور مرد زمانہ عدہ کے مصارف سے معاف کیا جائے تو ایسی صورت میں بھی عورت مہر کا مطالبہ کئے بغیر اور شوہر زمانہ عدہ کا خرچ دئے بغیر آپس میں طلاق حاصل کر سکتے ہیں۔

(۶) اگر شوہر مفقود الخبر ہو جائے اور عورت نفقہ یا دوسری باتوں کی وجہ سے سختی و پریشانی میں مبتلا ہو تو وہ حاکم شرع کی طرف رجوع کر سکتی ہے اور طلاق کا مطالبہ کر سکتی ہے اور حاکم شرع قانونی مراحل کو پورا کر کے طلاق دے سکتا ہے۔

اسلام نے جس طرح مرد کے تنفر کی طرف توجہ دی ہے عورت کے تنفر کو بھی

پیش نظر رکھا ہے اسی لئے اگر عورت شوہر سے نفرت کرتی ہے اور اپنے کو کسی بھی طرح مشترک زندگی بسر کرنے پر آمادہ نہیں کر سکتی تو شوہر کو مہر بخش کر یا کچھ دے کر طلاق پر آمادہ کر سکتی ہے۔ قرآن میں ہے جو جو مال تم نے اپنی بیویوں کو دیا ہے اس کو واپس لینا تمہارے لئے جائز نہیں ہے مگر یہ کہ حدود خدا کے برقراری سے خوف زدہ ہو (اور نکاح کو باقی نہ رکھ سکتے ہو) ایسی صورت میں اس مال سے کچھ لے سکتے ہو اور طلاق دے سکتے ہو۔ (سورہ بقرہ ۲۲۹)

اس سے پتہ چلا کہ اسلام نے عورتوں کے احساسات کا بھی خاص خیال رکھا ہے اور اس کے لئے بھی تکلیف دہ زندگی سے چھٹکارا پانے کا راستہ کھول رکھا ہے جیسا کہ رسول خدا (ص) کے زمانے میں ایک واقعہ ایسا پیش آیا تھا ابن عباس کہتے ہیں ایک دن "ثابت بن قیس" کی بیوی "جمیلہ" پریشان حال پیغمبر (ص) کی خدمت میں آئی اور عرض کرنے لگی خدا کے رسول اب میں ایک منٹ بھی "ثابت" کے ساتھ زندگی نہیں بسر کر سکتی اور کسی قیمت پر ہم دونوں کا سر ایک تکئے پر اکٹھا نہیں ہو سکتا اور اس میں اضافہ کرتے ہوئے کہنے لگی کہ میری جدائی و طلاق کی خواہش "ثابت بن قیس" کے ایمان یا اخلاق یا کیفیت معاشرت کی کمی کی بناء پر نہیں ہے لیکن مجھے ڈر ہے کہ اگر میں طلاق نہ لوں تو کہیں کفر و بے دینی کی طرف مائل نہ ہوں۔ میرے نفرت کی وجہ یہ ہے کہ میں نے اتفاقاً خیمے کا پردہ اٹھایا تو کیا دیکھتی ہوں کہ ثابت چند لوگوں کے ساتھ آرہے ہیں اور وہ سب میں سب سے زیادہ کالے، بدصورت، پستہ قد ہیں۔ یہ دیکھ کر مجھے کراہت محسوس ہونے لگی اور میرے دل میں نفرت پیدا ہو گئی اب میں کسی قیمت پر ان کے ساتھ زندگی نہیں بسر کر سکتی۔ پیغمبر اسلام نے اس کو بہت پند و نصیحت فرمائی مگر اس کا کوئی نتیجہ نہ نکلا۔ اس وقت آپ نے ثابت کو بلا کر پورا قصہ سنایا۔ ثابت جمیلہ کو ضرورت سے زیادہ چاہنے کے باوجود اس

تکلیف دہ بات پر تیار ہو گئے اور مہر میں جو باغ جمیلہ کو دیا ہے اس کو واپس لے کر طلاق دے دیں۔ مختصر یہ کہ اس طرح جمیلہ نے اپنے شوہر ثابت بن قیس سے طلاق خلعی حاصل کر لی۔ (مجمع البیان جلد ا صفحہ ۱۶۷)

اسلام میں بعض ایسے موارد بھی ہیں کہ جہاں پر مرد کو طلاق دینے کی ضرورت نہیں ہوتی ہے بلکہ خود عورت کو یہ حق ہوتا ہے کہ وہ عقد نکاح باطل قرار دے دے کچھ مقامات پر عدالت اسلامی کی طرف رجوع کرنے کے بعد عقد نکاح باطل کرنے کا حق حاصل ہوتا ہے اور ایسے مقامات ہیں جہاں عدالت شرعیہ کی طرف مراجعہ کئے بغیر بھی طلاق ہو سکتی ہے مثلاً اگر عورت یا مرد دیوانہ ہو جائیں تو دوسرے کو نکاح فسخ کر دینے کا حق ہے۔ (جرمنی وسوئزرلینڈ جیسے مغربی ممالک میں بھی دیوانہ ہونا عقد نکاح کے ختم کرنے کا سبب ہے لیکن بعض دوسرے یورپی ممالک میں جیسے فرانس کے اندر شوہر یا بیوی کا پاگل ہو جانا سبب طلاق نہیں ہے بلکہ اس پر لازم ہے کہ اپنے پاگل حیوان ساتھی کو قبول کرے اور اس کے ساتھ زندگی بسر کرے۔ ظاہر ہے کہ یہ ایک چری قسم کا حکم ہے لیکن اسلام نے ایسی صورت میں یہ حق دیا ہے کہ اگر جی چاہے تو پاگل کے ساتھ زندگی بسر کرے اور نہیں جی چاہتا تو عقد کو فسخ کر کے اپنے کو آزاد کر لے)

اسی طرح مرد کا خصی ہونا یا عنین ہونا بھی عورت کے لئے حق فسخ کو ثابت کرتا ہے اسی طرح جبر و اکراہ بھی نکاح کے فسخ ہونے کا سبب ہے۔ دوسرے اور بھی مواقع ہیں جہاں پر بعض فقہاء نے حق فسخ کو مانا ہے——

مغربی معاشرے کا سب سے بڑا درد سر ارکان خانوادے کا متزلزل ہونا ہے مغربی دنیا کی موجودہ آزادی و بے راہ روی کلیسا کی زبردستیوں کا ردعمل ہے کیونکہ عیسائی مذہب میں سرے سے طلاق کا وجود ہی نہیں ہے کلیسا کی سختیوں سے مجبور ہو کر حکومتوں نے

طلاق کو قانونی حیثیت دی۔ مثلاً اکتوبر ۱۷۸۹ء کے انقلاب سے پہلے عیسائی مذہب کی بناء پر فرانس میں طلاق ممنوع چیز تھی لیکن جدید مدنی حقوق کے تنظیم کے وقت ۱۸۰۴ء میں لوگوں کے دباؤ کی وجہ سے طلاق کو قانونی حیثیت دی گئی۔ لیکن اس پندرہ سال کے اندر ۔۔۔ جس میں طلاق کو قانونی حیثیت حاصل تھی ۔۔۔ بڑی سرعت کے ساتھ طلاق کی تعداد میں اضافہ ہو گیا، اور پھر کلیسا کے دباؤ میں آ کر ۱۸۱۶ء میں قانون طلاق ختم کر کے "تفریق جسمانی" نام کے قانون کو نافذ کیا گیا۔ لیکن پھر لوگوں کا شدید دباؤ پڑنے پر حکومت نے مجبور ہو کر ۱۸۸۴ء میں محدود طریقے پر عورت و مرد کو قانوناً حق طلاق دیا۔ مندرجہ ذیل مقامات پر قانوناً عورت و مرد کو حق طلاق حاصل ہے۔

(۱) اگر مرد یا عورت کسی ایسے جرم کے مرتکب ہو جائیں جس کی بناء پر قانوناً مندرجہ ذیل کسی ایک سزا کے مستحق ہو جائیں۔ پھانسی، حبس دوام، ملک بدری، اجتماعی حقوق سے محرومیت، محنت شاقہ کے ساتھ وقتی قید۔

(۲) دونوں میں سے کوئی زنا کا مرتکب ہو جائے لیکن عورت کو حق طلاق اس صورت میں ہو گا کہ جب مرد اس کے گھر میں زنا کا ارتکاب کرے۔ پولیس کی نظر میں مکمل طور سے یہ خیانت ثابت ہو۔ اس بنا پر جب میاں بیوی ایک دوسرے سے علیحدگی اختیار کرنا چاہیں تو تیسرے فریق کے بھی موافقت کی ضرورت ہو گی اسطرح کہ وقت معین پر سوتے وقت ۔۔۔ شوہر پولیس کو لا کر دکھائے کہ میری بیوی دوسرے مرد کے ساتھ سو رہی ہے۔ پھر جب پولیس شوہر کے ساتھ آ کر کسی غیر مرد کو سوتا ہوا دیکھے گی تب جا کر طلاق ہو گی۔ (طلاق و تجدد ص ۹۹)

ذرا سوچئے کہ حق طلاق کتنی بے حیائی کے بعد حاصل ہوتا ہے آج کی متمدن دنیا ایک طرف تو عورت کو اجتماعی و سیاسی امور میں شریک ہونے کا حق دلاتی ہے اور دوسری

طرف اس کی عزت و شرف کو بازیچہ اطفال بناتی ہے اور کس قدر بے حیائی کا مظاہرہ کراتی ہے۔

(۳) شوہر یا عورت ایک دوسرے کو آزار پہنچائیں یا اہانت کریں یا فحش کلامی کریں، اسی طرح کے دوسرے مواقع ہیں جہاں ایک دوسرے کو طلاق لینے کا حق حاصل ہے۔

موجودہ دور میں فرانس، پرتگال، اٹلی کے اندر " تفریق جسمانی "کا رواج ہے تفریق جسمانی کا مطلب یہ ہے کہ علیحدگی چاہنے والے میاں بیوی الگ الگ وقتی طور پر زندگی بسر کریں۔ اس جدائی کی مدت زیادہ سے زیادہ تین سال ہوتی ہے اور اس مدت میں اگرچہ عورت جنسی آسودگی دینے سے اور مرد نان و نفقہ دینے سے معاف ہیں مگر دوسرے تمام آثار زوجیت باقی رہتے ہیں۔ اس مدت کے بعد بھی اگر عورت یا مرد مشترک زندگی بسر کرنے پر تیار نہ ہوں تو طلاق دی جائے گی۔

امریکہ نے عورت و مرد کے طلاق کے سلسلے میں ضرورت سے زیادہ آزادی دے رکھی ہے اس لئے وہاں طلاق بکثرت ہوتی ہے۔ یہ بے حساب آزادی اور مساوی طور سے مرد و عورت کو حق طلاق دینے کی وجہ سے ارکان خانوادہ تزلزل کے شکار ہو گئے ہیں اور اس کے تلخ ترین نتائج ظاہر ہونے لگے ہیں۔ عورتیں معمولی بہانوں سے جب جی چاہتا ہے مرد سے الگ ہو جاتی ہیں در حقیقت مغربی دنیا خانوادے اور عورتوں کی خدمت کرنے کے بجائے خیانت کی مرتکب ہوئی ہے۔

جن ممالک میں عورتوں کو حق طلاق دیا گیا ہے ان کے اجمالی اعداد و شمار کو دیکھ کر ہر عقلمند انسان محو حیرت ہو جاتا ہے عورتوں کی خواہش پر مغربی دنیا میں ہونے والی طلاقوں کی کثرت اور طلاق لینے کی دلیلوں کو دیکھ کر اسلام کی ژرف نگاہی روز روشن کی طرح آشکار ہو جاتی ہے۔ متمدن مغربی دنیا میں ہونے والی طلاقوں کا نمونہ ملاحظہ فرمائیے

ایک مشہور ہفتہ واری اخبار لکھتا ہے:

شہر اسٹر اسبورگ میں ہونے والی چوٹی کانفرنس کے صدر نے مختلف ممالک میں ہونے والی طلاقوں کا اعداد شمار افراد کانفرنس کے سامنے اس طرح بیان کیا۔

اس اعداد و شمار کے مطابق آخری ایک سال کے اندر فرانس میں ۲۷ فیصد طلاق عورتوں کی "مد پرستی" کے افراط کی وجہ سے ہوئی اور یہی تعداد جرمنی میں ۳۳ فیصد اور ہالینڈ میں ۳۶ فیصد اور سوئیڈن میں ۱۸ فیصد ہوئی۔

پیرس کی ہر عورت جو مد پرستی کی عادی ہو چاہے افراط کی حد تک نہ بھی ہو پھر بھی ایک سال کے اندر تقریباً پانچ ہزار تومان بیکار و بیہودہ مصرف میں خرچ کر دیتی ہے۔

اور یہ کثیر رقم نہ تو اس کی خوبصورتی میں اضافہ کرتی ہے اور نہ اس کی شخصیت کو بلند و بالا کرتی ہے اور نہ خانوادے کے فلاح و بہبود پر خرچ ہوتی ہے۔

براہ راست عورت کو حق طلاق دینے کا یہ نتیجہ ہوتا ہے جب صرف ایک پرستی جیسی بے ارزش چیز کی وجہ سے اتنی طلاقیں ہوتی ہیں تو دوسرے اسباب کی بناء پر کیا عالم ہو گا؟

عورتوں کو حق طلاق دینے کے جو برے نتائج بر آمد ہوتے ہیں انھوں نے ذمہ داران حکومت میں عجیب وحشت پیدا کر دی ہے اب وہ لوگ اس کے محدود کرنے کے طریقے پر غور و فکر کر رہے ہیں۔ گذشتہ سال فرانس میں تیس ہزار طلاقیں ہوئیں اور چونکہ ہر سال اس تعداد میں اضافہ ہی ہو رہا ہے اس لئے فرانسیسی خانوادوں کے فیڈریشن نے حکومت سے درخواست کی ہے کہ ۱۹۴۱ء کے مخصوص قانون کو جو ۱۹۴۵ء میں ختم کر دیا گیا تھا دوبارہ لاگو کیا جائے۔ اس قانون کے مطابق شادی سے تین سال تک کسی بھی وجہ سے طلاق نہیں دی جا سکتی اور نہ لی جا سکتی ہے یہی قانون انگلستان میں بھی نافذ ہے

صرف اس میں دو صورتوں کو مستثنیٰ کر دیا گیا ہے۔

(۱) مرد کی طرف سے فوق العادۃ سختی و وحشت گری

(۲) مرد کی طرف سے خیانت اور بے اندازہ فساد (خواندن ہائے سال ۲۵ شمارہ ۱۰۳)

امریکی دانش مند لوسون تحریر کرتا ہے: جس کے اندر بھی ذرہ برابر انسان دوستی موجود ہے وہ اس وحشت ناک اعداد و شمار سے رنجیدہ ہے اور اس کے علاج کی فکر میں ہے سب سے زیادہ قابل توجہ بات یہ ہے کہ ۸۰ فیصد طلاق عورتوں کی خواہش سے واقع ہوئی اور ہو رہی ہے کثرت طلاق کی علت بھی اسی جگہ سے تلاش کرنا چاہئے اور قطعی طور پر اس کو محدود کر دینا چاہئے۔ (المرءۃ المسلمۃ محمد فرید وجدی)

یہاں پر معاشرے کے اندر" والٹیر " کا قانون طلاق کے سلسلے میں اسلام کی جامعیت کے اعتراف کا ذکر کرنا بھی مناسب ہے وہ لکھتا ہے:

محمد (ص) ایسے عقل مند واضع قانون ہیں جو بشریت کو جہل و فساد و بد بختی سے نجات دینا چاہتے تھے۔ اپنی خواہش کی تکمیل کے لئے انھوں نے دنیا کے تمام انسانوں ۔۔۔ عورت، مرد، چھوٹا، بڑا، عاقل و دیوانہ، سیاہ و سفید، زرد و سرخ کے نفع کا خیال رکھا، انھوں نے تعدد ازواج کی اجازت ہر گز نہیں دی بلکہ اس کے بر خلاف ایشیائی ممالک کے حکمرانوں اور بادشاہوں کی بے حساب شادیوں پر پابندی لگا کر چار عورتوں تک محدود کر دیا۔ شادی بیاہ اور طلاق کے سلسلے میں ان کے قوانین سے بدرجہا بہتر ہیں شاید طلاق کے سلسلے میں قرآن سے زیادہ مکمل قانون اب تک نہیں بنایا جا سکا۔ (اسلام از نظر والٹیر)

متعہ

اسلام یقینی طور پر سعادتوں اور خوش بختیوں کا پیغام لے کر آیا ہے اسلام لوگوں کو بلا کر اور بد بختی میں گرفتار کرنے کے لئے ہرگز نہیں آیا ہے اور نہ اس لئے آیا ہے کہ لوگوں کو مشکلات کے پیچ و خم میں پھنسا دے۔ زندگی کے کسی شعبے میں کمزوری کا پہلو نہیں لایا ہے۔ انسانی خوش بختی میں بہت اہم رول ادا کرتا ہے۔ اس سلسلے میں معمولی فروگذاشت بھی نہیں برتی ہے اور اپنی انھیں گوناگوں خصوصیات کی بنا بر کامل ترین مذہب ہے۔

اسلام اپنے اندر اتنی صلاحیت رکھتا ہے کہ موجودہ دور کے جملہ ضرورتوں کا مثبت جواب دے سکے۔ شادی بیاہ تشکیل خانوادے سے متعلق قوانین اسلام کے ان عظیم قوانین میں داخل ہیں جس کا جواب دنیا کا کوئی مذہب نہیں پیش کر سکا کلیسا کا صحیح رویہ شادی بیاہ کے مسئلہ میں اسلام کے بالکل خلاف ہے۔ اسلام جس قدر تشکیل خانوادے کو اہمیت دیتا ہے کلیسا ضرورت سے زیادہ سختی کر کے تشکیل خانوادے کو روکتا ہے سابق عیسائیوں کی نظر میں تجرد ایک پسندیدہ اور شادی ایک ناپسندیدہ فعل تھا، دنیائے عیسائیت کے موجودہ رہبر بھی سابق لوگوں کی پیروی کر رہے ہیں واتیکان میں کچھ دنوں پہلے جو عظیم کانفرنس منعقد کی گئی تھی اس میں یہ مسئلہ بھی اٹھایا گیا اور طولانی بحث و مباحثہ و تبادل نظریات کے بعد مندرجہ ذیل نظریئے کو قبول کیا گیا: شادی بیاہ پہلے ہی کی طرح ناپسندیدہ فعل ہے اور کلیسا اس سلسلے میں کسی قسم کے درگزر کا قائل نہیں ہے۔!

یہ بات بدیہی ہے کہ جب فطرت کے تقاضوں کے راستے میں رکاوٹیں پیدا کی جائیں گی اور اس فطری مانگ کا صحیح جواب نہ دیا جائے گا تو جنسی بے راہ روی کا ہونا ناگزیر ہو جائے گا۔ عیسائیت کا یہی غلط نظریہ دنیائے عیسائیت میں بہت مفاسد اور جنسی بے راہ روی کا سبب بنا ہے۔ کیونکہ عیسائیت کا آئیڈیا زندگی پر کسی قیمت پر منطبق نہیں ہوتا او یہ ناقابل برداشت نظریہ جو لوگوں پر جبراً ٹھونسا جا رہا ہے بہتوں کے بس سے باہر ہے اسی لئے بہت سے عیسائی پنجرے سے بھاگنے والے پرندوں کی طرح عیسائیت کے "شہوت کشی" سے بھاگ کر بغیر سوچ سمجھے بے لگام شہوت کے راستے پر لگ جاتے ہیں اور اپنی آزادی کو ثابت کرنے کے لئے ہر چیز کو روندتے چلے جاتے ہیں۔

اسلام کا لوگوں کو ابتدائے بلوغ سے ہی شادی کی تشویق دلانا در حقیقت اس جنسی قوت سے استفادہ کرنے کی دلیل ہے لیکن اسی کے ساتھ اسلام حیوانوں کی طرح اس قوت سے لطف اندوز ہونے کو منع کرتا ہے اور ایسے طریقے پر آمادہ کرتا ہے جو انسان کے لائق و سزاوار ہو۔

چونکہ بال بچوں سے محبت کرنا انسانی فطرت کا تقاضہ ہے اور انسانی فطرت کے اندر جنسی قوت کا وجود بھی ایک واقعی چیز ہے لہذا اسلام اس کا اعتراف کرتا ہے اور اس قوت سے بھرپور لطف اندوز ہونے کی اجازت دیتا ہے اور لوگوں کے لئے شادی بیاہ کو زینت تصور کرتا ہے۔ "جنسی خواہش کی بنیاد پر عورتوں کو دوست رکھنا اور اولاد سے محبت کرنا انسانوں کے لئے باعث زینت قرار دیا گیا ہے" (سورہ آل عمران ۱۴)

چودہ سو سال پہلے اجتماعی ضرورتوں کی بناء پر آج کی موجودہ عالمگیر فحاشی بدکاری کے خاتمے کے لئے اسلام نے نہایت ہی آسان و سادہ شرائط کے ساتھ متعہ کا قانون بنایا تھا اور اس طرح مفاسد کا خاتمہ کر کے بشریت کو فلاح و بہبود کی طرف دعوت دی تھی۔

اسلام سے پہلے زمانہ جاہلیت میں دیگر ناشائستہ افعال کی طرح فحاشی اور نامشروع جنسی روابط بھی ایک عام چیز تھی، کھلے عام فحاشی کے اڈے بنائے گئے تھے پیغمبر اسلام (ص) نے اعمال و اخلاق و افکار کی اصلاح اور جنسی بے راہ روی کو روکنے کے لئے متعہ کا قانون بنایا اور اسی قانون کے زیر سایہ جنسی خواہش کو صحیح راستے پر لگایا۔ رسول اسلام (ص) کی طرف سے ایک منادی کوچہ و بازار میں اعلان کر رہا تھا: لوگو! رسول خدا (ص) نے تمہارے لئے متعہ کو جائز قرار دیا ہے۔ جنسی پیاس بجھانے کے لئے صحیح طریقوں کا استعمال کرو۔ بدکاری و جنسی راہ روی کو چھوڑ دو۔ (وسائل ابواب متعہ)

اس قانون کی بناء پر مرد و عورت نکاح دائمی کے بوجھ سے بچتے ہوئے محدود وقت کے لئے متعہ کر سکتے ہیں اور مدت کے ختم ہونے تک زوجیت کی رعایت کی جائے گی۔

متعہ میں نہ تو توارث ہے اور نہ مرد و عورت کے خوراک، پوشاک، گھر کا ذمہ دار ہے لیکن حفاظت نفس کی خاطر نکاح دائمی کے جو اصول ہیں وہ سب متعہ پر لاگو ہیں۔ متاعی عورت واقعتاً مرد کی بیوی ہے اور زوجیت کے سارے احکام اس پر نافذ ہوتے ہیں۔ قرآن کہتا ہے: جن عورتوں سے متعہ کرو ان کا مہر ادا کرو۔ (نساء ۲۸)

دوسرے لفظوں میں یوں سمجھئے کہ اگر متعہ میں مدت معین نہ کی جائے تو وہ نکاح دائمی شمار ہو جائے گا جو ہمیشہ باقی رہے گا اور اس کو ختم کرنے کے لئے طلاق جیسی چیزوں کا سہارا لینا پڑے گا لیکن چونکہ اس کی مدت معین ہوتی ہے۔ اس لئے اس کو متعہ کہا جاتا ہے۔ نکاح و متعہ سے ہونے والی بیوی میں کوئی اصولی فرق نہیں ہے۔ صرف اتنا فرق ہے کہ متعہ محدود وقت کے لئے ہوتا ہے اور نکاح غیر محدود وقت کے لئے ہوتا ہے اسی طرح نکاحی اور متاعی اولاد میں بھی کوئی فرق نہیں ہے نکاحی بچے کو جتنی قانونی، شرعی رعایتیں حاصل ہیں وہ سب متاعی بچے کو بھی حاصل ہیں۔

بدکاری کے عام ہونے کی ایک وجہ یہ بھی ہے کہ کچھ لوگ نکاح نہیں کر سکتے کیونکہ شادی کی ذمہ داریاں خصوصاً مالی پریشانی، کمر توڑ خرچ ہر شخص کو تشکیل خانوادے کی اجازت نہیں دیتے اور یہ مسئلہ ہمیشہ سے رہا ہے۔

(اسی طرح) تجارت، دفاعی و نظامی مقاصد، تحصیل علم، تفریح اور اسی قسم کی مختلف چیزوں کی انجام دہی کے لئے انسان کو مسافرت کرنی پڑتی ہے اور وطن سے دور رہنا پڑتا ہے اور یہ چیزیں بھی یعنی سفر زندگی کی ضرورت میں داخل ہے اب حالت سفر میں نکاح دائمی یا بال بچوں کو ہر موقع پر ساتھ لئے رہنا مسافرت اور اکثر مقامات پر شخصاً بہت ہی دشوار بلکہ ناممکن ہے (ایسے موقع پر متعہ کے علاوہ کوئی بھی حل نہیں ہے۔ مترجم) اس بات کو پیش نظر رکھ کر دیکھئے کہ عموماً طولانی سفر کرنے والے نوجوان افراد ہوتے ہیں جو بھرپور جوانی سے مالامال ہیں اور جنسی خواہش ان کے یہاں عروج پر ہوتی ہے تو ایسی صورت میں متعہ کے علاوہ اس مسئلے کا کوئی اور حل ہے۔؟

اسی لئے اگر نظم وضبط کے ساتھ یہ اصلاح وترقی قانون عمل میں لایا جائے اور صحیح طریقے سے اس کو استعمال کیا جائے تو انحرافات اجتماعی اور فحشاء ومفاسد کے خلاف بہترین ہتھیار ہے اور اسطرح فساد و جسم فروشی کو روکا جا سکتا ہے عمومی اخلاق بہتر ہو سکتے ہیں اور بہت سی عورتیں جن کا دامن آلودہ ہے نجات پا سکتی ہیں۔

میں نے " صحیح طریقے سے استعمال " کی شرط اس لئے لگائی ہے کہ کچھ نادان و آزاد لوگ اس قانون سے غلط فائدے حاصل کرنے لگے ہیں اور پھر مخالفین و کوتاہ نظروں کی اس مسئلے کے خلاف بے بنیاد قسم کی تبلیغات نے مسئلے کی صورت ہی بدل دی ہے اور حقیقت کے بالکل برخلاف اس کا تعارف کرایا ہے۔ اگر متعہ کو۔۔۔ جو ایک پاکیزہ شادی ہے ـــــ گناہ کی اہمیت نہ سمجھنے والوں کے لئے استعمال کیا جائے تو

صورت حال بالکل بدل سکتی ہے اور پھر قطعی طور پر جسم فروشی و بدکاری کو روکا جاسکتا ہے ـــــــــــ

صرف متعہ ہی کے لئے یہ بات نہیں ہے کہ لوگ اس کا غلط استعمال کرتے ہیں بلکہ لوگ تو ہر چیز کو غلط استعمال کر سکتے ہیں ان باتوں کے لئے تہذیب روح اور لوگوں میں اخلاقی بلندی پیدا کرنے کی ضرورت ہے اور اسلام نے لوگوں کے اخلاقی فضائل کی طرف بہت زیادہ توجہ دی ہے۔

ہر قانون کی خلاف ورزی کرنے پر کچھ نہ کچھ تادیب ہوتی ہے اس لئے قانون متعہ کی خلاف ورزی پر بھی تادیب ہونی چاہئے اور واقعی بات یہ ہے کہ بغیر تادیب کے متعہ کا فائدہ بھی حاصل نہ ہو سکے گا چونکہ یہ قانون اجتماع کے فائدے کے لئے ہے اس لئے مخالفت کی صورت میں حکومت کو دخل دینا چاہئے اور سرکشوں کو صحیح راستے کی طرف لگانا چاہئے تاکہ فردی و اجتماعی مصالح محفوظ رہ سکیں امام پنجم (ع) نے حضرت علی (ع) سے نقل فرمایا ہے: اگر خلیفہ دوم متعہ کو حرام نہ کرتے تو کمینہ و پست فطرت افراد کے علاوہ کوئی بھی شخص زنا کا ارتکاب نہ کرتا۔ (وسائل ابواب متعہ)

علماء و دانش مندان سنی و شیعہ نے حضرت عمر کا جو قول نقل کیا ہے اس میں غور کرنے سے پتہ چلتا ہے کہ متعہ یقینی طور پر رسول خدا (ص) کے زمانے میں رائج تھا لیکن عمر نے نہ معلوم اسباب کی بناء پر اپنے دور خلافت میں یہ کہہ کر حرام قرار دے دیا: دو متعہ جو رسول خدا (ص) کے زمانے میں رائج و مرسوم تھے میں ان دونوں کو روکتا اور حرام کرتا ہوں جو بھی یہ کام کرے گا اس کو سزا دوں گا اور وہ دونوں متعہ ایک تو متعہ حج ہے اور دوسرا متعہ زنان ہے۔ اس عبارت سے واضح ہے کہ عمر نے اپنی شخصی رائے سے متعہ کو

حرام قرار دیا۔ حالانکہ بہت سے اصحاب پیغمبر (ص) نے عمر کی بات پر کوئی اعتنا نہیں کی اور برابر متعہ کو جائز و حلال سمجھتے رہے۔ (مزید تفصیل کے لئے اہل سنت کی کتب تفسیر، فقہ، حدیث کا مطالعہ فرمائیے۔)

آج کی دنیا میں ہر طرف فتنہ اور آزاد روی ہے اور عصمت و عفت کے خلاف رسالے، روزنامے، شہوت کو ابھارنے والی فلمیں، سنیمے اور غلط قسم کی باتوں کو نشر کرنے والے ریڈیو، ٹیلی ویژن، عورتوں کی نیم، عریانی، یہ ایسی چیزیں ہیں جو جوانوں کے اخلاق کو خراب کرنے والی ہیں۔ پاک دامن جوان ایک بند گلی میں پھنسے ہیں اسلامی قوانین سے ناواقف لوگ جو متعہ کے بارے میں غلط افواہیں پھیلاتے رہتے ہیں اور نامعقول قسم کا شور و غل کرتے رہتے ہیں اس مشکل کا کیا حل پیش کریں گے۔؟

کیا سارے جوان اپنے نفس پر کنٹرول کر لیں گے ؟ اور جوانی کی بد مستیوں کے سامنے سینہ سپر ہو سکیں گے ؟ نفس امارہ کو عقل کا تابع بنا سکیں گے ؟ چلئے تھوڑی دیر کے لئے ہم مان لیتے ہیں کہ سارے جوان اپنے نفس کو قابو میں کر لیں گے لیکن کیا اس سے مقصد خلقت فوت نہ ہو جائے گا؟ کیونکہ نسل انسانی میں قلت ہو گی نطفہ ہائے حیاتی بیکار ہو جائیں گے اور یہ سب روح اسلام کے منافی ہے کیونکہ قرآن مقدس نے اعلان کر دیا ہے: خداوند عالم نے دین (اسلام) میں دشوار اور ناقابل برداشت بوجھ تمہارے کندھوں پر نہیں ڈالا ہے۔ (سورہ حج ۷۸)

اب حقیقت کو سمجھ لینے کے بعد میں پوچھتا ہوں کہ متعہ کو ختم کر کے کیا تمام بد اخلاقیوں کی اجازت دے دی جائے ؟ اور ان مفاسد و بد بختیوں کو۔۔۔ جو آج پورے معاشرے میں سرائیت کر چکی ہیں۔۔۔ اپنی تمام بے شرمیوں کے ساتھ رائج و عام کر دیا جائے ؟ تاکہ بشریت دریائے شہوت میں ڈوب جائے اور ایک عام ہرج مرج پیدا ہو

جائے؟ قرآن کہتا ہے: کیا اچھی چیزوں کو چھوڑ کر بری باتوں کو اختیار کرو گے۔؟(سورہ بقرہ ٦١)

اور یا پھر متعہ کے قانون کو رائج کر کے میلونوی مطلقہ، بن بیاہی، بیوہ عورتوں کو ـــ جو پریشانی و عسرت کی زندگی بسر کر رہی ہیں ـــ نجات دی جائے اور ان کی زندگی کی گاڑی پھر راستے پر لگ جائے۔؟

چلئے ہم مانے لیتے ہیں کہ یہ عورتیں اپنی عسرت و تنگ دستی کا علاج کر سکتی ہیں لیکن کیا یہ اپنے باطنی احساسات، اور روحانی جنبوں کی بھی تکمیل کر لیں گی؟ اور مردوں کی طرف فطری میلان اور علاقہ ووابستگی کا صحیح جواب دیا جاسکتا ہے؟ اگر فطری احساسات، جنسی شہوت کا صحیح تدارک نہ کیا گیا تو بہت ممکن ہے اس کی وجہ سے عورتیں تباہی و بربادی اور آلودگی کے راستے پر لگ جائیں۔

آج مغربی ممالک میں عورتوں اور مردوں کے درمیان متعہ کی جگہ عملی طور پر ناجائز " جنسی تعلقات " نے لے رکھی ہے اور مغربی مفکرین اس وضع نکبت بار کے لئے ایک قانون کی ضرورت کا احساس کر رہے ہیں اور جواز متعہ کو معاشرے کے لئے ایک ضروری چیز سمجھنے لگے ہیں۔

انگریز فلسفی برٹرانڈ راسل لکھتا ہے: آج کی دنیا میں اجتماعی و اقتصادی مشکلات اور ضرورتوں نے ہمارے جوانوں کی شادی میں تاخیر پیدا کر دی ہے کیونکہ سو دو سو سال پہلے ایک طالب علم اٹھارہ بیس سال کی عمر میں اپنی تعلیم مکمل کر کے عین عنفوان شباب میں شادی کے لئے تیار ہو جاتا تھا۔ بہت کم لوگ تھے جو تیس چالیس سال محنت کر کے کسی فن میں اکسپرٹ ہو کر شادی کرتے تھے۔ لیکن آج کل بیس سال کے بعد (اگر اکسپرٹ ہو بھی گئے) تحصیل معاش کے چکر میں کافی وقت گزر جاتا ہے پھر شادی کی نوبت آتی ہے

عموماً ۳۵ سال سے پہلے شادی بیاہ کی نوبت نہیں آتی۔ اسی لئے آج کل کے نوجوان تعلیم سے فراغت پانے کے بعد اور شادی کرنے کے وقت تک زندگی کا حصہ جو بہت ہی اہم ہوتا ہے مجبوراً جس طرح بھی ممکن ہو گزارتے ہیں۔ زندگی کے اس حصے سے کسی بھی قیمت پر چشم پوشی نہیں کی جا سکتی، اگر ہم اس کے لئے کوئی فکر نہ کریں گے تو نسل، اخلاق، معاشرتی اصول سب میں فساد پیدا ہو جائے گا اسی لئے کچھ کرنا چاہئے مگر کیا کریں؟ اس مشکل کا حل صرف یہ ہے کہ عمر کے اس حساس حصے کے لئے موقت شادی ۔۔۔ متعہ ۔۔۔ "لڑکیوں اور لڑکوں کے" کو قانوناً تسلیم کیا جائے جو عائلی زندگی اور نکاح دائم کے مشکلات اور گناہ سے محفوظ رکھے بلکہ بہت سی بیماریوں سے بھی محفوظ رکھے ـــــــــــ

امریکہ یونیورسٹی کے استاد ویلیان وان لوم تحریر کرتے ہیں کہ تجربے نے یہ بات ثابت کر دی ہے نکاح کی عمر گزر جانے کے بعد مرد تازگی نشاط اور کی طرف مائل نہیں ہوتے اسی لئے جنسی انحرافات کی طرف مائل ہو جاتے ہیں۔

چنانچہ اعداد و شمار بتاتے ہیں ۳ سے ۶۵ فی صد شادی شدہ مرد اپنی بیویوں سے خیانت کرتے ہیں (یہ بات مغربی ممالک کے لئے ہے)

اس جنسی بے راہ روی کو ختم کرنے کے لئے اور نکاح کے مصارف کو سبک و ہلکا کرنے کے لئے مخصوص شرائط کے ساتھ جس مدت تک میاں بیوی تیار ہوں حکومت کو متعہ جائز قرار دینا چاہئے۔ (بہداشت ازدواج از نظر اسلام صفحہ ۱۷۸)

تعدد ازواج

نظام اجتماعی کے لئے بنائے گئے قوانین اسی وقت کامل و ترقی پسند و فائدہ مند ثابت ہو سکتے ہیں جب انسانی فطرت کے مطابق ہوں اور بشری ضرورتوں کو مکمل طرح پورے کرتے ہوں اور معاشرے کے تمام حالات قوانین بناتے وقت واضع قانون کے سامنے ہوں اگر یہ صورت نہیں ہے تو پھر وہ قوانین شرمندہ بقاء و دوام نہیں ہو سکتے۔

اسلامی قوانین دنیا کے کسی خاص طبقے یا جگہ کے لئے نہیں ہیں بلکہ یہ تمام دنیا کے لئے ہر زمانے میں بشری تقاضوں کو پورا کرتے رہے ہیں۔ حوادثات کے مد و جزر میں مضمحل و نابود نہیں ہوئے اور نہ نابود ہو سکتے ہیں بلکہ اس دنیا میں جب تک انسان موجود ہے یہ قوانین اپنی برتری اور قدر و قیمت منواتے رہیں گے۔

کلیسا اور مسیحی مبلغین کی اسلام کے خلاف مسئلہ "تعدد ازواج" کا غلط طریقے سے پیش کرنا بھی ہے۔ اس مسئلے کو آج کی دنیا میں محل بحث بنا دیا ہے اپنی کمزور وست پوزیشن کو بچانے کے کلیسا ناواقف لوگوں پر ہزاروں تہمت و تبدیلی حقائق کے ساتھ تعدد ازواج کے مسئلے کو پیش کرتا ہے اور یہ ثابت کرنے کی کوشش کرتا ہے کہ یہ مسئلہ عورتوں پر ظلم و جور کے مترادف ہے۔ کیونکہ عیسائی مبلغین لوگوں کو یہ باور کراتے ہیں کہ مردوں کو حسب دل خواہ کسی قید و بند کے بغیر عورتوں سے شادی کرنے کا اختیار ہے اور اپنی سختیوں کا پابند بنانے کا حق ہے ——

در حقیقت اسلام کے خلاف یہ پروپیگنڈہ ہے جس کی کوئی بنیاد نہیں ہے حالانکہ ان

لوگوں کے ذہنوں میں اس مسئلے کے خلاف دور از کار اور خلاف انصاف باتیں موجود ہیں۔ لیکن اگر تعصب کی عینک اتار کر واقع بینی کے عنوان سے عقل و منطق کی رو سے انسانی معاشرے کی فطرت میں غور کر کے بے شمار واقعات و حادثات کو نظر میں رکھتے ہوئے قوموں کی زندگی کے تغیرات اور تحولات کو دیکھتے ہوئے اس اسلامی قانون کے بارے میں سوچا جائے اور انصاف کے تقاضوں کو پورا کرتے ہوئے فیصلہ کیا جائے تو اس قانون کے اصولی و منطقی ہونے میں کوئی شک وشبہ باقی نہیں رہے گا ــــــــــ

اسلام سے پہلے مختلف معاشروں میں بے حدوحساب عورتوں سے شادی کرنا ایک عام بات تھی۔ بلکہ بعض قوموں کے یہاں متعدد شادی کرنا بڑاپن کی دلیل تھا۔

گذشتہ انبیاء کی تاریخ اور موجودہ ادیان کے مطالعہ سے یہ حقیقت بخوبی واضح ہو جاتی ہے کہ تعدد ازدواج کا مسئلہ اسلام سے پہلے مروج و مرسوم تھا یہ کوئی نئی بات نہیں ہے جس کو صرف اسلام نے ایجاد کیا ہو۔ مثلاً چین میں "لیکی" قانون کی بناء پر ہر شخص کو ۱۳۰ عورتوں سے شادی کرنے کا حق تھا اور یہودی قانون میں ایک مرد کئی سو عورتوں سے شادی کر سکتا تھا۔ (حقوق زن در اسلام واروپا صفحہ ۲۱۵)

اسی طرح " اردشیر بابکان "اور "شارلمانی " کے لئے لکھتا ہے کہ ان میں سے ہر ایک کے حرم سرا میں تقریباً چار سو عورتیں تھیں۔

توریت ـــ جو تعدد ازواج کو جائز سمجھتی ہے ـــ کے خلاف انجیل نے بھی کوئی آواز نہیں اٹھائی بلکہ اس مسئلے میں خاموش ہے اسی لئے آٹھویں صدی عیسوی کے نصف آخر تک یعنی شارلمانی بادشاہ فرانس کے زمانے تک مسیحی یورپ میں تعدد ازواج کی باقاعدہ رسم تھی اور کلیسا اس کی مخالفت نہیں کرتا تھا۔ لیکن اسی بادشاہ ـــ شارلمانی ـــ کے زمانے میں کلیسا کے حکم سے پورے یورپ کے اندر یہ مسئلہ منسوخ قرار دیا گیا

اور جن لوگوں کے پاس کئی کئی عورتیں تھیں ان کو شرعی لحاظ سے صرف ایک ایک عورت پر اکتفا کرنا پڑا اور اسی باعث عیسائی بدکاری و زناکاری کی طرف مائل ہونے لگے اور جن کے پاس صرف ایک بیوی تھی وہ فسق و فجور کی طرف مائل ہو گئے زمانہ جاہلیت میں عرب کے مختلف قبیلوں میں نہایت ناپسندیدہ اور سخت عنوان سے تعدد ازواج کا مسئلہ رائج تھا اور مالی حیثیت کا لحاظ کئے بغیر عدالت یا دوسری شرائط کیطرف توجہ دئے بغیر ہر شخص اپنی حسب خواہش جتنی عورتیں چاہے رکھ سکتا تھا اس وقت عورتوں کی کوئی قدر و قیمت نہیں تھی ان پر ظلم و ستم کے پہاڑ توڑنا ایک عادی بات تھی۔ مردوں کی مطلق العنانی نے عورتوں پر عرصہ حیات تنگ کر رکھا تھا۔

اسلام نے اس ظلم کی مخالفت کی اور اس فساد کا خاتمہ کر دیا لیکن مخصوص شرائط کے ساتھ اصل مسئلہ تعدد ازدواج کو قبول کیا البتہ معاشرے کی ضرورتوں اور مرد و عورت کے مصالح کو پیش نظر رکھتے ہوئے عورتوں کی تعداد کو صرف چار میں محدود کر دیا۔

در حقیقت اسلام نے اس قانون کو مردوں کے بے قید و بند غیر محدود ہوس رانی کی وجہ سے بنایا ہے تا کہ مخصوص شرائط کے ساتھ اس کام ۔۔۔ تعدد ازواج ۔۔۔ کی انجام دہی کی جا سکے یہ بات قابل لحاظ ہے کہ اسلام کی نظر میں شادی بیاہ کے مسئلے میں اصل تعدد نہیں ہے بلکہ یہ ایک اجتماعی پیش بندی ہے جس کی بنیاد یہ ہے کہ مختلف خطروں کو دور کیا جا سکے، کیونکہ کبھی ایسا ہوتا ہے کہ بڑے ضرر سے بچنے کے لئے چھوٹا ضرر انسان کو برداشت کرنا پڑتا ہے۔ مثلاً جان بچانے کے لئے مال کی قربانی مذموم نہیں ہے۔

اس کے علاوہ تعدد ازواج کا قانون تمام مسلمانوں کے لئے نماز، روزے کی طرح ہر شخص پر واجب و لازم نہیں ہے۔ کہ اگر ایک شخص چند عورتوں کے ساتھ عادلانہ برتاؤ کر سکتا ہو اور اس کی معاشی حالت بھی چند عورتوں سے شادی کی اجازت دیتی ہو اور وہ اس

کے باوجود صرف ایک عورت سے شادی کرے تو گویا اس نے فعل حرام کا ارتکاب کیا! جی نہیں ایسا نہیں ہے۔

تعدد ازواج کے مسئلے میں عورتوں کو بھی ارادہ و عمل کی آزادی بخشی گئی ہے تا کہ وہ اپنی مرضی سے اس کام کو کریں کوئی جبر نہیں کیا گیا ہے تعدد ازواج کی اجازت دے کر اسلام نے عورتوں کی کسی قسم کی اہانت نہیں کی ہے، بلکہ عورتوں کو صرف اجازت دی گئی ہے کہ حالات کے لحاظ سے اگر وہ چاہیں تو ایسا کر سکتی ہیں ان کو قید تنہائی پر مجبور نہیں کیا گیا ہے۔

اگر شادی کرنے والے مردوں اور عورتوں کی تعداد برابر ہو تو وہاں پر ہر مرد کے حصے میں ایک ہی عورت آئے گی اور تعدد ازواج کا مسئلہ خود بخود حل ہو جائے گا۔ کہنے کا مطلب صرف یہ ہے کہ جب معاشرے کو ضرورت نہ ہو تو پھر اس مسئلے کا وجود ہی نہ ہو گا لیکن اگر معاشرے کو شدید ضرورت ہو مثلاً عورتوں اور مردوں کا توازن مختلف اسباب کی وجہ سے باقی نہ رہے بلکہ مردوں کی تعداد عورتوں کے مقابل میں کم ہو جائے تو فاضل عورتوں کا اچار تو ڈالا نہیں جا سکتا، آخر ان کا حل کیا ہونا چاہیئے۔

آئے دن کی جنگوں، مشکل کاموں کی انجام دہی، معاون کے اندر کام کرنا۔۔۔ جس میں ہزاروں آدمی ہلاک ہوتے رہتے ہیں۔۔۔ ان اسباب کی بناء پر مردوں کی تعداد کم ہو جاتی ہے اور عورتوں کی تعداد بڑھتی جاتی ہے اب یہاں پر اعداد و شمار کر کے فیصلہ کیجئے کہ کیا کیا جائے کیونکہ صحیح فیصلہ تو مردم شماری کے بعد ہی ہو گا۔ اعداد و شمار کے مطابق پوری دنیا میں قطعی طور پر عورتوں کی تعداد بہت زیادہ ہے اور یہ زیادتی مندرجہ بالا اسباب کی بنا پر ہمیشہ سے دنیا میں رہی ہے۔ یہ ایک ایسی حقیقت ہے جس سے فرار ممکن نہیں ہے۔ اب ذرا سوچئے تعدد ازواج کے علاوہ اس کا کوئی اور حل ہو سکتا ہے؟ جی نہیں نا ممکن ہے۔!

فرانس کی اعداد و شمار کے مطابق وہاں ہر سو پیدا ہونے والی لڑکیوں کے مقابلے میں ایک سو پانچ بچے پیدا ہوتے ہیں لیکن اس کے باوجود عورتوں کی تعداد ایک ملیون سات سو پینسٹھ ہزار سے زیادہ ہے۔ حالانکہ پورے فرانس کی آبادی چالیس ملیون سے زیادہ نہیں ہے۔ اس کی وجہ یہ ہے کہ عورتوں کے مقابلے میں مردوں میں امراض کا مقابلہ کرنے کی طاقت کم ہے اس لئے پانچ فیصد لڑکے انیس سال کی عمر تک ختم ہو جاتے ہیں۔ کچھ بچیس سال تک اسی طرح مردوں کی تعداد گھٹتی رہتی ہے اور اب یہ حال ہے کہ ۶۵ سال کی عمر میں ڈیڑھ ملیون عورتوں کے مقابلے میں ساڑھے سات ملیون سے زیادہ مرد باقی نہ رہیں گے۔ (اطلاعات ۹،۱۱،۳۵)

اسوقت امریکہ میں بیس ملیون عورتیں شوہر نہ ملنے کی وجہ سے کنواری ہیں اور مختلف عادتوں کی شکار ہیں۔ (خواندینہا شمارہ ۱۷ سال ۱۴)

پروفیسر "پیٹر مڈاوار" مندرجہ بالا نظرئے کی تائید کرتے ہوئے لکھتے ہیں اس سبب سے اور دوسرے اسباب کی بناء پر بھی دنیا میں مردوں کی تعداد روبہ نقصان ہے۔ (کیہان ۳،۱۲،۳۸)

جس طرح عورت ضروریات زندگی کا احساس کرتی ہے اسی طرح وہ اندرونی طور پر شوہر، تولید نسل، پرورش اولاد کی بھی ضرورت کا احساس کرتی ہے اور اس کی یہ خواہش شادی کے بغیر پوری نہیں ہو سکتی۔ محض وسائل زندگی کا میہا ہو جانا اس کے باطنی التہاب کو ختم نہیں کر سکتا، اور عورت ہی کیا مرد کے یہاں بھی یہ احساس موجود ہے اور اصولا ان باتوں کا انکار ممکن نہیں ہے۔

دنیا میں عورتوں کی کثرت کی علت بیان کرتے ہوئے اخبار اس اہم مسئلے کا بھی ذکر کرتے ہیں۔ عورتوں کی تعداد روز بروز دنیا میں کیوں بڑھ رہی ہے؟ اس کی دو علتیں ہیں۔

(۱) عورتوں کی پیدائش (مردوں کے بہ نسبت) زیادہ ہوتی ہے۔

(۲) مردوں کے مقابلے میں ان کی عمریں بھی لمبی ہوتی ہیں۔

یہ واقعہ ہے کہ عورتوں کے بہ نسبت مردوں کی عمریں کم ہوتی ہیں۔ اعداد و شمار کے مطابق ایک رنڈوے مرد کے مقابلے میں بیس بیوہ عورتیں موجود ہیں: عورت کی تنہائی اس کے لئے بہت دشوار اور سستی لانے والی چیز ہے غیر شوہر دار عورتیں ہمیشہ شریک زندگی کے انتظار میں رہتی ہیں اور ان کی پوری زندگی انتظار کے کمرے میں گزر جاتی ہے۔

آخر کیا بات ہے کہ بڑی زحمت و محنت سے پکائے ہوئے کھانے میں عورتوں کو تنہا کھانے میں لطف نہیں آتا؟ اس کی وجہ یہ ہے کہ محض اپنے لئے کام کرنے کو عبث و بیکار سمجھتی ہیں۔ حالانکہ بچوں اور شوہر کے لئے کام بڑی رغبت سے کرتی ہیں۔ کنواری اور بیوہ عورتوں کی دس فی صد تعداد "ہر چہ پیش آید خوش آید" کے عنوان سے ہر غذا نہیں کھاتیں اور صرف یہی نہیں بلکہ ایسی عورتیں زیادہ تر اپنے دن کو بے مقصد اور بد دلی سے گزارتی ہیں۔ دوستوں، قرابت داروں کے یہاں شوہر داروں کے یہاں شوہر دار عورتوں کو دیکھ کر ان کا احساس مزید ہو جاتا ہے۔ (سروس مخصوص خبر گزاری فرانسہ اطلاعات ۱۲۲۳۹)

فاضل اور زائد عورتوں کا حل اسلام نے تعدد ازواج کی صورت میں نکالا ہے کہ عورتوں کو یہ حق ہے کہ شادی شدہ مرد کے ساتھ شادی کر کے اپنے رنج تنہائی اور دیگر محرومیوں سے نجات حاصل کریں۔

مردوں میں تولید نسل کی صلاحیت اور جنسی خواہش تقریباً ہمیشہ باقی رہتی ہے لیکن عورتیں پچاس سال کے بعد حمل و پیدائش کی صلاحیت کھو بیٹھتی ہیں اب جس زمانے میں عورت کی صلاحیت ختم ہو جاتی ہے مرد کی شہوت پھر بھی بیدار رہتی ہے اس لئے اگر

مردوں کے لئے دوسری شادی کرنا غیر قانونی ہو جاتا ہے تو اس کا مطلب یہ ہوا کہ عمر کے ایک حصے میں مرد کو اپنی اس خاصیت سے فائدہ کرنا ناممکن ہو جائے گا۔

اس کے علاوہ بہت سی عورتیں بانجھ ہوتی ہیں لیکن میاں بیوی کے آپسی محبت کی بناء پر مرد سے جدائی بھی نہیں چاہتیں اور ادھر مرد کے اندر وجود فرزند بقائے نسل کی فطری خواہش موجود ہے ایسی صورت میں کس جرم کی بنا پر مرد پوری زندگی اولاد کی خاطر آتش حسرت میں جلتا رہے اور اپنے مقصد کو کیوں نہ حاصل کرے؟

روزنامہ اطلاعات "ایک مرد کی تین بیویاں شوہر کی چوتھی شادی پر راضی" کے عنوان سے لکھتا ہے: کل ظہر کے بعد ایک مرد اپنی تین عورتوں کو لے کر رشت کی عدالت میں حاضر ہوا اور حاکم سے خواہش کی کہ میں ایک لڑکی سے محبت کرتا ہوں مجھے اس سے شادی کی اجازت دی جائے اور میری موجودہ بیویاں اس پر راضی ہیں اور لطف کی بات یہ ہے کہ تینوں عورتوں نے عدالت کے سامنے اپنی رضامندی کا اظہار کیا ۔۔۔اس شخص نے عدالت کے سامنے اپنی مجبوری اس طرح بیان کی کہ میری تینوں بیویاں بانجھ ہیں لیکن زراعت کے کاموں میں میرا ہاتھ بٹاتی ہیں اس لئے ان کو طلاق بھی نہیں دینا چاہتا اور چاہتا ہوں کہ ایک لڑکی سے شادی کروں جس سے میرے یہاں اولاد پیدا ہو۔۔۔لڑکی نے بھی رشت کے نامہ نگار سے کہا ہمارا ہونے والا شوہر ہمارے دیہات "سفید کیلتہ" کے بہت اچھے لوگوں میں سے ہے (اس کے علاوہ) ہمارے دیہات میں دوہزار عورتیں اور صرف چار سو مرد ہیں۔ مردوں میں بھی آدھے دس سے سولہ سال کے لڑکے ہیں یعنی ہمارے دیہات میں ایک مرد کے حصے میں پانچ عورتیں پڑتی ہیں ان دلائل کے پیش نظر اگر میں چوتھی بیوی بنوں تو جائے تعجب نہیں ہے۔(اطلاعات ۲۰ بہمن ۴۸ شمارہ ۱۳۱۶)

جو قانون مرد کو اس کی خواہش پوری نہ کرنے دے یعنی اولاد کی خواہش کو پوری نہ ہونے دے کیا وہ مرد کے حق میں ظالم قانون نہیں ہے۔؟

اسی طرح زائد عورتوں کی صورت میں جب مرد و عورت دونوں کے مصالح پیش نظر رکھے جائیں تو تعداد ازواج کی صورت کے علاوہ کون سا ایسا طریقہ ہے کہ معاشرے میں خلل واقع نہ ہو اور تعاون و توازن نسل کے اندر موجود رہے؟

یہ ایک روحی وحیاتی واجتماعی ضرورت ہے اور ایک واقعی حقیقت ہے جس کا سامنا کرنا ہی ہے کوئی افسانہ یا تخیل نہیں ہے، اسی طرح کبھی یہ بھی ہو سکتا ہے کہ عورت کسی "زمن "(زمین گیر) بیماری میں گرفتار ہو جائے جو ناقابل علاج ہو اور ہمبستری کے لائق بھی نہ ہو اور مرد کی شہوت میں کوئی کمی نہ ہو اور اسلام عفت و پاکدامنی کے مخالف کام کی اجازت تو دیتا نہیں اب دوسری شادی کو بھی روک دے تو سوچئے کہ کتنا بڑا ظلم ہو گا۔ اس موقع پر تعدد ازواج کے قانون سے بہتر کونسا طریقہ ہے جس سے مرد کی شہوت بجھائی جائے؟

(اسی طرح اگر شوہر کسی ایسی بیماری میں مبتلا ہو جائے جو ناقابل علاج ہو اور جنسی رابطہ عورت کے لئے نقصان دہ ہو تو اس کو بھی حق ہے کہ قاضی اسلام کی طرف رجوع کر کے طلاق کی خواہش کرے اور حاکم شرع شوہر سے اس کو طلاق دلوا دے گا۔ اگر شوہر طلاق دینے پر تیار نہ ہو تو حاکم شرع اپنے اختیارات کو استعمال کر کے خود طلاق نافذ کر سکتا ہے)

اب ایسی صورت میں۔۔۔ جب عورت زمین گیر مرض میں مبتلا ہو کیا یہ بہتر ہے کہ مرد اس کو طلاق دے دے اور اس عضو معطل کے ذریعہ معاشرے کے بے سر و سامان لوگوں میں ایک اور فرد کا اضافہ کر دے؟ یا پھر تعدد ازواج پر عمل کرتے ہوئے دوسری

شادی کر لے اور اس عورت کو اپنی سرپرستی میں رکھ کر علاج و معالجہ کرائے ؟ ظاہر ہے دوسری صورت بہتر ہے کیونکہ جس عورت نے اپنی زندگی کے قیمتی حصے کو شوہر کے گھر میں گزارا ہو اس کے رنج و غم خوشی و مسرت میں برابر کی شریک حیات رہی ہو کیا انصاف اور وجدان کا تقاضہ یہ ہے کہ شوہر تندرستی کے زمانے میں تو شریک زندگی بنائے لیکن بیمار ہونے کے بعد اس کو علیحدہ کر دے ؟ کیا یہی انسانیت ہے یہی شرافت ہے ؟

اگر معاشرے کے افراد مختلف اسباب کی بناء پر فقر فاقہ سے دوچار ہو جائیں اور مال داروں کو کئی شادیاں کرنے کا حق حاصل نہ ہو تو اس کا نتیجہ یہ ہو گا کہ شادی بیاہ کا توازن بگڑ جائے گا کیونکہ جو مال دار عورتوں میں عدل وانصاف برت سکتے ہیں ان کو غریب عورتوں سے شادی کرنے کا حق نہیں ہے اور غریب بے چارہ شادی ہی نہیں کر سکتا پھر ایسی صورت میں کتنی ہی عورتیں بن بیاہی رہ جائیں گی اس کا تصور بھی نہیں ہو سکتا۔

حفظ عفت عمومی اور جنسی بے راہ روی کی روک تھام کرنے ہی کیلئے اسلام نے "تعدد ازواج" جیسا موثر قانون ایجاد کیا ہے جس سے لاکھوں عورتوں کو انحرافات جنسی سے بچا کر ان کی فطری خواہش۔۔۔ شوہر و اولاد۔۔۔ کو پورا کیا جا سکتا ہے۔

دوسری جنگ عظیم میں جب ملیونوں افراد لقمہ اجل بن گئے اور بہت سی عورتیں بغیر شوہر کے رہ گئیں تو عورتوں کی انجمن نے جرمنی حکومت سے جرمن کے اندر "تعدد ازواج" کے قانون کے نفاذ کی مانگ کی لیکن کلیسا کی مخالفت کی وجہ سے ان کی مانگ پوری نہیں کی گئی اور خود کلیسا نے اس مسئلے کا کوئی عملی و منطقی حل نہیں پیش کیا اس لئے عورتیں مختلف اخلاقی مفاسد اور جنسی بے راہ روی کی شکار ہو گئیں اور ناجائز اولاد کی بھر مار ہو گئی۔

اخباروں نے اس طرح تفصل لکھی ہے۔

" دوسری عالمگیر جنگ کے بعد جرمنی کی بے شوہر عورتوں نے حکومت سے تعدد ازواج کے قانون کے نفاذ کا مطالبہ کیا تا کہ عورتوں کی شرعی وفطری مانگ ۔۔۔ شوہر و اولاد ۔۔۔ پوری ہو سکے مگر کلیسا نے مخالفت کی جس کا نتیجہ یہ ہوا کہ پورا یورپ بدکاری کا اڈا بن گیا۔ (اطلاعات ۲۹، ۳۸، ۴۰)

زندگی کی وحشت تنہائی بیس سالہ عورتوں تک میں عام ہو رہی ہے تیس چالیس سالہ عورتوں کا پوچھنا ہی کیا مردوں اور عورتوں کی آزادی بھی عورتوں کے دل سے "شوہر" کی خواہش نہیں نکال سکی، آج بھی "بنت حوا" کی نظریں "ابن آدم" کی متلاشی ہیں تمام امکانی صورتوں اور ترقیوں کے باوجود جو اتحادی جرمنی کے اندر عورتوں کے لئے مہیا کی گئی تھیں آج بھی عورت اپنی حفاظت و پاسداری کے لئے شوہر کی تلاش میں ہے۔

بیس سے پچیس سالہ لڑکیوں کے شوہر زیادہ مشکل نہیں ہے لیکن تیس سے چالیس سالہ عورتوں کے لئے شوہر ایک ناممکن سی چیز ہو گیا ہے پچاس سالہ عورتیں تو بے شوہر ہی رہ جاتی ہیں اعداد و شمار کے مطابق فقط پچاس فیصد بتیس سالہ اور بیس فیصد چالیس سالہ عورتوں کے لئے شوہر کا چانس ہے اور پانچ فیصد پچاس سالہ عورتیں شادی کی امید کر سکتی ہیں (مگر شوہر کا ملنا ناممکن ہے) اس کا نتیجہ آج یہ ہے کہ چھ ملیون سے چالیس سال زیادہ کی عورتیں آج اتحادی جرمنی میں بغیر شوہر کے ہیں۔

چونکہ ۱۳ فیصد مرد بغیر عورت کے ہیں اور ۷ ۹ فیصد عورتیں شادی کی خواہشمند ہیں اس وجہ سے شوہر چاہنے والی عورتوں، اور عورت چاہنے والے مردوں کے لئے ایک مشکل درپیش آ گئی ہے۔

جوان شوہروں سے شادی کے امکانات محدود ہیں اور چھ ملیون بے شوہر عورتوں کا مسئلہ قابل حل نہیں ہے اس لئے جرمنی سے بہت زیادہ باہر جانے والی عورتوں میں پچاس

فیصد ایسی عورتیں ہیں جو شوہر کی تلاش میں جرمنی سے باہر کا سفر کرتی ہیں۔(اطلاعات ۹۴،۳،۳)

مغربی جرمنی کے اس مسئلے کا حل صرف یہی ہے کہ "تعدد ازدواج" کو قانونی شکل دے کر اس مشکل کو حل کیا جائے اور عورتوں و مردوں کی بے راہ روی کی روک تھام کی جائے

مغرب کا دعوی ہے کہ اس نے عورت کے ساتھ بڑی مہربانی برتی ہے اور ان کو کامل آزادی بخشی ہے اگر ایسا ہے تو ان کی جائز خواہشوں اور گھر بسانے کی تمنا کے سامنے کیوں دیوار کھڑی کرتا ہے؟ ان کو ان کے اصلی فریضے۔۔۔ تولید فرزند و تربیت اولاد۔۔۔ سے کیوں محروم کرتا ہے؟ جو مرد و عورت مل جل کر خانگی زندگی بسر کرنا چاہتے ہیں انکو اپنے مق صد کی تکمیل کیوں نہیں کرنے دیتا؟ عورتوں کو بے وفاعی کی حالت سے کیوں نہیں نکلنے دیتا؟ آخر ان بے شوہر عورتوں کی تکلیف کیا ہے؟ کیا ان کو ہمیشہ کے لئے تشکیل خانوادہ، اولاد، جنسی پیاس بجھانے سے محروم کیا جاسکتا ہے؟ اسلام کے تعدد ازواج کا مسئلہ عورتوں کے حق میں مفید ہے یا نقصان دہ؟ اسلامی قانون نے عورتوں کو زیادہ آزادی بخشی ہے یا ان کی فطری خواہشات کو محدود کر دیا ہے؟ ان سوالوں کے جوابات محترم پڑھنے والوں کے اوپر چھوڑتا ہوں آپ حضرات خود ہی جواب دیں اور صحیح راستہ اختیار کریں۔!

ایک مرد کے گھر میں ایک یا چند عورتوں کے ساتھ رہ کر زندگی بسر کرنے پر آمادگی خود بتاتی ہے کہ بے شوہری اور تنہائی کی زندگی سے "تعدد ازواج" بہتر ہے یہ تو بے چارہ مرد ہے جو کئی شادیاں کر کے اپنی ذمہ داریوں میں اضافہ کر لیتا ہے۔

ایک پڑھی لکھی معزز خاتون جنھوں نے حقوق میں ڈاکٹریٹ کی ڈگری حاصل کی ہے اس مسئلے پر اظہار رائے کرتے ہوئے واضح الفاظ میں تحریر کرتی ہیں: کوئی بھی عورت

چاہے وہ پہلی بیوی ہو یا دوسری یا کوئی اور "تعدد ازواج" سے اس کو کوئی نقصان نہیں ہوتا! بلکہ طے شدہ بات یہ ہے کہ اس قانون سے مردوں کو ضرر پہونچتا ہے کیونکہ ان کا بوجھ بڑھ جاتا ہے ان کی تکلیف زیادہ ہو جاتی ہے اس لئے کہ جب کوئی مرد کسی عورت سے شادی کرے گا تو شرعاً، اخلاقاً، قانوناً، عرفاً اس عورت کا ذمہ دار ہو گا اور آخر عمر تک اس عورت کے شایان شان وسائل زندگی مہیا کرنا مرد کا فریضہ ہو گا۔ اسی طرح عورت کے صحت کی ذمہ داری بھی اس پر ہو گی یعنی بیماری کی صورت میں علاج معالجہ کرنا اس کے مصارف برداشت کرنا ہوں گے اور فطرات سے بچانا بھی اس کا فریضہ ہو گا۔!

اگر مرد ان چیزوں میں کوتاہی کرتا ہے تو عرف اس کو فرائض کی انجام دہی پر مجبور کرے گا۔ لکھنے والی کے عقیدے کے لحاظ سے "تعدد ازواج" کے سلسلے میں نادانستہ جتنے اعتراض عورتوں کی زبان سے ہوتے ہیں۔ یہ در حقیقت مردوں کے اعتراض ہیں جو عورتوں کی زبان سے کہلائے گئے ہیں۔ عورتیں طوطی کی طرح رٹ کر ہر جگہ اس راگ کو الاپتی رہتی ہیں (گویا یہ عورتوں کی بے وقوفی اور مردوں کی عقل مندی ہے مترجم) کیونکہ در حقیقت مرد مختلف شبہات پیدا کر کے شادی سے روکتے ہیں کیونکہ اس قانون سے انھیں کو نقصان ہے عورتوں کو کوئی نقصان نہیں ہے اور مرد یہ چاہتا ہے کہ قانونی پابندی سے بچ کر اپنی جنسی خواہش پوری کرتا رہے۔ مگر نادان عورت اس بات کو نہیں سمجھ پاتی۔ اگر کسی مرد کے دو بیویاں ہیں تو جنسی تعلق سے عورت کو کوئی نقصان نہیں ہے بس روحانی طور پر عورت کو یہ احساس ہوتا ہے کہ میرے شوہر کی دوسری بیوی بھی ہے لیکن یہ روحانی تکلیف بھی حقیقی چیز نہیں ہے بلکہ مردوں کی سوجھائی ہوئی بات ہے اور اس کی دلیل یہ ہے زمانہ سابق میں لوگوں کے کئی بیویاں ہوتی تھیں اب بھی ایسی مثالیں مل جائیں گی کہ ایک گھر میں دو تین بیویاں مل کر زندگی بسر کرتی ہیں اور کسی کو کسی قسم کی

کوئی تکلیف نہیں ہے۔ لیکن مردوں کے بہکائے میں اگر اب ان کو بھی تکلیف کا احساس ہونے لگا ہے اگر واقعا دوسری بیوی باعث تکلیف ہوتی تو پہلے زمانے میں یہ احساس کیوں نہیں تھا۔؟

اب آپ سمجھئے کہ مغرب نے جنسی بے راہ وروی تو جائز قرار دے دی لیکن فطری خواہش۔۔۔شوہر واولاد۔۔۔پر پابندی لگا دی۔ لیکن اسلام لوگوں کو معقول آزادی دیتا ہے اور ایسی آزادی جو مصالح فرد یا اجتماع کے نقصان دہ ہو اس کی کسی قیمت پر اجازت نہیں دیتا۔

چونکہ اسلام کی نظر میں عدل و انصاف فرد و اجتماع کی سعادت کا اہم جزو ہے اسی لئے " تعدد ازواج " میں بھی اسلام نے عدالت کی شرط رکھی ہے اور مختلف امور میں عورتوں کے ساتھ کیسی عدالت برتی جائے اس سلسلے میں فقہ اسلامی کے اندر بہت زیادہ دستور بتائے گئے ہیں اور عورتوں کی آزادی برابر کے حقوق وغیرہ کی بہت عمدہ طریقے سے ضمانت دی گئی ہے۔

بہت سی ایسی عورتیں بھی ہیں جو رضا ورغبت کے ساتھ اپنے شوہروں کو دوسری شادی کی اجازت دیتی ہیں عورتوں کی یہ رضا مندی اس بات کی دلیل ہے کہ " تعدد ازواج "کا مسئلہ انسانی فطرت سے ہم آہنگ ہے اگر یہ خلاف فطرت قانون ہوتا تو عورت کسی بھی قیمت پر برضا ورغبت مرد کو دوسری شادی کی اجازت ہرگز نہ دیتی کیونکہ ان کو یہ ڈر لگا رہتا کہ شوہر نکاح کے دستور پر عمل نہ کرے گا اور اس طرح ہمارے حقوق برباد ہو جائیں گے۔

اگر کسی گھر میں ناراضی، اختلافات دکھائی دیتے ہیں تو ان کی وجہ صرف یہ ہے کہ وہاں امتیاز برتا جاتا ہے عورتوں کے ساتھ انصاف نہیں ہوتا ہے اسلام کا اعلان ہے حلال

عورتوں میں دو یا تین بلکہ چار تک عورتوں سے تم شادی کر سکتے ہو (بشرطیکہ عدالت کر سکو) لیکن اگر یہ ڈر ہو کہ انصاف نہ کر سکو گے تو پھر ایک سے زیادہ شادی نہ کرو۔ (سورۂ نساء ۴)

مختصر یہ ہے کہ کچھ مردوں کے غیر معقول اور سخت گیر رویہ سے گھروں میں شدید اختلاف پیدا ہو جاتا ہے اور شرعی و اخلاقی فریضہ میں بیویوں سے انصاف نہ کرنے کی وجہ سے گھریلو ماحول مہر و محبت کے بجائے دہکتا ہوا جہنم بن جاتا ہے۔ اس لئے مسلمانوں کے اعمال کی طرف توجہ دئے بغیر اسلام کے احکام کی گہرائی کو سوچنا چاہئے تاکہ حقیقت کا پتہ چل سکے۔۔۔ اسلام کے اندر ایسے بھی دستور و قانون موجود ہیں جن کی بناء پر مردوں کو عورتوں سے منصفانہ سلوک کرنے پر مجبور کیا جاسکتا ہے مثلاً اگر کوئی مرد بیوی کا نان نفقہ نہیں دیتا، یا بیویوں میں عدالت سے کام نہیں لیتا اور اپنی ذمہ داری کا احساس نہیں کرتا تو اس سے شرعی باز پرس ہو گی اور اس کو سزا بھی دی جائے گی۔

ہاں ایک بات ضرور ہے اور وہ یہ کہ دلی لگاؤ اور قلبی جھکاؤ انسان کے قدرت سے باہر کی چیز ہے اور بہت ممکن ہے کہ کسی عورت کے اندر زیادہ خصوصیات ہوں جس کی بناء پر مرد اس سے زیادہ محبت کرتا ہو اسی لئے اسلام نے مرد کو نان نفقہ، مکان ہمبستری اور تمام روحانی، جسمانی، مالی خواہشات کی مساوات پر مجبور کیا ہے یعنی جو چیزیں انسان کے بس کی ہیں ان میں عدالت شرط ہے اس میں کسی قسم کی زیادتی، ظلم و ستم جائز نہیں ہے لیکن جو باتیں انسان کے بس سے باہر ہیں ان میں عدالت شرط نہیں ہے۔

عورتوں کے لئے جن حقوق کی خانگی زندگی میں زیادہ اہمیت ہے اسلام نے ان کی حفاظت کی ہے اور یہ طے شدہ بات ہے کہ دلی لگاؤ کی وجہ سے اگر برتاؤ میں فرق پڑ جائے تب تو عورت کے حقوق ضائع ہوتے ہیں لیکن اگر کسی عورت سے قلبی لگاؤ ہونے کے

باوجود لباس، خوراک، مکان اور دیگر ضروریات زندگی میں مثلاً ہمبستری وغیرہ میں کوئی فرق نہیں پڑتا بلکہ عدالت کے موافق کام ہوتا ہے تو پھر اس قلبی لگاؤ کی کوئی اہمیت نہیں ہے۔ اسی لئے خانگی زندگی میں بے مہری، کے آثار پیدا ہونے دینا چاہئے! قرآن کہتا ہے: عورت کو معلق۔۔۔نہ شوہر دار، نہ بے شوہر۔۔۔نہ کرو اس کو موت وزندگی کے بیچ میں مت پھنساؤ۔ (نساء ۱۲۲)

اسی لئے کسی مرد کو یہ حق نہیں ہے کہ اپنی بیویوں کے ساتھ بے رخی سے پیش آئے اور ان کو بیچ منجدھار میں چھوڑ دے۔

حضور سرور کائنات (ص) کے زمانے میں جب یہ حکم نافذ ہوا ہے تو جن اصحاب کے پاس چار بیویاں تھیں ان کو پابند بنایا گیا کہ اگر سب کے ساتھ انصاف نہ کر سکو تو صرف ایک بیوی پر اکتفا کرو اور اگر انصاف بھی کر سکتے ہو تو چار بیویوں سے زیادہ نہیں رکھ سکتے۔ اس ذریعے سے اسلام نے "تعدد ازواج" کے غیر عادلانہ برتاؤ اور عورتوں کے حقوق سے بے پرواہی مطلق العنان جنسی بے راہ وروی پر پابندی عائد کر دی اور ہر ظلم و ستم کا خاتمہ کر دیا۔

مسلمانوں میں جو مذہبی قانون کے پابند تھے ان میں ایسے لوگ بھی ملتے ہیں جنھوں نے عورتوں کے مرنے کے بعد بھی عدالت وانصاف کے دامن کو ہاتھ سے نہیں چھوڑا مثلاً "معاذ بن جبل۔۔۔صحابی پیغمبر (ص) کے دو بیویاں تھیں اور طاعون میں دونوں ایک ساتھ مر گئیں۔ معاذ اسوقت بھی عدل انصاف سے کام لینا چاہتے تھے کہ کس کو پہلے دفن کیا جائے۔ چنانچہ انھوں نے اس کام کے لئے قرعہ اندازی سے کام لیا" (مجمع البیان جلد ۳ صفحہ ۱۲۱)

مغرب میں بھی بعض ایسے منصف مزاج دانش مند پیدا ہوئے ہیں جنھوں نے اس

مسئلے پر کافی غور وخوض کے بعد فیصلہ دیا ہے کہ "تعدد ازواج" معاشرے کی ایک اہم ضرورت ہے۔ مشہور جرمنی فلسفی شوپنہاور اپنی کتاب ۔۔۔ عورتوں کے بارے میں چند باتیں ۔۔۔ میں تحریر کرتا ہے: جس مذہب میں "تعدد ازواج "کا قانون موجود ہے اس میں اس کا امکان ہے کہ عورتوں کی ایسی اکثریت" جو کل کے قریب ہو شوہر فرزند، سرپرست سے ہمکنار ہو "کافی تعداد میں پائی جائے لیکن یورپ کے اندر کلیسا ہم کو اس بات کی اجازت نہیں دیتا اس لئے شوہر دار عورتیں بغیر شوہر والی عورتوں سے کئی گنا کم تعداد میں ہیں کیونکہ بہت سی کنواریاں شوہر کی آرزو لے کر اور بہت سی عورتیں اولاد کی خواہش لے کر اس دنیا سے چلی گئیں اور بہت سی عورتیں اور لڑکیاں جنسی خواہش کے ہاتھوں مجبور ہو کر اپنی عفت کھو بیٹھیں اور بدنام ہو گئیں اور ساری زندگی آتش عصیان و تنہائی میں جلتی رہیں اور انجام کار اپنی نظری خواہش ۔۔۔ شوہر و اولاد ۔۔۔ تک نہ پہنچ سکیں (اگر "تعدد ازواج "کا قانون ہوتا تو یہ بات نہ ہوتی۔ مترجم)

میں نے بہت سوچا مگر مجھے کوئی دلیل نہیں ملی کہ اگر کسی مرد کی بیوی مزمن مرض میں گرفتار ہو یا بانجھ ہو یا عمل حمل وضع سے عاجز ہو تو وہ بے چارہ دوسری عورت سے شادی کیوں نہ کرے؟ اس کا جواب کلیسا کو دینا چاہئے مگر کلیسا کے پاس کوئی جواب نہیں ہے۔ بہترین قانون وہ ہوتا ہے جس کے سہارے زندگی کی سعادت محفوظ رہے نہ کہ وہ جس کی بدولت زندگی جہنم کا نمونہ بن جائے۔

میسز آنی بسنٹ تحریر کرتا ہے: مغرب کا دعوی ہے کہ اس نے "تعدد ازواج" کے قانون کو نہیں قبول کیا لیکن واقعہ یہ ہے کہ بغیر ذمہ داری کے یہ قانون مغرب میں موجود ہے بایں معنی کہ مرد جب اپنی معشوقہ سے سیر ہو جاتا ہے تو اس کو بھگا دیتا ہے اور یہ بے چاری گلی کوچوں میں ماری ماری پھرتی ہے کیونکہ پہلا علاقہ عاشق اپنی کوئی ذمہ داری

محسوس ہی نہیں کرتا اور عورت کی یہ حالت ہزار درجہ اس عورت کی حالت سے بدتر ہے جو قانونی شوہر رکھتی ہے بال بچے والی ہے۔ خاندان میں شوہر کے زیر حمایت زندگی بسر کر رہی ہے۔۔۔ میں جب ہزاروں عورتوں کو رات کے وقت سڑکوں پر حیران و سرگرداں دیکھتا ہوں تو مجبوراً سوچتا ہوں کہ اہل مغرب کو اسلام کے "تعدد ازاوج" کے قانون پر ہرگز اعتراض نہیں کرنا چاہئے۔ جو عورت "تعدد ازواج" کے قانون کے ماتحت شوہر رکھتی ہے گود میں چھوٹے بچے رکھتی ہے اور نہایت احترام کے ساتھ شوہر کے خاندان میں زندگی بسر کرتی ہے وہ ہزاروں ہزار درجے اس عورت سے بہتر ہے جو گلی کوچے میں حیران و پریشان گھومتی ہے گود میں ناجائز بچہ رکھتی ہے۔ جس بچے کو کوئی قانونی حمایت حاصل نہیں ہے۔ جو دوسروں کی شہوتوں کے قربان گاہ بھینٹ چڑھ چکی ہے۔

ڈاکٹر گوسٹاوے لیبون لکھتا ہے: مشرقی رسم ورواج میں "تعدد ازواج" کے مسئلے پر مغرب میں جس قدر غلط طریقے سے پیش کیا گیا ہے کسی بھی رسم کے بارے میں ایسا نہیں ہوا ہے اور کسی بھی مسئلے پر مغرب نے اتنی غلطی نہیں کی جتنی "تعدد ازواج" کے مسئلے پر کی ہے۔ میں واقعاً متحیر ہوں اور مجھے نہیں معلوم کہ مشرق کا "تعدد ازواج" کا مسئلہ مغرب کے "فریبی ازدواج" سے کس طرح کم ہے اور اس میں کیا کمی ہے میرا تو یہ عقیدہ ہے کہ "تعدد ازواج" کا شرعی مسئلہ ہر لحاظ سے بہتر و شائستہ ہے۔ (تمدن اسلام و غرب صفحہ ۵۲۶، ۵۲۷)

* * *

ہندومت کی مذہبی کتب میں پیغمبرِ اسلامؐ کا ذکرِ خیر

کلکی اوتار

مصنف : پنڈت وید پرکاش اپادھیائے

بین الاقوامی ایڈیشن منظر عام پر آچکا ہے